2019 首都科技创新发展报告

The Capital Science and Technology Innovation Development Report 2019

首都科技发展战略研究院 编

科学出版社
北京

内 容 简 介

《首都科技创新发展报告》是首都科技发展战略研究院依托国内多部门、多学科的专家团队,结合国家战略和北京发展实际,开展系列研究的成果汇集。本书围绕"北京全面建设具有全球影响力的科技创新中心"展开研究,分为指数篇、创新发展篇、专题探索篇和经验借鉴篇,全面总结北京创新驱动发展中的问题与经验,为首都科技创新发展提供研究支撑和决策参考。

本书可供政府工作人员、高等院校研究人员和关心科技政策、创新发展的广大读者参阅。

图书在版编目(CIP)数据

首都科技创新发展报告. 2019 / 首都科技发展战略研究院编. —北京:科学出版社,2020.5
ISBN 978-7-03-063786-4

Ⅰ. ①首⋯ Ⅱ. ①首⋯ Ⅲ. ①科学研究事业–发展–研究报告–北京–2019 Ⅳ. ①G322.71

中国版本图书馆 CIP 数据核字(2019)第 281063 号

责任编辑:王丹妮 / 责任校对:陶 璇
责任印制:霍 兵 / 封面设计:蓝正设计

科 学 出 版 社 出版
北京东黄城根北街 16 号
邮政编码:100717
http://www.sciencep.com

三河市春园印刷有限公司 印刷
科学出版社发行 各地新华书店经销

*

2020 年 5 月第 一 版　开本:787×1092　1/16
2020 年 5 月第一次印刷　印张:13 1/4
字数:314 000

定价:138.00 元
(如有印装质量问题,我社负责调换)

首都科技发展战略研究院简介

首都科技发展战略研究院（Capital Institute of Science and Technology Development Strategy，CISTDS）成立于 2011 年 8 月，由科学技术部、中国科学院、中国工程院和北京市人民政府发起，北京市科学技术委员会、北京师范大学和北京市科学技术研究院共同承建，是立足首都、服务全国的新型智库。

首都科技发展战略研究院秉承"日新为道"的核心价值观，以"有态度的坚持，有温度的洞见，有力度的开拓"为基本理念，以"本地化、定量化、国际化"为研究方法，采取"小核心、大网络"的组织方式，实施"开放、协作"的运行机制，旨在探索服务和利用首都智力资源的体制机制，为北京乃至全国城市和区域创新驱动发展提供知识支持和战略支撑。

首都科技发展战略研究院聚焦"创新创业"和"绿色发展"研究，致力于打造集学术与政策研究、战略与咨询服务为一体的高端智库平台，拥有丰富的高端专家资源、专业化的研究团队，以及城市绿色发展科技战略研究北京市重点实验室、致公党北京市委科学发展战略研究基地、麻省理工学院未来城市智慧创新国际联合实验室等科研平台，对领域内的前瞻性、关键性、紧迫性问题展开重点分析和系统评估，为政府、企业和社会各界提供战略和技术咨询服务。

自成立以来，首都科技发展战略研究院完成国家、北京市及社会委托项目百余项，连续出版品牌研究成果《首都科技创新发展报告》《中国城市科技创新发展报告》，创建首都科技创新发展指数和中国城市科技创新发展指数，这两项指数被誉为首都创新发展的"晴雨表"和全国城市创新的"风向标"；联合科技部火炬中心出版《中国创业孵化发展报告》，该书被列为国家创新调查制度系列报告，产生了积极而广泛的社会影响；承担中国-欧盟环境政策对话项目，联合完成《中国绿色发展指数报告》，为国家绿色发展战略实施提供了决策参考。研究成果荣获光明日报中国智库研究论文一等奖、中国社会科学院中国智库学术成果"优秀报告奖"。

首都科技发展战略研究院定期举办"中国绿色发展论坛""首科新年论坛"等品牌论坛、主题活动和专题研讨会，搭建国际化的政产学研协同创新交流平台，开展与国内外科研和智库机构的合作，推动思想碰撞与知识分享，为率先实现创新驱动的发展格局、促进首都科技发展提供了有力的智力支持。

目 录

总论 1

指数篇

第一章 导论 11
第一节 首都科技创新发展指数体系及完善 11
第二节 首都科技创新发展指数2019年数据大盘点 16
第三节 创新动力加速释放，点燃高质量发展新引擎 23
第四节 国际影响力不断提升，为决胜进入创新型国家行列贡献
"北京力量" 25
第五节 加快向具有全球影响力的全国科技创新中心进军 28

第二章 创新资源 30
第一节 人才储备量持续提升，R&D人员数转降为升 30
第二节 创新主体中R&D人员占比连续五年稳定增长 31
第三节 每万名从业人员中高端人才数年均增幅超10% 32
第四节 R&D经费投入强度稳定在6%左右 33
第五节 基础研究投入占比高居全国第一 33
第六节 地方财政科技投入占比保持较高水平 34
第七节 企业R&D投入占企业主营业务收入比重逐年增长 35
第八节 高新技术企业研发投入强度总体保持在2.6%左右 35

第三章 创新环境 37
第一节 创新发展政策多方位发力，科技创新再添新动能 38
第二节 政策规划做引领，首都营商环境不断优化 39
第三节 公民科学素养提升速度加快，2020年目标有望稳步实现 39
第四节 科普发展整体向好，北京科普"领头羊"优势明显 40
第五节 医疗服务不断优化，提出改善就医体验新举措 41
第六节 城市轨道交通加快建设，数字化服务水平再创新高 41
第七节 国际交流合作活跃，多项外资指标均增长 42

第四章 创新服务 44
第一节 信息化建设依然走在前列，通信技术发展推出新方案 45
第二节 科技条件平台建设加强，促进资源更大范围共享 46

第三节	技术市场发展良好，对首都地区生产总值贡献越来越大	46
第四节	新创企业数小幅增加，科技型企业颇受青睐	48
第五节	上市企业数量不断增加，筹资额波动持续	48
第六节	科技助力金融发展，未来金融服务科技含量会更高	49

第五章　创新绩效 50
第一节	专利申请量达新高，未来"高质量"发展是新趋势	51
第二节	R&D经费支出持续增加，经费投入产出整体向好	51
第三节	人均地区生产总值连续增加，劳动生产率也持续增长	53
第四节	"三城一区"建设成效显著，为首都发展带来新动力	54
第五节	现代服务业引领作用明显，首都服务型经济持续向好	54
第六节	生产总值能耗逐年下降，经济发展更加绿色	55
第七节	大气污染治理成绩佳，多项空气质量指标达到国家目标	56
第八节	技术市场辐射能力再强化，京外市场流入比重大	56
第九节	首都总部经济逐步优化，企业集聚效应持续释放	57

附录1 首都科技创新发展指数指标解释及数据来源 59
附录2 首都科技创新发展指数测算方法 71

创新发展篇

第六章　北京推动高精尖产业迈入全球价值链中高端的路径研究 75
第一节	从产业组织的四个维度解析全球价值链	75
第二节	北京生物医药产业全球价值链攀升策略与路径	76
第三节	北京新能源汽车产业全球价值链攀升策略与路径	79
第四节	促进北京高精尖产业全球价值链攀升的思路与建议	81

第七章　科技创新中心引领北京现代化经济体系建设的战略路径 84
第一节	科技创新中心夯实了北京现代化经济体系建设的创新动力	84
第二节	以科技创新中心建设为引领，夯实创新能力建设和创新主体培育，增强经济内生发展动力	85
第三节	完善创新创业生态系统，提升创新转化和产业化能力	87
第四节	加强产业创新，促进现代农业、现代制造业、现代服务业向高精尖方向转型升级	89

第八章　首都科技创新面临的挑战与对策 92
第一节	科技创新中心发展新格局	92
第二节	首都高精尖经济结构发展中所遇到的难题	93
第三节	对策与建议	95

第九章　北京高校对全国科技创新中心建设的作用分析 99
| 第一节 | 区域科技创新建设与大学 | 99 |
| 第二节 | 大学对区域科技创新建设的影响 | 101 |

第三节　创新型人才在科技创新建设中的重要性……………………102
第四节　高校在全国科技创新中心建设中进一步发挥作用的建议……103

第十章　发挥政府作用，推进科技创新中心建设……………………107
第一节　北京建设全国科技创新中心的重大举措和主要问题…………107
第二节　政府作用的定位与侧重点………………………………………109
第三节　政府发挥作用的国内外经验……………………………………110
第四节　政策建议…………………………………………………………113

第十一章　怀柔科学城建设发展的影响因素研究………………………116
第一节　科学城的概念界定及其影响因素分析…………………………116
第二节　怀柔科学城建设与发展的影响因素分析………………………119
第三节　研究建议…………………………………………………………121

第十二章　北京市颠覆性创新规制策略研究……………………………123
第一节　什么是颠覆性创新………………………………………………123
第二节　为什么要规制颠覆性创新………………………………………124
第三节　颠覆性创新给规制者带来的挑战………………………………126
第四节　国外规制颠覆性创新的得与失…………………………………127
第五节　北京市规制颠覆性创新的建议…………………………………128

专题探索篇

第十三章　面向创新创业的公共空间精细化设计与管理研究…………133
第一节　现有空间资源潜力及其存在的突出问题………………………133
第二节　加快推动公共空间精细化设计的四个转变……………………134
第三节　践行安全、活力、绿色、智慧的"创新公共空间"新理念……136
第四节　加强中关村科学城公共空间精细化设计管理的几点建议……137

第十四章　数字经济助力京津冀地区协同发展…………………………139
第一节　数字经济发展历程………………………………………………139
第二节　京津冀地区数字经济发展现状…………………………………140
第三节　京津冀地区数字经济发展面临的挑战…………………………140
第四节　京津冀地区发展数字经济新途径………………………………141

第十五章　"四区联动"创新基层治理体系——以北京市学院路街道为例……143
第一节　大院壁垒，协作失灵：学院路街道基层治理的困境挑战……144
第二节　党建引领，四区联动：学院路街道基层治理的机制创新……145
第三节　聚力更新，融合共生：学院路街道基层治理的实践探索……149
第四节　重塑网络，协同发展：学院路街道基层治理的主要经验……151

第十六章　北京应大力发展创业经济………………………………………154
第一节　确定发展创业经济的城市战略…………………………………154
第二节　建设创业型社会…………………………………………………155

第三节　加强鼓励创新创业的制度创新⋯⋯⋯⋯⋯⋯⋯⋯⋯⋯⋯⋯⋯⋯⋯⋯⋯156
　　第四节　培育和扶持中间组织⋯⋯⋯⋯⋯⋯⋯⋯⋯⋯⋯⋯⋯⋯⋯⋯⋯⋯⋯⋯⋯156
　　第五节　发挥政府独特的组织优势，有效弥补市场不足⋯⋯⋯⋯⋯⋯⋯⋯⋯⋯157

第十七章　中国创业孵化事业保持强劲发展态势⋯⋯⋯⋯⋯⋯⋯⋯⋯⋯⋯⋯⋯⋯⋯⋯160
　　第一节　创业孵化事业保持强劲发展态势⋯⋯⋯⋯⋯⋯⋯⋯⋯⋯⋯⋯⋯⋯⋯⋯160
　　第二节　科技企业孵化器持续快速发展⋯⋯⋯⋯⋯⋯⋯⋯⋯⋯⋯⋯⋯⋯⋯⋯⋯161
　　第三节　众创空间保持良好发展势头⋯⋯⋯⋯⋯⋯⋯⋯⋯⋯⋯⋯⋯⋯⋯⋯⋯⋯164

第十八章　北京城市品牌发展与展望——以 2018 年度 CBDI 指标评测为例⋯⋯⋯⋯167
　　第一节　北京城市品牌连年夺冠，但宜居环境存在不足⋯⋯⋯⋯⋯⋯⋯⋯⋯⋯167
　　第二节　京津冀城市群品牌发展强劲，但核心城市带动作用有待提升⋯⋯⋯⋯169
　　第三节　"双创"升级下的北京城市品牌：优势凸显，但改进仍有空间⋯⋯⋯171
　　第四节　北京城市品牌的未来展望与发展建议⋯⋯⋯⋯⋯⋯⋯⋯⋯⋯⋯⋯⋯⋯171

经验借鉴篇

第十九章　国际科技创新战略跟踪研究⋯⋯⋯⋯⋯⋯⋯⋯⋯⋯⋯⋯⋯⋯⋯⋯⋯⋯⋯⋯177
　　第一节　主要国家科技创新战略与政策制定呈现全新趋势⋯⋯⋯⋯⋯⋯⋯⋯⋯177
　　第二节　"创新原则"成为科技创新管理规制改革的重要方向⋯⋯⋯⋯⋯⋯⋯178
　　第三节　大型科研基础设施备受重视⋯⋯⋯⋯⋯⋯⋯⋯⋯⋯⋯⋯⋯⋯⋯⋯⋯⋯178
　　第四节　支持高风险高回报的颠覆性技术成为共识⋯⋯⋯⋯⋯⋯⋯⋯⋯⋯⋯⋯179
　　第五节　PPP 模式成为推动产业共性技术开发的重要政策工具⋯⋯⋯⋯⋯⋯⋯180
　　第六节　中小企业创新与成长被视为国家实体经济健康发展的重要一环⋯⋯⋯180
　　第七节　国际科技创新对北京市的启示⋯⋯⋯⋯⋯⋯⋯⋯⋯⋯⋯⋯⋯⋯⋯⋯⋯181

第二十章　国内科技创新动向和发展趋势探析⋯⋯⋯⋯⋯⋯⋯⋯⋯⋯⋯⋯⋯⋯⋯⋯⋯185
　　第一节　上海科技创新工作最新动向⋯⋯⋯⋯⋯⋯⋯⋯⋯⋯⋯⋯⋯⋯⋯⋯⋯⋯185
　　第二节　广东科技创新工作最新动向⋯⋯⋯⋯⋯⋯⋯⋯⋯⋯⋯⋯⋯⋯⋯⋯⋯⋯186
　　第三节　国内其他城市科技创新典型做法⋯⋯⋯⋯⋯⋯⋯⋯⋯⋯⋯⋯⋯⋯⋯⋯188
　　第四节　国内科技创新工作趋势分析⋯⋯⋯⋯⋯⋯⋯⋯⋯⋯⋯⋯⋯⋯⋯⋯⋯⋯189

第二十一章　波士顿打造创新街区的独特举措及其对北京的启示⋯⋯⋯⋯⋯⋯⋯⋯⋯191
　　第一节　波士顿打造东部海港创新街区的具体举措⋯⋯⋯⋯⋯⋯⋯⋯⋯⋯⋯⋯192
　　第二节　波士顿市政府利用公共创业实现政策创新⋯⋯⋯⋯⋯⋯⋯⋯⋯⋯⋯⋯192
　　第三节　波士顿创新街区建设过程对北京的启示⋯⋯⋯⋯⋯⋯⋯⋯⋯⋯⋯⋯⋯194

第二十二章　北京与国际创新城市研发投入情况对比分析⋯⋯⋯⋯⋯⋯⋯⋯⋯⋯⋯⋯196
　　第一节　创新城市的研究现状⋯⋯⋯⋯⋯⋯⋯⋯⋯⋯⋯⋯⋯⋯⋯⋯⋯⋯⋯⋯⋯196
　　第二节　北京与国际创新城市研发投入对比分析⋯⋯⋯⋯⋯⋯⋯⋯⋯⋯⋯⋯⋯197
　　第三节　北京研发投入的优势与短板⋯⋯⋯⋯⋯⋯⋯⋯⋯⋯⋯⋯⋯⋯⋯⋯⋯⋯198
　　第四节　加强北京研发投入的对策与建议⋯⋯⋯⋯⋯⋯⋯⋯⋯⋯⋯⋯⋯⋯⋯⋯200

总　　论[①]

当前，北京正处于城市更新、高质量发展的关键阶段，实现首都高质量发展，需要以全球化视野谋划和推动全国科技创新中心建设。加快建设全国科技创新中心，既是北京自身发展的迫切需要，也是中央赋予北京的国家责任。把北京建设成为具有全球影响力的科技创新中心，就是要在科技发展战略上实施顶层设计，在城市功能上进行科学疏导，在相关产业上进行二次布局，使之成为国家科技发展的策源地。这不仅是对北京城市发展新的战略定位，更是应对新一轮科技革命挑战和增强国家竞争力的重要举措。本书在回顾首都科技创新发展70年历史及所取得的成就的基础上，基于新的时代背景，站在新的起点，探讨如何将北京全面建设成为具有全球影响力的科技创新中心。

一、首都科技创新发展70年历史背景下的新思考

（一）首都科技创新发展70年历史沿革

2019年是中华人民共和国成立70周年。70年来，中国科技创新事业经过一代又一代科技工作者的艰苦奋斗，从跟跑转为并跑，甚至实现领跑，中国正迈着矫健的步伐朝着建设世界科技强国的宏伟目标昂首前进。北京作为首都，同时作为全国科技创新中心，一直引领着中国科技创新事业的发展。回顾70年首都科技创新发展历程，将其大致分为五个阶段。

1. 探索与起步阶段：1949~1965年

1949年中华人民共和国成立之初，科技基础较为薄弱，科研人员相对紧缺。1949年11月，中国科学院在北京成立，成为国家最高科研学术机构。以此为开端，全国各地相继建立了一批科研机构。1951年起，北京市先后成立34个自然科学研究机构和多个专业研究机构，科研人员队伍逐步壮大，并初步建立起一个门类齐全、具备一定科研实力的科研体系。1958年，北京市科学技术委员会正式成立，制定并发布了北京市第一个科技发展计划——《1959年北京科技发展计划》。到1965年，北京高校达到58所，为

---

① 本部分由首都科技发展战略研究院院长关成华执笔。

1949 年以前的 4.5 倍；在校生 11.14 万人，为 1949 年以前的 7.2 倍；教师 2.3 万人，为 1949 年以前的 10.4 倍[①]。

2. 停滞与恢复阶段：1966~1976 年

这一时期，北京市科技体制经历较大变革。1969 年初，北京市建立北京市科技小组，负责北京市科技的日常管理，以及科技计划的制订、安排和实施等工作。1971 年，组织实施东方 5 号、6895、半导体材料等多项科技会战，主要聚焦国防、原子能等国防科技，承担了一批军工科研试制任务。1975 年 6 月，北京市科技小组提出"科研走与工农相结合的道路"，为生产发展服务，从电子计算机、石油化工、精密机械、分析仪器、环境保护、作物栽培、医药卫生等七个方面赶超世界先进水平。

3. 改革与重塑阶段：1977~1994 年

1978 年，我国走进改革开放新时期，科技发展进入一个全新的历史时期。1986 年，中共中央、国务院批准《高新技术研究开发计划纲要》（即 863 计划）。1988 年，国务院正式批准在北京以中关村地区为中心建立第一个国家高新技术产业开发区——北京市高新技术产业开发试验区。1990 年，北京市政府批准成立北京技术市场管理办公室。1994 年北京市人大常委会颁布《北京市技术市场管理条例》，标志着北京技术市场进入依法管理和健康发展的新阶段。

4. 优化与创新阶段：1995~2011 年

1995 年 5 月，党中央提出实施"科教兴国"重大战略，确立科技和教育是兴国的手段和基础的方针。中国科技创新再次迈入新阶段，北京市聚焦科学教育，打造"全国科教中心"。1997 年，北京市提出"大力发展首都经济"的概念，随即迎来北京市高新技术产业发展的高潮。1999 年 12 月，北京市委发布《中共北京市委、北京市人民政府关于加强技术创新发展高科技实现产业化的意见》。2004 年，北京市完成新版总体规划《北京城市总体规划（2004—2020 年）》。2008 年，北京市对外发布《北京市中长期科学和技术发展规划纲要（2008—2020 年）》，明确北京市到 2020 年的发展目标和重点任务。

5. 跨越与引领阶段：2012 年至今

2012 年，党的十八大提出并实施创新驱动发展战略，将科技创新摆到更加重要的位置。2014 年，习近平总书记视察北京，提出北京"全国科技创新中心"的城市新定位。2016 年，国务院先后发布了《"十三五"国家科技创新规划》和《北京加强全国科技创新中心建设总体方案》，分别提出"支持北京建设具有全球影响力的科技创新中心"和"三步走"的发展目标。同时，北京市政府发布《北京市"十三五"时期加强全国科技创新中心建设规划》。2017 年，习近平总书记再次视察北京，指出要以建设具有全球影

---

① 郭广生. 首都高等教育 60 年发展的回顾与展望. 北京教育（高教版），2009，（10）：10-12.

响力的科技创新中心为引领，抓好"三城一区"的建设。同年，《北京城市总体规划（2016年—2035年）》正式发布，明确北京"政治中心、文化中心、国际交往中心、科技创新中心"的四大功能定位。同年，北京市推出《加快科技创新发展新一代信息技术等十个高精尖产业的指导意见》，构建了"高精尖"经济结构的"10+3"政策。2018年，北京市政府印发《北京市支持建设世界一流新型研发机构实施办法（试行）》，提出实施新型研发机构支持政策。

时至今日，科技创新已成为推动首都经济社会发展的主要动力，在经济高质量发展、生态环境保护、社会民生等多个方面发挥着关键作用。首都正以得天独厚的优势，走在全国科技创新前列，成为中国实施创新驱动发展战略的"龙头"和"领头羊"，并向具有全球影响力的科技中心加速迈进。

（二）首都科技创新发展70年历史成就

70年来，首都科技创新事业快速发展，取得丰硕的科技创新成果，国际影响力持续增强，科技创新综合实力显著提升，从而有力地支撑着创新型国家建设。

科技人才队伍不断壮大，形成创新人才集聚区域。中华人民共和国成立初期，北京市的科技创新人才数量屈指可数，全职的科研人才更是寥寥无几。随着经济的发展，北京市科技人才队伍日益壮大。如今，北京市已成为全国高端科技人才的集聚地，人才影响力全国领先。2005~2017年，北京市6岁及以上人口中，本科及以上人口的占比从13.25%提升到23.55%。作为我国最高科学荣誉，国家最高科学技术奖自2000年正式设立以来至2018年，已有31位科学家获此殊荣，其中20位来自北京，占比达64.5%[①]，北京在高层次领军人才方面具有绝对优势。

基础研发投入逐步提升，研发投入强度持续保持高位。20世纪90年代末，我国开始统计R&D经费的使用情况。北京市全社会研发投入稳步增加，研发投入强度保持高位。2017年，北京市R&D经费内部支出达1580亿元，是1996年的42亿元的37.6倍。北京市R&D投入强度从1996年的2.32%稳步提升到2017年的5.8%左右，连续多年居全国之首。北京市基础研究经费支出占研发经费总支出的比重也呈上升趋势。

专利产出成果丰硕，知识产出贡献位居全国榜首。1985年12月，中国专利局颁发我国第一个专利证书。自1986年开始，中国专利局开始对外发布我国知识产权的申请和授权情况。截至2017年末，北京每万人发明专利拥有量为94.6件，是全国平均水平的9.6倍，PCT（Patent Cooperation Treaty，专利合作条约）国际专利申请量为5100多件。2017年，北京市在 Nature、Science 和 Cell 三大顶级期刊上发表文章数占全国的24.6%[②]。

技术市场发展逐步成熟，科技辐射引领能力不断提高。1980年，国务院颁布《国务院关于开展和保护社会主义竞争的暂行规定》，首次肯定了技术的商品价值，指出对创

---

① 数据来源于2006~2018年《北京统计年鉴》。
② 数据来源于2018年《北京统计年鉴》。

造发明的重要技术成果要进行有偿转让。到 2017 年，北京市技术市场技术合同成交81 266 项，是 1990 年的 4.4 倍；技术合同成交总额 4 485.3 亿元，是 1990 年的 221 倍，年均增速超 20%，占全国比重高达 33.4%。北京市技术市场经过 30 多年的发展，已经成为全国技术交易中心，对全国的经济建设和科技创新发展做出了巨大贡献。2017 年，北京市流向外省市的技术合同成交额为 232 亿元，占北京市技术合同成交总额的 52%，体现了北京强劲的科技辐射能力。2014~2018 年，北京市输出到津冀的技术合同成交额累计约 780 亿元，年均增速保持在 29%，增长态势显著。

高技术产业蓬勃发展，创新园区整体实力显著增强。2018 年，北京市服务业增加值比上年增长 7.3%，对经济增长的贡献率达到 87.9%；其中，金融、科技、信息等优势行业占地区生产总值的比重超四成，贡献率合计近七成；北京市经济技术开发区地区生产总值 1 509.5 亿元，增速高于全市 4 个百分点，占北京市地区生产总值的比重为 5%。入区企业 2 万余家，从业人员达 31.4 万人，集聚包括奔驰、GE（General Electric Company，通用电气公司）、拜耳、ABB（Asea Brown Boveri Ltd.）、京东等 80 多家世界 500 强企业的 120 多个项目，投资总额近千亿美元。

创新创业引领全国，孵化机构与在孵企业蓬勃发展。2014 年，北京市新创企业数量达 17.81 万家，较 2013 年增长了 56.4%，日均新创企业 490 家。到 2016 年，北京市新创企业数量达到高峰，达 22.19 万家，日均新创企业超 600 家，北京市迎来创业的高峰期。2018 年，北京市共拥有孵化器 152 家，其中民营性质的孵化器占比超六成，有近万家初创企业在孵化器内成长、发展，经认定的高新技术企业数量占比超两成。创孵载体的蓬勃发展，支撑创新型企业的创新发展，推动北京成为全球知名的创业之城。

国际科技合作日益紧密，推动研发能力不断提升。北京作为科技创新中心的国际影响力还体现在企业总部数量的不断增加和高端研发机构的不断聚集。1996 年，北京市仅有两个世界 500 强企业，分别为中国石油和中粮集团；到 2018 年，北京市已经是 53 家世界 500 强企业总部所在地，且总数连续 6 年位居世界第一。2018 年，在京的跨国公司地区总部累计已达到 169 家，境外世界 500 强企业在京设立外资公司及分支机构的达到 70%，服务业企业总部占比超过 90%，苹果、索尼、特斯拉等一批全球知名企业将研发管理等高端环节放在北京，微软创投加速器、中美创新中心等国际顶级孵化器也加速在京聚集。

（三）新形势下首都科技创新发展的新思考

70 年来，首都科技创新一直走在全国创新发展前列。站在新时代发展的新起点上，北京要积极应对复杂多变的国际和国内形势，面向世界科技前沿、面向国家重大需求、面向经济主战场，谋划未来科技创新发展道路，绘就科技创新发展新篇章。

1. 新形势下首都科技创新发展使命

新一轮科技革命兴起，北京要提升科技创新综合实力。当前，世界范围内新一轮科技革命正在兴起，重大颠覆性创新不时出现。北京作为全国科技创新中心，科技创新发展要着眼全局、面向世界、带动整体，深刻认识当今世界正处于大发展、大变革、大调整时期的新特征，立足当下的优势基础和条件，紧紧抓住新一轮科技革命和产业变革带来的新机遇，提升科技创新综合实力，努力将自身打造成为具有全球影响力的科技创新中心，推动全国和全球创新发展。

创新型国家建设"三步走"，北京要全方位加强自主创新能力。《国家创新驱动发展战略纲要》提出"三步走"战略目标，《北京加强全国科技创新中心建设总体方案》也提出"三步走"的方针。北京要结合自身优势，全方位推进自主创新能力提升，立足京津冀协同发展，延伸完善区域创新链、产业链，支持基础研究领域的自由探索，优化领域、区域战略布局，聚焦关键核心技术和重大基础研究，推进创新攻关。

供给侧结构性改革关键期，北京要深度优化创新发展环境。供给侧结构性改革是当前我国经济工作的核心，是我国经济行稳致远的关键。在推进供给侧结构性改革的关键时期，北京要坚持创新引领，深化以科技创新为核心的全面创新，激发企业特别是高新技术企业的主体活力和创新能力；要加快推进科技创新领域供给侧结构性改革，要深度优化创新发展环境、强化创新创业服务体系、优化创新创业空间布局、完善创新创业保障机制，为各类创新主体创造公平开展科技创新活动的市场竞争环境。

京津冀协同发展新阶段，北京要加强区域创新协同引领。京津冀协调发展是我国重要区域发展战略。当前，京津冀区域发展正步入新阶段，经济、社会、环境融合日益紧密，发展的核心在于从要素驱动、投资驱动向创新驱动转变。北京应作为区域核心，加快引领与河北、天津两地的创新协同发展，通过京津冀协同建设具有全球影响力的科技创新中心；以雄安新区建设为主导，加快疏解非首都功能；进一步推进交通一体化进程，加快京津冀立体交通网络的完善；以新的功能区为载体，加快京津冀创新共同体建设。

雄安新区处于建设初期，北京要提供创新资源助力发展。2018年12月，国务院批复通过《河北雄安新区总体规划（2018—2035年）》，提到要建设绿色低碳之城、建设国际一流的创新型城市、创建数字智能之城。当前，雄安新区处于建设的初期阶段，缺乏多方面的资源，特别是创新资源，需要依靠国家和京津冀三地的支持。北京要积极推动与雄安新区在科研机构等科研领域的密切合作，面向雄安新区企业和机构开放共享北京科技条件资源，将北京各类创新平台扩展到雄安新区。

2. 新形势下首都科技创新发展定位

打造全球原始创新策源地。作为全国科技创新中心，北京有条件、有责任、有能力引领我国的原始创新，将自己打造成全球原始创新策源地。北京应瞄准前沿，不断加强基础研究和应用基础研究的前瞻部署，大力推动变革性技术关键科学问题研究；通过自主创新实现前瞻性基础研究、引领性原创成果的重大突破，掌握科技话语权。

构建全球高端人才集聚地。放眼全球，北京应加快实施推动首都高质量发展人才支撑计划，在全球范围内拓宽人才引进渠道，集聚培养一批战略科技人才、科技领军人才；支持高等学校、科研院所和有条件的企业共建基础研究团队，加快科学家工作室建设、创新青年人才支持模式，形成一批从事基础研究的杰出研究人才队伍；着力搭建创新要素的融合与服务平台，促进企业家与投资人、科学家等深度合作，推进国际人才社区建设，打造全球高端人才集聚地。

建设全球创新创业示范城。北京要努力建设成为全球创新创业示范城，加快发展高端创业孵化平台，构建集创业孵化、资本对接、营销服务等为一体的众创空间，提供集约化、专业化、社区化的创新创业环境；发挥首都科技条件平台、首都科技大数据平台、中关村开放实验室等公共服务平台作用，推广创新券等科技资源开放共享的市场化机制，促进重大科研基础设施、大型科研仪器和专利基础信息资源向社会开放；加快推进研究开发、技术转移和融资、知识产权服务、第三方检验检测认证、质量标准、科技咨询等机构改革，构建社会化、市场化、专业化、网络化的技术创新服务平台。

争做创新体制改革先行者。当前，北京建设科技创新中心逐渐形成以怀柔科学城、未来科学城、中关村科学城及北京经济技术开发区为主体的"三城一区"科技创新主平台。"三城一区"主平台的建设为北京科技体制改革提供了更多先行先试主体，促进北京创新体制改革向更深层次推进。未来，北京要继续走在前列，为全国各地的科技创新发展、科技体制机制改革提供先行先试经验，引领全国改革向纵深发展，争做全国创新体制改革先行者。

建造宜居宜业绿色发展之都。北京要继续以创新驱动发展为动力，以促进科技成果转化为方向，着力将科技创新成果运用于宜居宜业城市建设之中，要高标准构筑经开区生态绿地系统，建设"两轴三带"的高速路防护绿轴和沿河绿色生态休闲带；大力实施绿核放射、绿楔穿插，构筑生态簇城；充分发挥河湖水系与湿地在生态环境、调节城市小气候等方面的作用，实现由工程水利向资源水利、生态水利转变；强化分工协作，发挥比较优势，做强新城核心产业功能区，做优新城公共服务中心及社区服务圈，建设便利高效、宜业有活力、宜居有魅力的绿色发展之都。

二、《首都科技创新发展报告2019》的主要内容

（一）指数篇

本篇分为五章，分别为导论、创新资源、创新环境、创新服务、创新绩效五章内容。本篇构建了首都科技创新发展指数，该指数连续、动态地跟踪和度量首都科技创新发展的总体情况，科学、客观、公正地评价首都科技创新发展的成效和趋势。从数据上看，2005~2017年，首都科技创新发展指数增长态势明显，首都科技创新发展水平不断提高，支撑首都经济社会发展成效显著。总指数得分从2005年的60分增长到2017年的122.74分，总体增幅达62.74分，年均增加5.2分。2014年以来，创新资源、创新环境、创新服务、创新绩效指数得分均保持强劲增长态势，分别增长 5.15%、15.46%、22.75%和29.65%。其中，创新绩效和创新服务2014年以来增幅明显高于2010~2013年的增长

水平,这表明创新绩效和创新服务的提高成为新阶段首都科技创新水平全面加速提升的主要推动力。研究发现,自2014年"全国科技创新中心"定位被提出以来,全国科技创新中心建设成绩斐然,北京建设具有全球影响力的科技创新中心跑出"加速度",创新动力加速释放,点燃高质量发展新引擎,科技创新国际影响力不断提升,为决胜进入创新型国家行列贡献了"北京力量"。同时,北京应进一步明确五个抓手,努力建成具有全球影响力的全国科技创新中心。

（二）创新发展篇

本篇分为七章。第六章在系统分析北京生物医药产业和北京新能源汽车产业全球价值链攀升策略与路径的基础上进一步提出促进北京高精尖产业全球价值链攀升的思路与建议;第七章主要分析以科技创新中心为引领,北京建设现代化经济体系的战略路径;第八章分析北京在全国科技创新发展新格局中的地位,同时梳理出北京高精尖经济结构发展中遇到的问题,基于首都科技创新所面临的挑战,提出首都科技创新发展的相关对策和建议;第九章梳理国内外建设区域科技创新中心的经验,在分析大学和创新型人才对建设科技创新中心的影响的基础上提出高校在全国科技创新中心建设中进一步发挥作用的建议;第十章借鉴国内外经验,在进一步发挥政府作用方面,提出加强基础研究平台建设、创新科技成果转化机制、完善知识产权制度等五个方面的措施;第十一章分析影响科学城建设与发展的指标体系,在实地调研怀柔科学城建设的基础上,对怀柔科学城建设与发展的影响因素进行分析;第十二章在对颠覆性创新进行辨析的基础上,分析规制颠覆性创新的必要性及规制者面临的挑战,对北京如何规制颠覆性创新提出应对建议。

（三）专题探索篇

本篇分为六章。第十三章结合国内外案例,从空间场所营造和精细化设计层面出发,提出推动中关村科学城创新公共空间的品质提升、人居环境改善、创新服务功能完善、创新形象塑造等方面的相关政策建议;第十四章基于我国数字经济的发展历程和京津冀地区的数字经济发展现状,研究探索数字经济环境下京津冀协同发展的新途径;第十五章分析北京市学院路街道"党建引领、四区联动、多元参与、协同治理"的治理模式,以及"一体双向三维多平台"的地区柔性关系网络,探索基层治理新格局;第十六章分别从确定发展创业经济的城市战略、建设创业型社会、加强鼓励创新创业的制度创新、培育和扶持中间组织、发挥政府独特的组织优势、有效弥补市场不足等几个方面分别提出相关建议,以期为北京创业经济的发展提供参考和借鉴;第十七章旨在提供我国（不含港澳台地区）科技企业孵化器和众创空间客观、翔实的数据及简洁的分析解读,全方位地揭示全国及各地区创业孵化发展状况;第十八章以2018年度CBDI（city brand development index,城市品牌发展指数）指标评测为例,对北京的城市品牌发展进行聚焦观察，并据此提出若干展望和建议。

（四）经验借鉴篇

本篇分为四章。第十九章梳理和总结主要国际科技创新战略和重大规划的共性规律和趋势，并希望为北京科技创新政策的制定提供有益借鉴；第二十章通过系统梳理上海、广东、合肥、武汉、杭州几个国内主要省市在科技创新方面的基本情况、政策动向及重大举措，探析国内科技创新新动向和发展趋势；第二十一章通过梳理和分析波士顿打造东部海港创新街区的具体举措及波士顿市政府利用公共创业实现政策创新的经验，从而提出波士顿创新街区建设过程对北京的两方面重要启示；第二十二章对比分析北京与国际创新城市间在研发投入方面的现状和差距，研究发现北京研发投入总量明显提升，但研发投入结构有待优化，对基础研究的投入力度和对国际研发资金的吸纳能力相对不足，据此提出相关对策和建议。

三、致　　谢

首都科技发展战略研究院自2011年成立以来，以打造高端新型智库为目标，始终致力于发挥平台、纽带和枢纽功能，汇思想、聚人才、出成果，为率先实现创新驱动的发展格局、促进全国科技创新中心建设提供战略决策支持。《首都科技创新发展报告2019》是首都科技发展战略研究院的年度品牌研究报告，凝聚着首都科技发展战略研究院理事单位、承建单位和各课题组研究人员的智慧和汗水，也得到了来自科学技术部、国务院发展研究中心、中国社会科学院、国家统计局、科技部火炬高技术产业开发中心、中国科学技术发展战略研究院、联合国工业发展组织等有关部门和机构的广泛支持。同时，在专题报告编写中，还获得了来自清华大学、首都经济贸易大学、北京交通大学、北方工业大学、中国科学技术信息研究所、北京市社会科学院、北京科学学研究中心、北京决策咨询中心、中关村国家自主创新示范区核心区发展研究中心等机构的专家学者的大力帮助，在此一并表示感谢。我们也要感谢社会各界一直以来对首都科技发展战略研究院研究工作的关注和鼓励，并真诚欢迎关心首都科技创新发展的领导、专家、企业家和朋友提出更多宝贵的意见和建议，齐心协力，为建设全国科技创新中心和国际一流的和谐宜居之都贡献力量，服务北京和国家创新发展大局。

指数篇[1]

[1] 本篇由首都科技发展战略研究院课题组完成。课题负责人为关成华,执行负责人为赵峥、刘杨,课题组成员包括刘彦峰、王艳辉、白英、孙超奇等。

第一章 导 论

2014年，党中央赋予了北京"全国科技创新中心"城市战略定位，这是中央在新的发展阶段对北京发展提出的新要求，具有重大而深远的战略意义。2016年，国务院印发实施《北京加强全国科技创新中心建设总体方案》，将全国科技创新中心建设上升为国家战略。2017年，习近平总书记再次视察北京，"强调要以建设具有全球影响力的科技创新中心为引领，抓好中关村科学城、怀柔科学城、未来科学城等'三城一区'建设，深化科技体制改革，努力打造北京经济发展新高地"[1]。处于高质量发展关键阶段的北京，以时不我待、敢为人先的精神，加快推进全国科技创新中心建设，努力争当世界科技强国建设排头兵，凭借优异成绩为我国跻身创新型国家前列提供有力支撑。

首都科技创新发展指数是在北京市科学技术委员会的指导下，由首都科技发展战略研究院研究开发的用于动态监测和评价首都科技创新发展状况的指标体系。首都科技创新发展指数作为全国首个针对单一城市的科技创新评价指标体系，2012~2019年，已连续发布7期，形成了一定的社会影响力，被新闻媒体誉为首都科技创新发展的"全景图"和"晴雨表"。首都科技创新发展指数发布以来，一系列研究成果得到了系统应用，切实支撑了北京加强全国科技创新中心建设的核心工作。

2018~2019年，首都科技发展战略研究院以创新型国家建设的"北京贡献"为主题，密切跟踪分析全球主要科技创新评价指标体系，积极对接国家统计局、中国科学技术发展战略研究院、北京市科学技术委员会、北京市统计局等机构，联合多学科、多领域的专家共同研究首都科技创新发展指数，通过长时间序列的纵向对比与分析，全景式地描绘全国科技创新中心建设工作成效及对创新型国家建设的贡献。

第一节 首都科技创新发展指数体系及完善

首都科技创新发展是各类创新主体在特定的支撑条件下运用创新资源开展创新活动、形成创新成果并作用于经济社会发展的复杂过程。这个过程具有四个特征：一是创新要以人为本，人处于最核心的位置，人才是创新的核心竞争力，是提高自主创新能力的关键所在，坚持以人为本，也正是科学发展观的集中体现；二是政府和市场双轮驱

---

[1] 中科院与北京市召开科技合作座谈会. http://www.cas.cn/zkyzs/2017/03/95/zyxw/201703/t20170327_4595117.shtml.

动,政府和市场合力构建创新环境,提供服务支撑,政府侧重解决制度和政策等公共性问题,市场发挥配置资源的基础性作用,二者形成既不错位、越位又相互补充的合作关系;三是投入产出体系,创新是将人力资本和研发经费等资源投入创新三大主体,创新主体开展知识创新、技术创新、管理创新、体制创新、商业模式创新和生产组织方式创新,形成知识、技术和产品的产出,进而推动经济发展、结构优化和民生改善,并形成辐射、引领效应;四是创新开放系统,开放系统内要素相互交流、合作,取长补短,相互借鉴,共同提高和发展。首都科技创新发展体系图见图1-1。

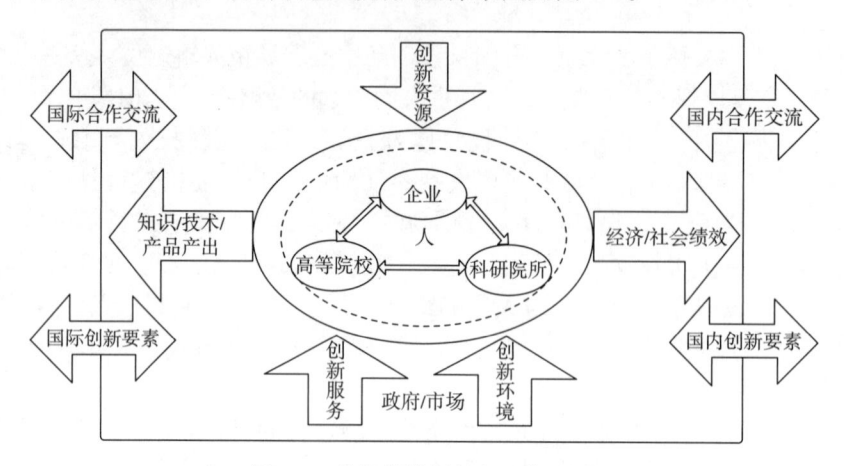

图 1-1 首都科技创新发展体系图

一、首都科技创新发展指数指标体系

首都科技创新发展指数（2019年）指标体系由三个层次指标构成。其中,一级指标4个,主要包括创新资源、创新环境、创新服务、创新绩效。二级指标15个,主要包括创新人才、研发经费、政策环境、人文环境、生活环境、国际交流、科技条件、技术市场、创业孵化、金融服务、科技成果、经济产出、结构优化、绿色发展、辐射引领。三级指标共64个,主要包括创新资源三级指标11个,创新环境三级指标14个,创新服务三级指标13个,创新绩效三级指标26个。具体指标及权重如表1-1所示。

表 1-1 首都科技创新发展指数指标体系

一级指标	权重	二级指标	权重	序号	三级指标	正逆	权重
创新资源	20%	创新人才	11%	1	万名人口中本科及以上学历人数	正	2.20%
				2	万名从业人口中从事R&D人员数	正	2.20%
				3	企业R&D人员占其从业人员比重	正	2.20%
				4	高校、科研机构R&D人员占其从业人员比重	正	2.20%
				5	每万名从业人员中高端人才数	正	2.20%

续表

一级指标	权重	二级指标	权重	序号	三级指标	正逆	权重
创新资源	20%	研发经费	9%	6	R&D经费内部支出占地区生产总值比重	正	1.50%
				7	地方财政科技投入占地方财政支出比重	正	1.50%
				8	企业R&D投入占企业主营业务收入比重	正	1.50%
				9	高新技术企业研发投入强度	正	1.50%
				10	基础研究投入占R&D投入比重	正	1.50%
				11	每万名高校和科研机构R&D人员使用的企业科技经费额	正	1.50%
创新环境	20%	政策环境	6%	12	政府采购对技术创新的影响	正	2.00%
				13	营商环境质量	正	2.00%
				14	企业税收减免额占缴税额比重	正	2.00%
		人文环境	5%	15	公民科学素养达标率	正	1.25%
				16	人均公共图书馆藏书拥有量	正	1.25%
				17	人均科普专项经费	正	1.25%
				18	人均公共财政教育支出	正	1.25%
		生活环境	4%	19	每千人拥有医院床位数	正	1.33%
				20	每百名学生拥有专任教师人数	正	1.33%
				21	地均城市轨道交通里程数	正	1.33%
		国际交流	5%	22	国外技术引进合同金额	正	1.25%
				23	外资研发机构数	正	1.25%
				24	高校参与国际交流合作人次与高校教学科研人员数之比	正	1.25%
				25	来京就业外国人数	正	1.25%
创新服务	20%	科技条件	6%	26	信息化指数	正	2.00%
				27	大型科学仪器（设备）原值	正	2.00%
				28	首都科技条件平台开放仪器资源价值	正	2.00%
		技术市场	6%	29	技术交易增加值占地区生产总值比重	正	3.00%
				30	吸纳技术合同成交额占技术合同成交总额比重	正	3.00%
		创业孵化	4%	31	孵化器在孵企业数	正	0.80%
				32	孵化器累计毕业企业数	正	0.80%
				33	每万人新创企业数	正	0.80%
				34	新创企业中科技型企业数量占比	正	0.80%
				35	独角兽企业数	正	0.80%
		金融服务	4%	36	境内上市公司股票筹资额	正	1.33%
				37	创业投资金额	正	1.33%
				38	上市企业数	正	1.33%
创新绩效	40%	科技成果	8%	39	每万人SCI/EI/CPCI-S[1]论文产出数	正	1.60%
				40	每亿元R&D经费PCT专利数	正	1.60%

续表

一级指标	权重	二级指标	权重	序号	三级指标	正逆	权重
创新绩效	40%	科技成果	8%	41	每万人发明专利拥有量	正	1.60%
				42	每亿元R&D经费技术合同成交额	正	1.60%
				43	获国家科学技术奖项占比	正	1.60%
		经济产出	8%	44	人均地区生产总值	正	1.60%
				45	地区生产总值增长率	正	1.60%
				46	全员劳动生产率	正	1.60%
				47	第二产业劳动生产率	正	1.60%
				48	第三产业劳动生产率	正	1.60%
		结构优化	10%	49	"三城一区"地区生产总值占北京市生产总值比重	正	1.67%
				50	每万家企业中高新技术企业数	正	1.67%
				51	第三产业增加值占地区生产总值比重	正	1.67%
				52	新经济增加值占地区生产总值比重	正	1.67%
				53	现代服务业增加值占第三产业增加值比重	正	1.67%
				54	企业新产品销售收入占主营业务收入比重	正	1.67%
		绿色发展	10%	55	万元地区生产总值水耗	逆	2.50%
				56	万元地区生产总值能耗	逆	2.50%
				57	绿色全要素生产率	正	2.50%
				58	空气质量达标天数占比	正	2.50%
		辐射引领	4%	59	流向京外技术合同成交额占北京市技术合同成交总额比重	正	0.67%
				60	技术合同成交额占全国比重	正	0.67%
				61	ESI[2]高被引论文数占全国比重	正	0.67%
				62	技术标准制定及修订数量	正	0.67%
				63	全球500强大学数量及排名	正	0.67%
				64	全球500强企业总部数量	正	0.67%

1）SCI：*Science Citation Index*，《科学引文索引》；EI：*the Engineering Index*，《工程索引》；CPCI-S：*Conference Proceedings Citation Index-Science*，《科学技术会议录索引》

2）ESI：*Essential Science Indicators*，《基本科学指标数据库》

二、首都科技创新发展指数指标体系的修订说明

首都科技创新发展指数坚持"客观科学、相对稳定和可持续"原则，围绕"指数总体框架不变，部分微调"的总体思路，保持一级、二级指标不变，与时俱进地针对部分三级指标进行了完善，力求更好地反映首都科技创新发展实际情况。

对三级指标的修订有三个原则：一是参考国内外主流、权威科技创新评价体系的最新研究情况，结合北京特色完善指标；二是要进一步在指标体系中体现北京对于创新型国家建设的支撑；三是要在指标体系中进一步体现高质量发展。

鉴于此，研究团队重点研究国内外主流科技创新评价体系的最新情况，如"全球创新指数""全球竞争力报告""全球化城市""欧盟记分牌""国家创新指数""硅谷指数"等，同时参考"创新型国家的目标指标"和"创新型城市建设监测评价指标"，并重点分析高质量发展的相关理论，得出以下四点指标修订的结论。

（一）要进一步体现人力资本的价值

在国内外相关的科技创新指数中，无一例外都非常重视人才资源的作用，均包含创新人才相关的指标，且部分报告人才资源的指标权重非常大。例如，"全球创新指数"中，特别重视人力资本指标；"全球化城市"中，人力资本作为单独的一级指标，权重占比达 30%；在"硅谷指数"中，人力资源也是单独的一级指标，权重占比 20%。因此，如何在指标体系中更加体现首都科技创新发展指数"以人为本"的特征是指标修订的重要原则。

（二）要重视营商环境的影响

在国内外相关科技创新指数评价中，均非常重视营商环境。例如，普华永道发布的"机遇之城"中，营商环境是指标体系中的十大维度之一；中国科学技术发展战略研究院发布的"国家创新指数报告"中，与营商环境相关的指标数量共 10 个，占比 1/3。因此，在修订首都科技创新发展指数指标体系时，需要增加衡量营商环境的指标。

（三）要体现科技型创业企业的作用

创新创业两者相互依存、密不可分。在国内外相关科技创新指数中，部分指标体系重视科技型企业的创新创业活动，如"硅谷指数"非常重视创业经济和企业创新，将创新创业作为衡量科技创新水平的核心；"GEM 全球创业观察报告"则聚焦创业，深挖全球创业活动的特征和发展趋势。因此，在修订指标体系时，需增加科技型创业企业方面的指标，全面反映首都科技创新情况。

（四）要增加体现高质量发展的指标

我国经济已经由高速增长阶段转向高质量发展阶段，高质量发展成为新时代下提高城市能级和综合竞争力的唯一出路。高质量发展涵盖创新、协调、绿色、开放、共享五大发展理念，提高效率、优化经济结构、培育新动力是高质量发展的战略方向和思路。因此，在修订指标体系时，需增加效率、经济结构、新动力等方面的高质量发展指标。

根据上述原则，2019 年指标体系新增 3 项指标、删除 1 项指标，修订 3 项指标，指标总数为 64 项，比上年增加 2 项。

具体而言，增加了 3 项反映科技创新中心建设特点的新指标：①在二级指标"创业孵化"中，增加三级指标"新创企业中科技型企业数量占比"，该指标反映的是科技型企业的活跃程度，反映了创业活动的质量；②在二级指标"政策环境"中，增加三级指标"营商环境质量"指标，该指标反映的是营商环境水平，数据来自世界银行的营商环境指数；③在二级指标"经济产出"中，增加三级指标"全员劳动生产率"指标，该指标是反映人均产出效率的重要指标，能够有效体现经济发展质量和效率。

同时，删除 1 项指标：在二级指标"科技成果"中，删除"每万家企业拥有的国家或行业技术标准数"。该指标数据来自《中国工业企业科技活动统计年鉴》，该年鉴于 2017 年不再出版，数据不可获得。

此外，为了更好地反映二级指标内涵，修订了 3 项指标：①在二级指标"金融服务"中，将"创业板上市企业数"改为"上市企业数"，扩大了上市企业数量的统计口径，包含在创业板、科创板、主板、中小板等板块上市的所有企业数量，能够更全面地反映全市上市企业发展情况；②在二级指标"创业孵化"中，将"独角兽企业数占全国比重"修订为"独角兽企业数"，用该指标绝对数更能准确地反映北京创业孵化的成效；③在二级指标"国际交流"中，将"外国专家来京人数"修订为"来京就业外国人数"，统计口径变为当年发放"外国人来华工作许可证"数量，而不仅仅是专家的人数，更能展示外籍人才的多元化和重要性，原指标数据已不可获得。

为了保证测度结果的客观公正，所有指标口径概念均与国家统计局相关统计制度保持一致。测算数据主要来源于国家和北京市的官方统计机构出版的年度统计报告、统计年鉴和国内知名研究机构或公司的主题报告和调查数据，部分数据由北京市各委办局和相关部门提供。各指标含义和数据来源可参见"附录 1 首都科技创新发展指数指标解释及数据来源"。

"首都科技创新发展指数"是采用对标研究方法，根据历史序列数据进行纵向测度比较，为此，需要确定基准年和基准得分。结合前几年研究基础，为保证指数的延续性，根据专家组建议，首都科技创新发展指数的基准年定为 2005 年，基准分仍为 60 分。方法详细介绍可参见"附录2 首都科技创新发展指数测算方法"。

第二节 首都科技创新发展指数 2019 年数据大盘点

一、总指数跑出"加速度"

2019 年首都科技创新发展指数以 2005 年为基期，对 2005~2017 年数据进行测算，初步测算结果如下：2005~2017 年，首都科技创新发展指数总指数呈现持续上涨的趋势。2017 年，总指数达 122.74 分，较 2016 年增长了 6.57 分，较 2005 年增长了 62.74 分，年均增加 5.2 分。首都科技创新发展指数总指数得分趋势图见图 1-2。

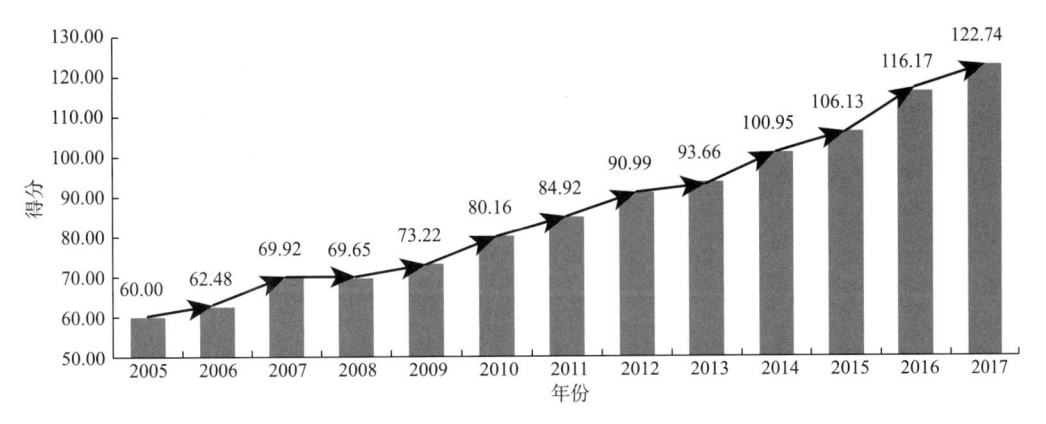

图 1-2　首都科技创新发展指数总指数得分趋势图

总指数得分从 2014 年的 100.95 分增长到 2017 年达到 122.74 分，年均增长 7.26 分，明显高于 2010~2013 年的年均增长分 4.50 分。可见，自 2014 年以来，首都科技创新发展势头强劲，全国科技创新中心建设明显提速，科技创新支撑首都经济社会发展的力度不断加大，北京正阔步迈入以创新驱动为主的高质量发展阶段。

二、一级指标盘点

如图 1-3 和表 1-2 所示，2005~2017 年，创新资源、创新环境、创新服务和创新绩效四个一级指标整体上均围绕总指数呈现出上升趋势。其中，创新绩效增幅最大，12 年增幅达 140.95%，其次是创新环境和创新服务，12 年增幅分别为 106.83% 和 99.98%，创新资源的增幅相对最小，增幅为 34.12%。可见，创新绩效和创新环境逐步成为北京科技创新发展的重要推动力，北京的科技创新效率不断提升。

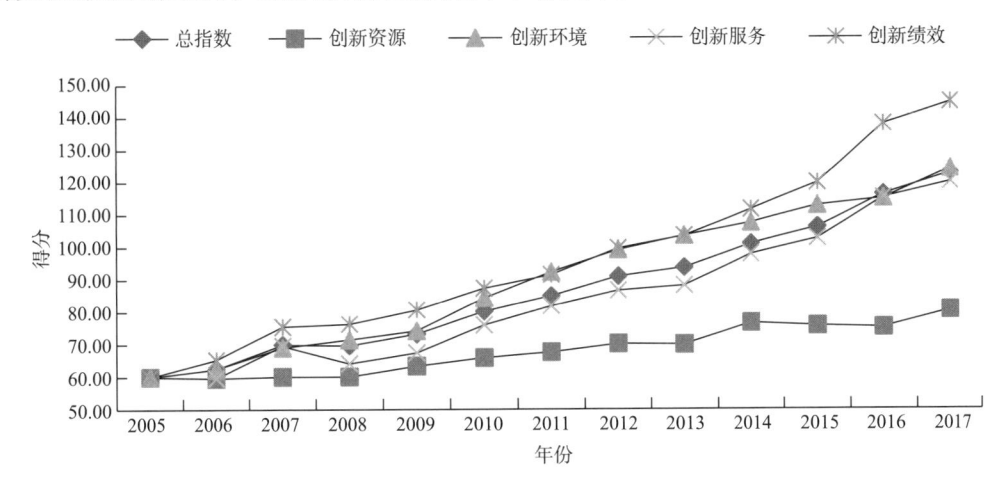

图 1-3　首都科技创新发展指数一级指标变化图

表 1-2 首都科技创新发展指数一级指标得分

年份	总指数	创新资源	创新环境	创新服务	创新绩效
2005	60.00	60.00	60.00	60.00	60.00
2006	62.48	59.64	62.48	59.64	65.32
2007	69.92	60.09	69.04	69.56	75.47
2008	69.65	60.09	71.48	64.13	76.26
2009	73.22	63.33	74.19	67.40	80.59
2010	80.16	65.90	84.33	75.96	87.30
2011	84.92	67.54	92.36	81.78	91.45
2012	90.99	70.11	99.10	86.60	99.57
2013	93.66	69.91	103.49	88.13	103.39
2014	100.95	76.53	107.48	97.75	111.51
2015	106.13	75.64	112.79	102.63	119.79
2016	116.17	75.10	114.90	115.11	137.86
2017	122.74	80.47	124.10	119.99	144.57
12年增幅	104.57%	34.12%	106.83%	99.98%	140.95%
2014~2017年增幅	21.58%	5.15%	15.46%	22.75%	29.65%
同比增幅	5.66%	7.15%	8.01%	4.24%	4.87%

2014~2017 年，创新资源、创新环境、创新服务、创新绩效指数得分均保持强劲增长态势，分别增长 5.15%、15.46%、22.75%和 29.65%（表 1-2）。其中，创新绩效和创新服务 2014~2017 年增幅明显高于 2010~2013 年的增长水平，这表明创新绩效和创新服务的提高成为新阶段首都科技创新水平全面加速提升的主要推动力。

2017 年，创新资源、创新环境、创新服务和创新绩效四个一级指标和 2016 年相比均有一定提升。其中，创新环境较 2016 年提升了 8.01%，是四个一级指标中增幅最大的一个。此外，创新资源较 2016 年提升了 7.15%，创新绩效较 2016 年提升了 4.87%，创新服务较 2016 年提升了 4.24%（表 1-2）。

三、二级指标盘点

（一）分析二级指标 12 年变化情况

在 15 个二级指标中，共有 6 个二级指标的 12 年增幅超过 100%，分别为科技成果、科技条件、人文环境、生活环境、经济产出和绿色发展（表1-3）。

表1-3　2005~2017年总体增幅最大的二级指标

年份	科技成果	科技条件	人文环境	生活环境	经济产出	绿色发展
2005	60.00	60.00	60.00	60.00	60.00	60.00
2006	68.60	60.51	69.04	56.08	66.50	65.42
2007	77.68	62.14	76.78	58.61	77.17	78.51
2008	82.09	62.91	81.58	69.26	77.38	76.72
2009	86.23	70.12	86.03	75.07	83.81	88.62
2010	107.73	84.45	95.72	94.46	93.45	88.32
2011	117.26	109.63	99.77	99.80	98.77	87.95
2012	144.47	129.53	113.33	112.74	104.00	91.17
2013	155.27	140.18	118.75	121.78	111.03	90.38
2014	175.33	150.35	129.62	129.90	117.55	103.68
2015	202.46	156.84	148.79	135.00	122.79	105.58
2016	262.88	180.94	152.97	141.31	133.56	117.95
2017	271.98	180.76	165.08	146.43	143.58	126.58
12年增幅	353.30%	201.27%	175.13%	144.05%	139.30%	110.97%

科技成果的增幅最大，达353.30%，主要因为每万人发明专利拥有量和每万人SCI/EI/CPCI-S论文产出数增长迅猛，分别是2005年的11.8倍和3.2倍。

科技条件的增幅达201.27%，原因是三级指标大型科学仪器（设备）原值和首都科技条件平台开放仪器资源价值逐年快速增长。

人文环境的增幅达175.13%，原因是三级指标人均公共财政教育支出、公民科学素养达标率保持较快的增长速度。

生活环境、经济产出、绿色发展等二级指标的增幅在100%至150%之间，原因是地均城市轨道交通里程数、人均地区生产总值、第三产业劳动生产率、空气质量达标天数占比等三级指标增长显著，万元地区生产总值水耗和万元地区生产总值能耗等三级指标逐年降低。

（二）分析"科创中心"定位提出以来的情况

以2014年"科创中心"提出为分界线，分析15个二级指标中2010~2013年和2014~2017年两个4年的变化情况。可以看出，共有7个二级指标在2014~2017年的增速超过2010~2013年增速（表1-4）。

表 1-4　增速最快的二级指标

年份	科技成果	创业孵化	金融服务	人文环境	经济产出	绿色发展	结构优化
2010	107.73	57.72	102.71	95.72	93.45	88.32	66.82
2011	117.26	58.24	89.61	99.77	98.77	87.95	69.70
2012	144.47	57.65	84.57	113.33	104.00	91.17	70.69
2013	155.27	58.45	76.59	118.75	111.03	90.38	68.83
2010~2013 年增幅	44.13%	1.26%	−25.43%	24.06%	18.81%	2.33%	3.01%
2014	175.33	64.85	101.29	129.62	117.55	103.68	67.52
2015	202.46	68.01	115.06	148.79	122.79	105.58	67.75
2016	262.88	79.82	125.85	152.97	133.56	117.95	72.55
2017	271.98	97.53	133.44	165.08	143.58	126.58	75.39
2014~2017 年增幅	55.12%	50.39%	31.74%	27.36%	22.14%	22.09%	11.66%

（三）分析二级指标同比增长情况

在 15 个二级指标中，共有 7 个二级指标的 2017 年同比增幅超过 7%，增长显著，分别为创业孵化、政策环境、人文环境、经济产出、绿色发展、研发经费和创新人才（表 1-5）。

表 1-5　同比增幅最大的二级指标

年份	创业孵化	政策环境	人文环境	经济产出	绿色发展	研发经费	创新人才
2005	60.00	60.00	60.00	60.00	60.00	60.00	60.00
2006	58.25	60.00	69.04	66.50	65.42	59.46	59.78
2007	58.06	63.03	76.78	77.17	78.51	58.25	61.60
2008	58.11	63.59	81.58	77.38	76.72	59.07	60.93
2009	58.58	63.23	86.03	83.81	88.62	64.21	62.61
2010	57.72	75.33	95.72	93.45	88.32	66.83	65.14
2011	58.24	77.58	99.77	98.77	87.95	68.06	67.12
2012	57.65	89.63	113.33	104.00	91.17	70.30	69.96
2013	58.45	89.38	118.75	111.03	90.38	63.91	74.81
2014	64.85	92.97	129.62	117.55	103.68	75.71	77.20
2015	68.01	91.00	148.79	122.79	105.58	73.16	77.66
2016	79.82	90.38	152.97	133.56	117.95	69.76	79.48
2017	97.53	104.97	165.08	143.58	126.58	74.85	85.07
同比增幅	22.19%	16.14%	7.92%	7.50%	7.32%	7.30%	7.03%

创业孵化的同比增幅达 22.19%，北京的创业发展强劲，孵化器在孵企业数、孵化器累计毕业企业数、独角兽企业数、新创企业中科技型企业数量占比等三级指标均有较大幅度增长。

研发经费和创新人才的同比增幅分别达 7.30%和 7.03%，凸显了北京的创新资源集聚效应，高新技术企业研发投入强度、企业 R&D 人员占其从业人员比重、每万名从业人员中高端人才数等三级指标增长显著。

四、三级指标盘点

2019 年首都科技创新发展指数指标体系的 64 个三级指标中，50 个指标数据较上年有所增长或保持不变，14 个指标较上年出现下降。

（一）分析增长指标

具体而言，64 个三级指标中，共有 8 个三级指标的增幅超过 20%，分别为孵化器在孵企业数、创业投资金额、政府采购对技术创新的影响、孵化器累计毕业企业数、每万名高校和科研机构 R&D 人员使用的企业科技经费额、国外技术引进合同金额、每万人发明专利拥有量和公民科学素养达标率（表 1-6）。

表 1-6　三级指标增长明显指标

编号	二级指标	增长指标	2016 年	2017 年	增幅
31	创业孵化	孵化器在孵企业数/家	36 027	77 249	114.4%
37	金融服务	创业投资金额/亿元	458.78	718.19	56.5%
12	政策环境	政府采购对技术创新的影响	6.74%	10.26%	52.2%
32	创业孵化	孵化器累计毕业企业数/家	7 659	9 817	28.2%
11	研发经费	每万名高校和科研机构 R&D 人员使用的企业科技经费额/（万元/万人）	7 496.00	9 344.43	24.7%
22	国际交流	国外技术引进合同金额/万美元	221 000	274 000	24.0%
41	科技成果	每万人发明专利拥有量/件	76.73	94.59	23.3%
15	人文环境	公民科学素养达标率	17.56%	21.48%	22.3%

其中，2017 年，孵化器在孵企业数的增幅达 114.4%，是三级指标中增幅最大的指标，创业投资金额的增幅达 56.5%，孵化器累计毕业企业数增幅达 28.2%。2018 年，北京共有孵化器 152 家，在孵企业总数 9 629 家，在孵企业总收入 775 亿元，位居全国首位，北京的创业经济有力支撑了科技创新发展。

政府采购对技术创新的影响增幅达 52.2%，原因是政府采购新技术新产品占北京地区采购总额的比重从 6.74%增长到 10.26%。

北京在科技创新产出方面领跑全国，每万人发明专利拥有量同比增幅达 23.3%。2018 年北京市每万人发明专利拥有量达 111.2 件，是五年前的近 2 倍，高居全国首位。

北京的科技经费投入不断增加，每万名高校和科研机构 R&D 人员使用的企业科技经费额同比增幅达 24.7%；R&D 投入强度保持在 5.7%左右，位居全国榜首。

北京不断加强国际交流和合作，国外技术引进合同金额同比增幅达 24.0%。2018年，北京《财富》全球 500 强企业总部达 53 家，连续六年位居全球首位；截至 2018 年底，北京总部企业达 3 961 家，创新型企业占比近七成。其中，跨国公司总部达 178 家，北京的国际辐射力和竞争力不断增强。

（二）分析下降指标

北京的科技创新在取得一系列成就的同时，仍然存在着一些问题，在 64 个三级指标中，共有 14 个指标同比下降，其中 4 个三级指标的降幅超过 10%（表 1-7）。

表 1-7　三级指标下降明显指标

编号	二级指标	下降指标	2016 年	2017 年	增幅
36	金融服务	境内上市公司股票筹资额/亿元	2 038.93	1 416.10	−30.5%
40	科技成果	每亿元 R&D 经费 PCT 专利数/件	4.48	3.23	−27.9%
33	创业孵化	每万人新创企业数/家	102	89	−12.7%
17	人文环境	人均科普专项经费/元	58.13	52.20	−10.2%

境内上市公司股票筹资额指标下降最多，降幅达 30.5%，由 2016 年的 2 038.93 亿元下降到 2017 年的 1 416.10 亿元，原因是近年来中国股市大盘仅在 2 500 点左右，甚至跌破 2 000 点。金融市场的活跃程度对于科技创新活动的开展和创新性企业的发展有一定影响，在股市整体萎缩下行的背景下，不利于北京的科技转化和科技创新。

每亿元 R&D 经费 PCT 专利数指标下降 27.9%，原因是 2017 年北京 PCT 专利申请量为 6 100 件，而 2016 年为 6 651 件，北京市的国际 PCT 专利申请量同比下降，北京市的科技创新更多地集中于基础研究，产出成果也多为论文，而在应用研究和实验发展方面，和深圳等产业创新中心仍然存在一定差距。

每万人新创企业数指标下降 12.7%，原因是新创企业数由 2016 年的 22.2 万家下降到 2017 年的 19.4 万家。自 2014 年以来，借双创发展风潮，新创企业增长迅速，而 2019年，新创企业增长逐步趋于稳定，因此每万人新创企业数较上一年有所下降，这是企业发展回归理性的表现，同时我们注意到，新创企业中科技型企业比重在逐年提升，所以科技型创业正在逐渐成为主流，创新创业呈现高质量发展趋势。

第三节　创新动力加速释放，点燃高质量发展新引擎

党的十八大以来，北京始终把创新作为引领发展的第一动力，以全球化视野谋划和推动全国科技创新中心建设，塑造更多先发优势的引领型发展，加快构建高精尖经济结构，努力打造高质量发展的"北京样板"。

（一）加快培育新动能，引领支撑高质量发展

2014~2017 年，首都科技创新发展指数二级指标结构优化、经济产出分别增长 11.66%和 22.14%，产业结构不断优化，产出效率明显提高。"动能转换"提速换挡，2018 年，创新经济实现增加值 10 057.4 亿元，占地区生产总值的比重达 33.2%；中关村国家自主创新示范区总收入达 58 841.9 亿元（图1-4），是2014年的1.6倍，其中实现技术收入 10 629.4 亿元，实现翻番，是 2014 年的 2.2 倍。"结构优化"成效凸显，2018 年，高技术产业实现增加值 6 976.8 亿元，比 2014 年增长 47.2%，占地区生产总值的比重达 23.0%；知识密集型服务业增加值占比达 46.8%；科技服务、信息服务、金融对全市经济增长的贡献率达 67%。"提质增效"成果显著，2018 年，北京全员劳动生产率达 24 万元/人，排名全国第一；人均地区生产总值达 14 万元/人，较 2014 年增幅达 40%。

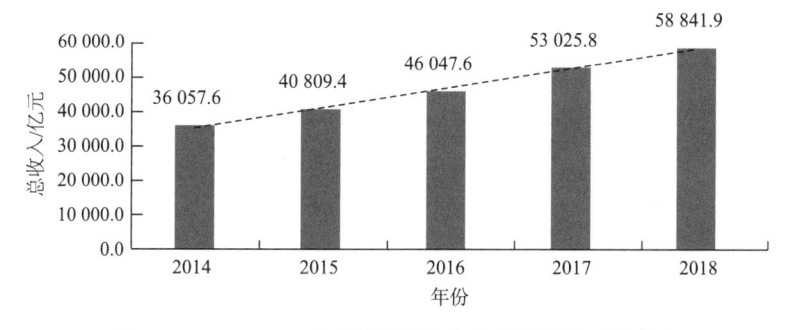

图 1-4　2014~2018 年中关村国家自主创新示范区总收入

（二）绿色发展水平不断提升，美好生活持续发力

2014~2017 年，首都科技创新发展指数二级指标绿色发展增幅达 22.09%，科技创新对绿色发展的贡献不断攀升。2014~2018 年，北京绿色全要素生产率达 30%左右，绿色出行比例从 69%提升至 73%（图 1-5）。累计推广纯电动汽车 20.38 万辆，成为国内自动驾驶测试牌照发放最多、道路最长、行驶里程最远的城市。2018 年，万元地区生产总值能耗和水耗较 2014 年分别降低了 26.6%和 29.4%。率先在全国搭建大规模的疾病研究公共基础平台及十大疾病临床数据和样本资源库；实施"首都临床特色应用研究"专项，

共制定 136 项诊疗技术规范或标准，其中 55 项上升为国家行业标准。

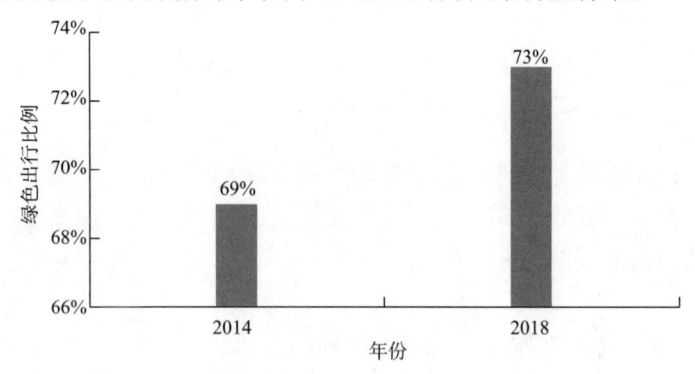

图 1-5　2014 年和 2018 年北京绿色出行比例

（三）创新生态持续优化，创新创业活力迸发

2014~2017 年，首都科技创新发展指数一级指标创新环境、创新服务和二级指标创业孵化分别增长 15.46%、22.75%、50.39%（图 1-6）。在世界银行发布的《2019 年营商环境报告》中，北京作为中国两个样本城市之一，营商环境前沿距离得分从 2014 年的 62.58 分提高至 2018 年的 73.59 分，为支撑我国营商环境整体名次大幅跃升至全球第 46 位做出了重要贡献。2018 年，国家发展和改革委员会对北京、上海等国内 22 个城市开展营商环境试评价，北京综合排名位列全国第一。新创企业中科技型企业占比从 2014 年的 29.8%增长至 2018 年的 39.2%；充分发挥资本对科技创新的支撑作用，成立北京市科技创新基金，总规模达 300 亿元，为原始创新和高端硬技术成果转化注入新动力。

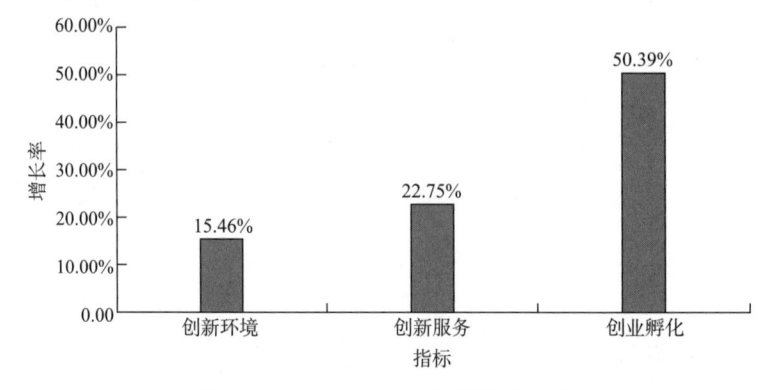

图 1-6　2014~2017 年三项指标增长率

（四）辐射引领能力不断攀升，竞争力和话语权持续增强

2014~2017 年，首都科技创新发展指数二级指标辐射引领增幅达 8.25%，辐射引领能力逐年增强。2018 年，北京技术合同成交额达 4 957.8 亿元，是 2014 年的 1.6 倍，其

中有75.4%输出到外省市和出口;《财富》全球500强企业总部达53家,连续六年位居全球首位;在京的跨国公司地区总部累计已达169家,境外全球500强企业在京设立外资公司及分支机构的达70%,服务业企业总部占比超过90%,苹果、索尼、特斯拉等一批全球知名企业在京设立研发中心。

(五)"三城一区"全面提速,"四梁八柱"支撑作用彰显

2018年,"三城一区"主平台加快建设,"三城一区"所在区地区生产总值占全市比重超三成。"三城一区"突出"科学+城"功能,发展规划加快编制,特色化发展格局加快形成。聚焦中关村科学城,打造科技创新出发地、原始创新策源地和自主创新主阵地。出台"海淀创新发展16条""科技金融15条",推动中国(北京)和中国(中关村)两个知识产权保护中心建设;加快建设全球健康药物研发中心,推进碳基集成电路研究院、腾盛博药等重大项目落地。突破怀柔科学城,建设世界级原始创新承载区。综合性国家科学中心建设全面展开,综合极端条件实验装置、地球系统数值模拟装置等重大科技基础设施建设进展顺利,5个首批开工的交叉研究平台主体结构全部封顶,北京纳米能源与系统研究所整建制入驻。搞活未来科学城,打造全球领先的技术创新高地。盘活存量资源,吸引陈清泉院士科创中心、小米智慧产业基地等入驻,支持央企与高校院所组建5个协同创新平台,引进形成多元主体创新格局,打开"院墙"搞科研初见成效。升级北京经济技术开发区,打造高精尖产业主阵地。成功举办2018年世界机器人大会,加快打造机器人和智能制造产业集群;耐威8寸MEMS(micro electromechanical systems,微机电系统)传感器芯片、奔驰新能源汽车等一批重点项目加快建设,32项技术或产品达到国际领先水平。

第四节 国际影响力不断提升,为决胜进入创新型国家行列贡献"北京力量"

北京坚持面向世界科技前沿、面向经济主战场、面向国家重大需求,加快各领域科技创新,原始创新和自主创新能力进一步增强,支撑创新型国家建设取得新成效。《中国城市科技创新发展报告2018》研究结果显示,北京科技创新综合得分位居全国第一。

(一)基础研究投入大幅提升,创新投入达国际一流水平

2014年以来,全社会R&D经费投入规模持续增加,占全国比重保持在9%左右;R&D经费投入强度保持在6%左右,超过了纽约、柏林等国际知名创新城市。其中,基础研究经费投入逐年增加,约占全国的1/4;基础研究投入占比从12.6%稳步提升至15%左右,超过日本和韩国等部分发达国家水平。

（二）创新产出规模全球领先，北京科技彰显中国实力

2014 年以来，高质量科研论文量质齐升，每万人 SCI/EI/CPCI-S 论文产出数增幅达 110.6%；英国《自然》杂志增刊《2018 自然指数-科研城市》，通过追踪高质量自然科学期刊所发表的科研论文，对全球 500 个城市科研产出进行排名，结果显示，北京连续两年位居全球第一，领先于巴黎、伦敦、纽约和东京等国际创新城市。专利密度领跑全国，2018 年，每万人发明专利拥有量 111.20 件，较 2014 年增长 130.85%（图 1-7），是全国平均水平的 10 倍多。2014 年以来，在京单位主持完成的获国家科学技术奖励的奖项累计达 370 余项，占全国总数的三成。技术成果七成输出到京外地区，2018 年，北京技术合同成交额占全国技术交合同成交总额比重达 28%，位列全国第一。

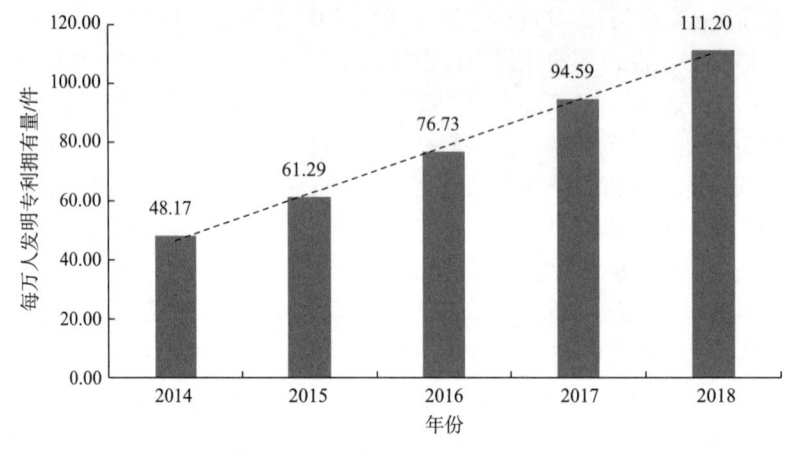

图 1-7　每万人发明专利拥有量（2014~2018 年）

（三）标志性重大原创成果不断涌现，支撑我国更多领域加速"领跑"

2014~2017 年，首都科技创新发展指数二级指标科技成果增幅达 55.12%，科技产出能力大幅提升。2014 年以来，一批重量级原创成果竞相涌现。在世界上，首次观测到量子反常霍尔效应，首次发现三重简并费米子，首次在超导块体中发现马约拉纳任意子，首次获得离子水合物的原子级分辨图像，首次报道人源剪接体的高分辨率三维结构。一批重大自主创新成果取得突破。研制出首个商用的"深度学习"神经网络处理器芯片、具有国际领先水平的新型超低功耗晶体管、国际首个纳米药物输送机器人，以及国内首个 80 纳米自旋转移矩-磁随机存储器芯片。2014 年以来，历年中国科学十大进展中，北京主导和参与的有 31 项，占全国比重 62%。

（四）一批"大国重器"加快推进，提升我国科技国际竞争力和影响力

"子午工程""凤凰工程"等累计 14 个重大科技基础设施在京投入运行或正在建设，国家新能源汽车技术创新中心、分子科学等 3 个国家研究中心、动力电池等 2 个国

家制造业创新中心、量子信息等2个前沿科学中心和国家先进计算产业创新中心获批建设。截至2018年底，国家级科技创新基地超过300家，占全国的近1/3；拥有"双一流"建设院校数量位居全国首位；首个国家新一代人工智能创新发展试验区落户北京。

（五）人才发展机制不断优化，创新人才高地加快形成

2014~2017年，首都科技创新发展指数二级指标创新人才增幅达10.20%，人才集聚能力显著提升。2014年以来，北京对人才的吸引力不断增强，每万名从业人员中高端人才数增幅达34.0%。2018年，入选全球高被引科学家数达172人次，是2014年的2.8倍，占全国比重达35.7%。深化职称制度改革，逐步在条件成熟的科研机构、新型研发机构等下放职称评审权。出台《新时代推动首都高质量发展人才支撑行动计划（2018-2022年）》，实施20条出入境政策和中关村国际人才20条新政，外国人才出入境便利程度进一步提升。

（六）京津冀协同创新共同体加速发力，开放创新助推协同发展

2014~2017年，京津冀协同创新发展纵深推进，北京输出到津冀的技术合同成交额累计约780亿元，年均增速保持在29%。全力支持雄安新区建设，共建雄安新区中关村科技园。三地建立相互衔接的创新券政策，促进创新资源共享和成果转移转化。北京企业累计在津冀设立分支机构约7 600多家。深入开展对口帮扶和区域合作，与全国20余个省市建立科技合作关系，通过资源共享和技术输出辐射带动全国创新发展。国际科技合作交流与互动持续深化，举办中国（北京）跨国技术转移大会、中意创新合作周、京港科技创新合作论坛等品牌活动；创办北京国际学术交流季，围绕量子科学、石墨烯、脑科学等基础前沿领域，组织开展系列高水平学术交流活动。

（七）科技体制改革不断深化，打造良好创新生态

2014~2017年，首都科技创新发展指数二级指标政策环境得分从92.97分增至104.97分，增幅达12.91%，科技创新的政策体系进一步完善。发布实施新型研发机构支持政策，在运行管理机制、财政资金支持与使用、评价与审计、知识产权和固定资产管理等五个方面实现新突破。印发《关于深化科技奖励制度改革的实施方案》，提出增设人物奖项、调整奖励等级、实行提名制等重大改革举措。落细落实财政科研项目和经费管理改革"28条"新政，将科研项目实施方案论证和预算评审"合二为一"，切实增强科研人员获得感。截至2018年底，首都科技条件平台共推动北京地区916个国家级和市级重点实验室（工程中心）价值277亿元、4.39万余台（套）仪器设备向社会开放共享，促进各类主体协同创新。2018年，北京在改善地方科研基础条件、优化科技创新环境等方面工作获得国务院表彰；探索形成的科研仪器设备开放共享机制等4项支持创新的改革

举措在全国更大范围内复制推广。

第五节　加快向具有全球影响力的全国科技创新中心进军

当前，新一轮科技革命和产业变革蓄势待发，科技创新越来越成为提升国家综合竞争力、驱动城市发展的重要手段。北京必须肩负起应有的责任和使命，砥砺奋进，凝心聚力，向着建设具有全球影响力的全国科技创新中心的目标阔步前进，为我国跻身创新型国家前列和建成世界科技强国提供有力支撑。

（一）"抓"自主创新能力提升

科技竞争的核心就是自主创新能力的竞争。当前，新一轮科技革命不断引发新的创新浪潮，科技成果转化和产业更新换代的周期越来越短，北京推进全国科技创新中心建设必须要进一步重视基础研究，支持基础研究领域的自由探索，加快科技成果向现实生产力转化，以利于为经济社会发展提供持久动力，在科技竞争中争取主动权。具体而言，要进一步优化领域、区域战略布局，聚焦关键核心技术和重大基础研究，精心组织推进创新攻关，形成新一代信息技术和医药健康支撑北京创新发展的"双发动机"。

（二）"抓""三城一区"建设

充分发挥"三城一区"主平台的作用，以"三城一区"为抓手推进全国科技创新中心建设。中关村科学城要勇当科技创新的改革试验区，提升原始创新能力；怀柔科学城要加快科学基础设施建设，集聚顶尖科研机构，打造我国科学城典范；未来科学城要集聚一批高水平企业研发中心，通过建设重大共性技术研发创新平台，打造全球领先的技术创新高地；北京经济技术开发区要抓好项目落地和科技成果转化，打造具有全球影响力的科技成果转化承载体。

（三）"抓"高精尖产业发展

高精尖产业是提升经济发展活力，推动北京高质量发展的重要支撑。要瞄准世界前沿科技和高端产业，全产业链精准布局、全篇谋划高精尖产业，打造世界级高端产业集群，加强北京的产业辐射引领作用。要加大研发投入，搭建一流的硬件平台，明确企业作为技术创新的主体，打通政产学研通道，推动科技成果转化。要加大科技创新生态链的建设，特别是第三方服务市场的建设，提升传统孵化器、加速器的服务水平和质量，鼓励创孵载体的创新发展、专业发展、国际化发展。

（四）"抓"全球创新人才集聚

习近平总书记多次强调："要以识才的慧眼、爱才的诚意、用才的胆识、容才的雅量、聚才的良方……聚天下英才而用之。"①北京建设全国科技创新中心，离不开创新人才，要多措并举，不断提高人才的高度、厚度和宽度；要加大高端人才的引进力度，打造全球创新人才高地；要重视专业人才的培养培训，提升人才的综合竞争力；要创新人才的奖励激励机制，不断激发人才的创新创业活力；要建立科学的选才用才聚才的制度，加强人才选拔、任用的公平性和公开性。

（五）"抓"营商环境改善

为营造良好的科技创新生态，北京需要以优化营商环境为突破口。营商环境是北京高质量发展的必修课，连接着企业发展、政府服务和城市创新。北京要率先改革、深化改革、锐意创新、对标国际，将优化营商环境的理念贯彻到企业服务、居民生活服务、人才服务等多个方面，将成功的改革经验在全国进行复制推广。

---

① ［习声回响］习总书记两会时刻——聚天下英才而用之 让更多千里马竞相奔腾. http://china.cnr.cn/gdgg/20170306/t20170306_523640269.shtml.

第二章 创 新 资 源

创新资源是一个地区持续开展创新活动的基本保障,反映了全社会对创新的经费投入、创新人才资源的储备状况及创新资源配置结构。创新资源下设创新人才和研发经费两个二级指标,具体细化为 11 个三级指标,共占总指标权重的 20%。

创新人才是从科技人才的数量、结构、层次等方面来衡量地区对人才和智力资源的投入,它反映了一个地区的科技、教育和智力资源情况。研发经费是指在产品、技术、材料、工艺和标准的研究、开发过程中发生的各项费用,该指标反映地区科技经费投入强度。

从测算结果来看,2017 年北京市创新资源得分 80.47 分,相比上年增加 5.37 分,同比增长 7.15%。具体到各二级指标来看:2010~2017 年,创新人才得分由 65.14 分增长到 85.07 分,得分逐年增长;2010~2017 年,研发经费指标总体得分波动上升,由 2010 年的 66.83 分波动增长到 2017 年的 74.85 分,但在 2013 年、2015 年和 2016 年均较上一年有所下降(图 2-1)。从具体数据可以看出,2015 年和 2016 年地方财政科技投入占地方财政支出比重下滑和每万名高校和科研机构 R&D 人员使用的企业科技经费额减少是造成 2013 年、2015 年和 2016 年研发经费得分下降的主要原因。

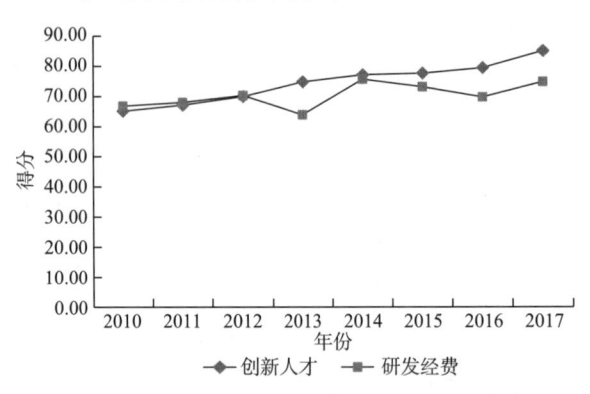

图 2-1 2010~2017 年创新资源各二级指标得分

第一节 人才储备量持续提升,R&D 人员数转降为升

如图 2-2 所示,2010~2017 年,北京地区万名人口中本科及以上学历人数较为波动,

在 2014 年达到峰值 2 379 人。同时，2014~2017 年，北京地区万名人口中本科及以上学历人数均值为 2 315.5 人，比 2010~2013 年均值高出 333.5 人，可见自北京建设全国科技创新中心以来，人才储备量有较大的增长，科技创新人才资源不断集聚。

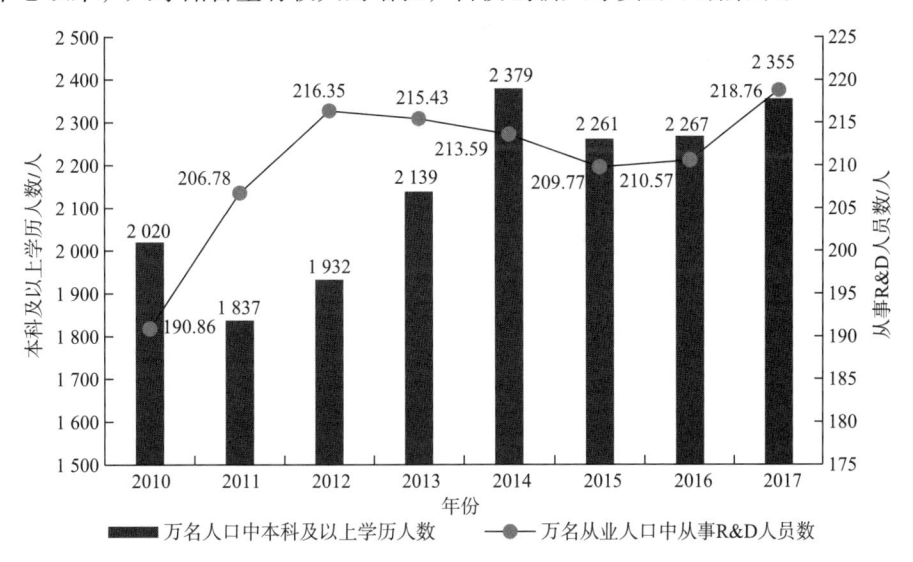

图 2-2　2010~2017 年万名人口中本科及以上学历人数和 R&D 人数

2010~2017 年，万名从业人口中从事 R&D 人员数在 2010~2012 年增长迅猛，年均增加 12.75 人；但是，在 2013~2015 年，万名从业人口中从事 R&D 人员数略有降低；随后，自 2016 年起转降为升，2017 年达 218.76 人，达到 8 年的最高值，较 2016 年增加 8.19 人。

第二节　创新主体中 R&D 人员占比连续五年稳定增长

如图 2-3 所示，2010~2017 年，北京市高校、科研机构 R&D 人员占其从业人员比重相对波动，但整体处于较高水平，远高于全国平均水平。2010~2017 年高校、科研机构 R&D 人员占其从业人员比重最高值为 2012 年的 56.71%，最低值为 2014 年的 41.11%。2017 年，北京地区高校、科研机构 R&D 人员占其从业人员比重为 43.59%，比 2016 年增加了 1.63 个百分点。整体而言，2014 年以来，北京市高校、科研机构 R&D 人员占其从业人员比重不断上升，有效地促进了高校和科研机构相关成果的产出。

类似于高校、科研机构 R&D 人员所占比重的变化趋势，企业 R&D 人员占其从业人员比重也呈现波动上涨趋势。该指标在 2014~2015 年略有下降，到 2016 年其比重由降转升，特别是 2017 年，企业 R&D 人员占其从业人员比重达到 5.55%，较 2016 年提高了 0.57 个百分点，增幅显著。

图 2-3　2010~2017 年企业和高校、科研机构 R&D 人员占比

第三节　每万名从业人员中高端人才数年均增幅超 10%

2012~2017 年[①]，北京市的每万名从业人员中高端人才数保持稳步增长的趋势，由 2012 年的 0.91 人增加到 2017 年的 1.76 人，五年增幅达 93.4%，年均增幅超 10%（图 2-4）。北京市的每万名从业人员中高端人才数增长显著，不断积聚的高端人才资源有力推进了北京全国科技创新中心的建设。

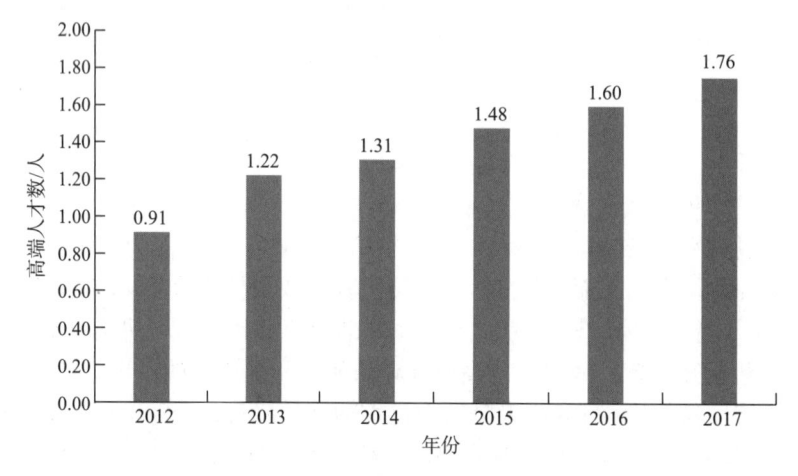

图 2-4　2012~2017 年每万名从业人员中高端人才数

---

① 由于高端人才部分数据自 2012 年起开始连续可得，故该指标仅分析 2012~2017 年的变化趋势。

为了更好地吸引人才，2018 年，北京连续出台了《新时代推动首都高质量发展人才支撑行动计划（2018—2022 年）》《关于深化中关村人才管理改革 构建具有国际竞争力的引才用才机制的若干措施》"北京20条出入境新政"等，为国际人才"进得来、留得住、干得好、融得进"创造了有利的政策条件。

第四节　R&D 经费投入强度稳定在6%左右

2010~2017 年，北京市的 R&D 经费内部支出占地区生产总值比重保持稳定，总体维持在 6%左右的高强度状态（图 2-5），位居全国第一，与波士顿、硅谷等全球科技创新区域的 R&D 投入强度持平。这种稳定且高强度的状态是北京市良性创新经费投入的具体体现，也为北京市创新产出和创新绩效的取得打下了良好基础。

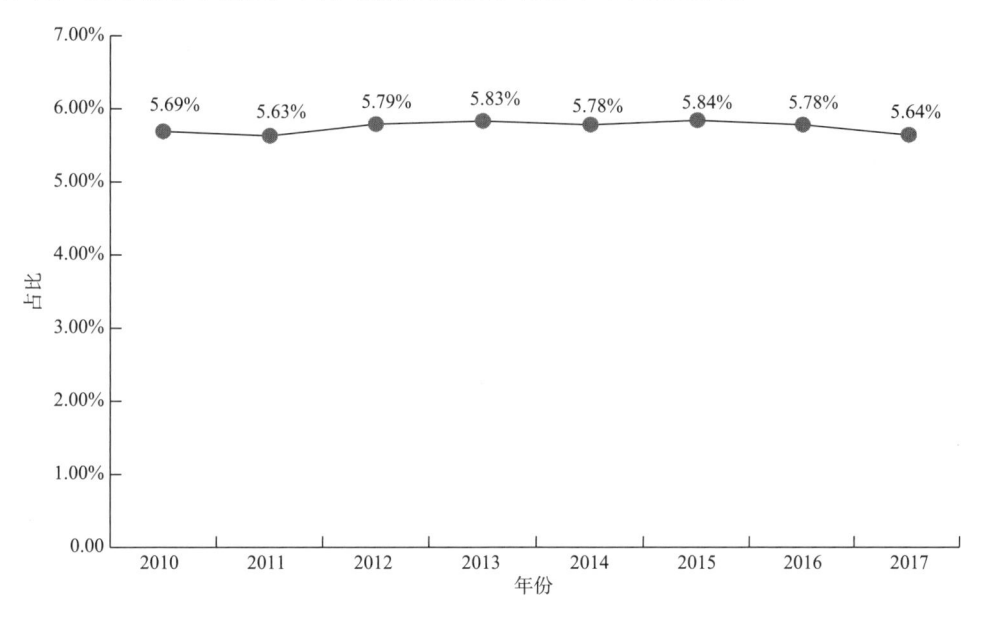

图 2-5　2010~2017 年 R&D 经费内部支出占地区生产总值比重

第五节　基础研究投入占比高居全国第一

北京市的基础研究投入占 R&D 投入比重在 2010~2013 年数据略有波动，保持在 11.65%左右，而在 2013~2017 年逐年上升，增幅显著，由 2013 年的 11.58%增长到 2017 年的 14.71%，年均增幅为 6.16%（图 2-6）。基础研究投入占比多年位居全国首位。整体而言，为建设全国科技创新中心，北京在基础研究方面的投入显著增加，占比逐年增长；在基础研究方面的高强度、高比例投入有力保障了基础科学的发展，产出了一系列重大基础科研成果。

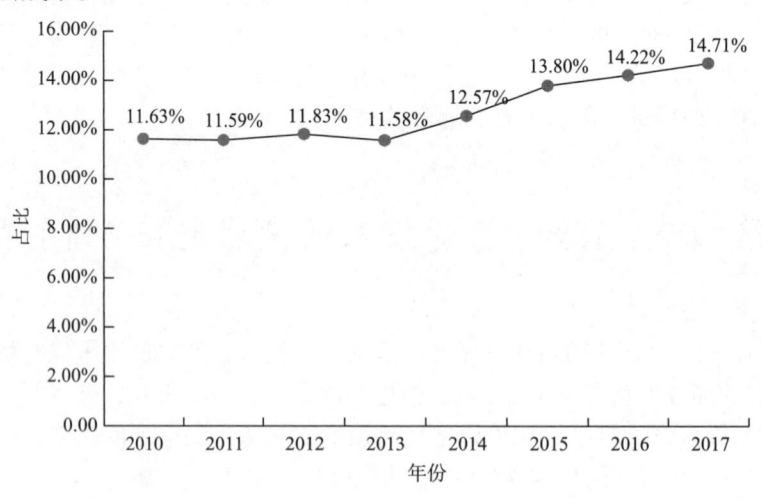

图 2-6　2010~2017 年基础研究投入占 R&D 投入比重

第六节　地方财政科技投入占比保持较高水平

2010~2017 年，北京市的地方财政科技投入占地方财政支出比重较为波动。2010~2012 年由 6.58%下降到 5.43%，2012~2014 年由 5.43%又上升至 6.25%，2014~2016 年由 6.25%下降至 4.46%，2016~2017 年又回升到 5.30%。该指标整体呈现略微下降态势，从 2010 年的 6.58%降为 2017 年的 5.30%（图 2-7）。

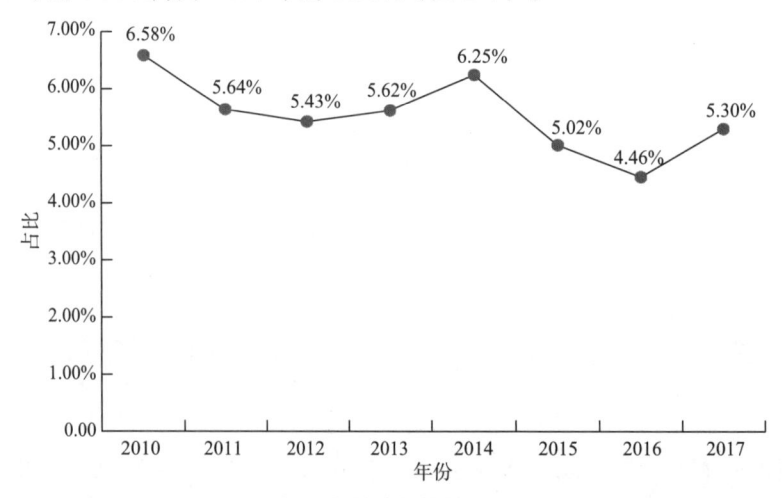

图 2-7　2010~2017 年地方财政科技投入占地方财政支出比重

此外，2014~2017 年，北京市的地方财政科技投入占地方财政支出比重均值也低于 2010~2013 年的均值，可见近年来，北京市的财政科技投入下降趋势较为明显，对科技创新的支撑作用减弱。同时，还应看到，地方财政科技投入占地方财政支出比重虽然呈下降趋势，但仍然处于较高水平，比 2017 年全国平均水平 3.58%高出 1.72 个百分点。

第七节　企业 R&D 投入占企业主营业务收入比重逐年增长

2010~2017 年，北京市的企业 R&D 投入占企业主营业务收入比重整体呈现增长态势，由 2010 年的 0.93%逐步增长到 2017 年的 1.30%，仅在 2013 年略有下降。具体分析 2014~2017 年变化，可以看出 2014~2017 年，企业 R&D 投入占企业主营业务收入比重稳步增长，三年间提高了 0.12 个百分点（图 2-8）。

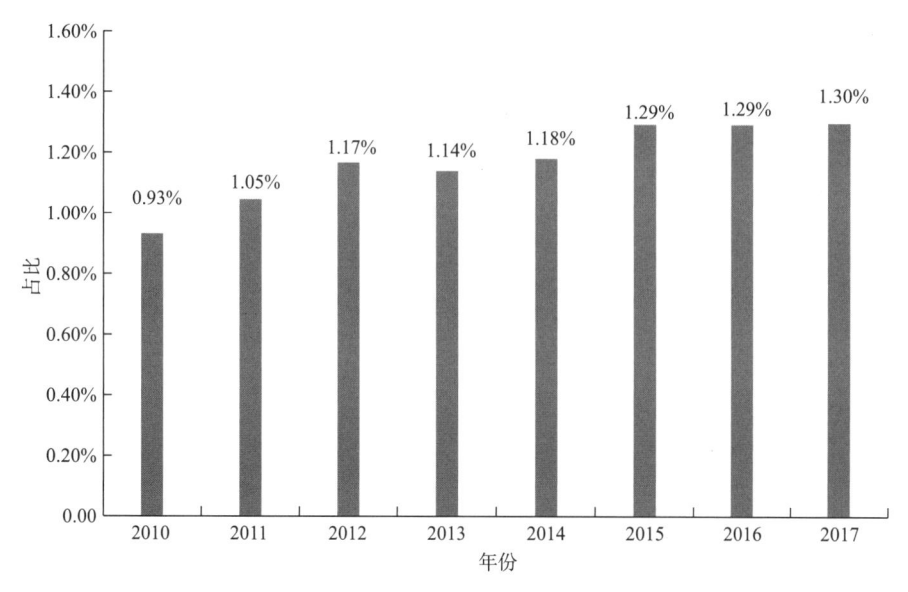

图 2-8　2010~2017 年企业 R&D 投入占企业主营业务收入比重

第八节　高新技术企业研发投入强度总体保持在 2.6%左右

2010~2017 年，北京市高新技术企业研发投入强度发展趋势较为平稳，整体保持在 2.3%~3.0%，在 2013 年、2014 年和 2016 年同比略有降低，2015 年达到峰值 2.93%，2010 年最低，为 2.35%（图 2-9）。

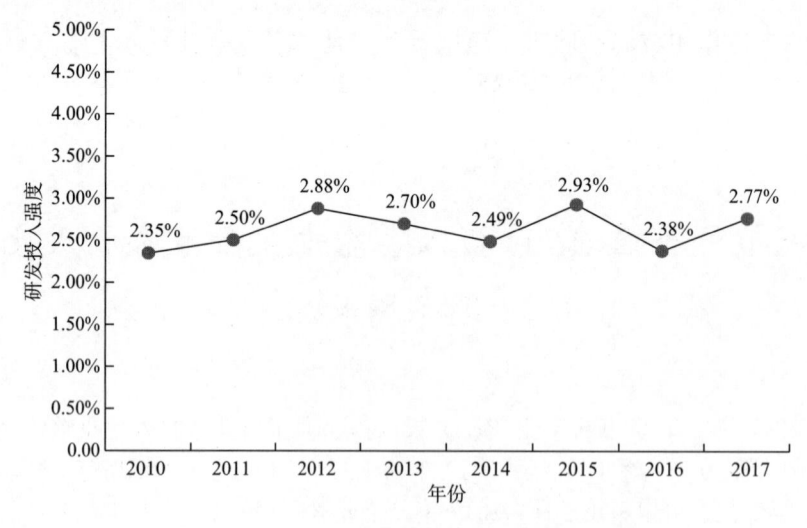

图 2-9　2010~2017 年高新技术企业研发投入强度

2014~2017 年，北京市高新技术企业研发投入强度均值为 2.64%，比 2010~2013 年均值高出 0.035 个百分点，可见北京自建设全国科技创新中心以来，高新技术企业研发投入强度也较 2010~2013 年平均水平有所提升。

第三章 创新环境

创新环境主要反映创新活动所依赖的外部软件环境和硬件环境，为科技进步与创新提供保障。创新环境下设政策环境、人文环境、生活环境和国际交流四个二级指标，具体细分为 14 个三级指标，共占总指标权重的 20%。

政策环境是指政府为促进科技进步与创新而实施的一系列政策法规，以及这些政策法规所产生的实际效果对创新能力的促进和提升。政府可以通过制定和完善创新政策来提高创新资源的利用效率，从而促进创新能力的提升。

人文环境重点强调整个社会的创新氛围和对创新的基础支撑作用。一个地区人口科学文化素养越高，表明这个地区创新的基础就越强，创新的氛围也就越浓厚。同时，一个地区对于提高人口科学文化素质的投入越高，越能表明这一地区对创新软环境的重视。

生活环境主要评测一个地区的民生状况和自然环境。良好的生活水平和宜居的生活环境将为人们提供更加舒适的工作环境，从而有助于激发人的创造活力。医疗、教育、交通等基础服务完善，加上优良的自然环境，将共同营造出更加完善的创新环境。

国际交流主要评测一个地区与全球其他地区进行交流合作的积极程度，是全球视野下开展科技创新程度的一个评测维度。一个良好的国际交流氛围能够促进先进知识的传播，使得该地区获得更好的技术与合作机会，从而使科技创新站在更高的视野，赢得更多的信息和资源。

最新测算结果显示，首都创新环境指数多年持续增长，创新环境发展良好，得分从 2010 年的 84.33 分增长到 2017 年的 124.10 分，总体呈现出明显的上升趋势。四个一级指标 2017 年得分排序中，创新环境位居第二位，仅次于创新绩效得分。创新环境各二级指标得分如图 3-1 所示。

首都政策环境得分从 2010 年到 2017 年整体在不断上升，但 2013 年、2015 年、2016 年的得分有不同程度的下降，随后在 2017 年实现了大幅回升，同比增长了 16.14%。指标整体得分从 75.33 分上升到 104.97 分，年均增长 4.23 分。人文环境指标 2010~2017 年增势明显，从 2010 年的 95.72 增长到了 2017 年的 165.08 分，得分增长了 69.36 分，年均增长 9.91 分。2017 年，该指标得分 165.08 分，同比增长 7.91%，达到新高。人文环境增幅大的原因是人均公共财政教育支出、公民科学素养达标率保持较快的增长速度。2010~2017 年，首都生活环境得到持续改善，生活环境指标得分总体上保持了较快的增长势头，从 2010 年的 94.46 分增长到 2017 年的 146.43 分，年均增长 7.42 分，同比增长 3.62%。2010~2017 年，国际交流指标总体呈现平稳发展的

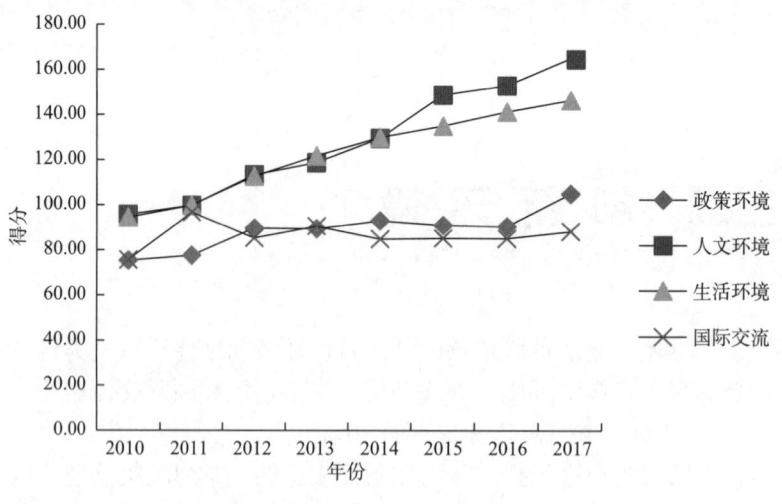

图 3-1　创新环境各二级指标得分

态势，创新环境四个二级指标中整体增幅最小，2017 年该指标得分 88.23 分，同比上涨了 3.65%。

第一节　创新发展政策多方位发力，科技创新再添新动能

2018 年 1 月，北京市政府印发了《北京市支持建设世界一流新型研发机构实施办法（试行）》，文件旨在深入落实《国务院关于印发北京加强全国科技创新中心建设总体方案的通知》和《中共北京市委关于深化首都人才发展体制机制改革的实施意见》，吸引集聚战略性科技创新领军人才及其高水平创新团队，推动建设世界一流新型研发机构，有力支撑全国科技创新中心建设。

2018 年 2 月，北京市发布了《关于深化中关村人才管理改革 构建具有国际竞争力的引才用才机制的若干措施》政策文件，为解决国际人才"进得来、留得下、干得好、融得进"等问题，提出了 20 条改革新举措，被外界称为"中关村人才 20 条政策"，其中多项均为全国首创。该政策的出台，是继续发挥中关村国家自主创新示范区"试验田""排头兵"作用的又一次重要创新举措。

2018 年 12 月，北京市发展总部经济工作部门联席会议办公室印发《北京创新型总部经济优化提升三年行动计划（2018-2020 年）》，提出到 2020 年，全市创新型总部经济发展质量显著提高，对"四个中心"功能建设的支撑作用更加凸显，对高精尖经济结构的引领效应显著增强，企业全球竞争力与资源配置力不断提升，世界高端企业总部聚集之都建设初具规模。

2018 年 12 月，中关村国家自主创新示范区领导小组颁布《中关村国家自主创新示范区创新引领高质量发展行动计划（2018-2022 年）》，提出到 2022 年，初步建成具有全球影响力的科技创新中心，打造全国高质量发展引领区，更好地服务于国家战略，有

力支撑首都建设发展。

第二节 政策规划做引领，首都营商环境不断优化

2018年3月，北京实施"9+N"系列政策，"9+N"系列政策体系是指9项主要政策和N项配套措施。这些政策聚焦办理施工许可、开办登记、纳税、获得电力、跨境贸易、获得信贷、登记财产等重点环节，以精简环节、精简时间、精简费用、增加透明度为重点。优化营商环境一揽子政策的出台，大力推进了北京市"放管服"改革，使"互联网+政务服务"加速发展。"9+N"系列政策出台不到一年，北京市已经成为全国营商环境最好的城市。

世界银行公布的《2019年营商环境报告》显示，中国纳税指标排名比上年提升了16位，其中与税务部门工作直接关联的两个分指标纳税次数、纳税时间分别排第15位、第53位，排名分别较上年上升了23位、43位。同时，在国家发展和改革委员会对国内22个主要城市开展的营商环境试评价中，北京综合排名第一。

2018年11月，为持续激发市场活力和社会创造力，在前期改革优化营商环境的基础上，对标一流、深化改革，持续用力、久久为功，率先营造稳定公平透明、可预期的营商环境，北京市委、市政府印发了《北京市进一步优化营商环境行动计划（2018年—2020年）》，其中2019年工作目标是到2019年底，本市营商环境法治化、国际化、便利化水平明显提升，"六个统一"的智慧型政务服务体系初步形成，90%以上的市、区两级政务服务事项实现"一网通办"，开办企业、办理施工许可、跨境贸易、获得电力、不动产登记等方面服务水平明显提升，"营商环境四大示范工程"加快推进，营商环境实现全国领先。

第三节 公民科学素养提升速度加快，2020年目标有望稳步实现

2018年9月，中国科学技术协会发布了《中国公民科学素质建设报告（2018）》，报告显示2018年公民科学素养水平超过我国2020年公民科学素养发展目标10%的省市有6个，分别为上海（21.88%）、北京（21.48%）、天津（14.13%）、江苏（11.51%）、浙江（11.12%）和广东（10.35%）（图3-2）。

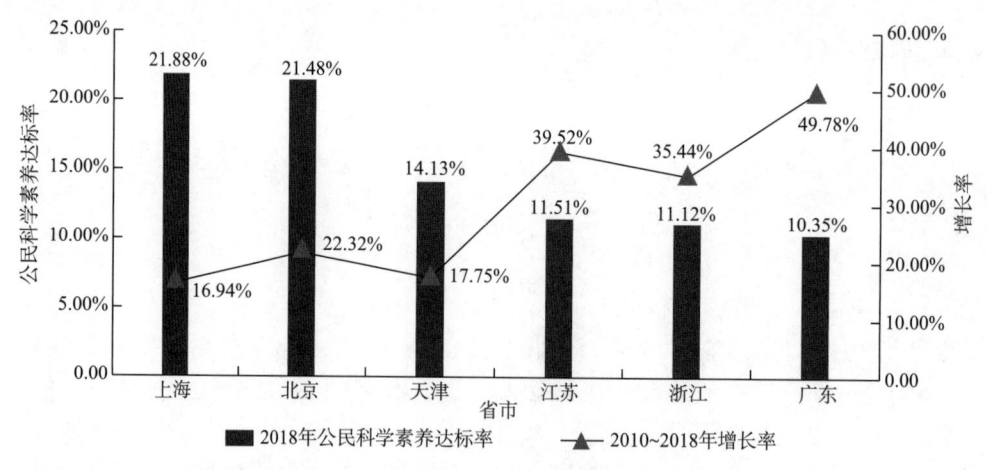

图 3-2　2018 年排名前 6 位省市公民科学素养达标率及增长率

2016 年，北京市发布《北京市"十三五"时期科学技术普及发展规划》，提出到 2020 年全市公民科学素养达标率达到 24%，公民科学素质显著提高，"首都科普"的影响力和显示度不断提升。按照 2018 年的发展情况来看，北京市 2020 年公民科学素质发展目标有望稳步实现。

第四节　科普发展整体向好，北京科普"领头羊"优势明显

2010~2017 年，北京市人均科普专项经费由 36.42 元增长到 2017 年的 52.20 元，整体增幅明显。同一时期，北京市人均公共图书馆藏书拥有量由 2010 年的 2.48 册增长到了 2017 年的 3.01 册，较 2016 年同比增加 4.88%（图 3-3）。

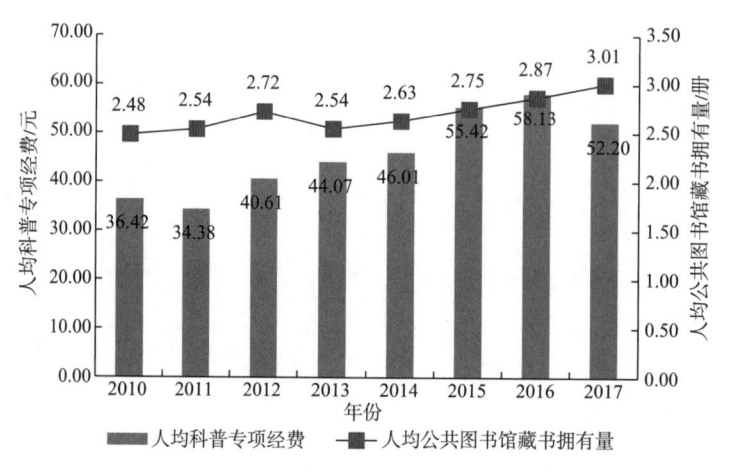

图 3-3　2010~2017 年人均科普专项经费和人均公共图书馆藏书拥有量

北京市科学技术协会的统计数据显示，截至2017年底，各级科协（北京市科协机关及直属单位及各区科协）拥有所有权或使用权的科技馆有5个，总建筑面积15 552平方米，展厅面积6 754平方米。已实行免费开放的科技馆5个。科技馆全年接待参观人数2.7万人次，其中少年儿童参观人数1.7万人次。科普活动站（中心、室）1 137个，全年参加活动（培训）人数200万人次。

第五节 医疗服务不断优化，提出改善就医体验新举措

2010~2017年，北京市每千人拥有医院床位数整体呈不断上升趋势，从2010年的6.83张增长到了2017年的8.36张，增长了22.4%。2017年较上年有所下降，但降幅很小（图3-4）。

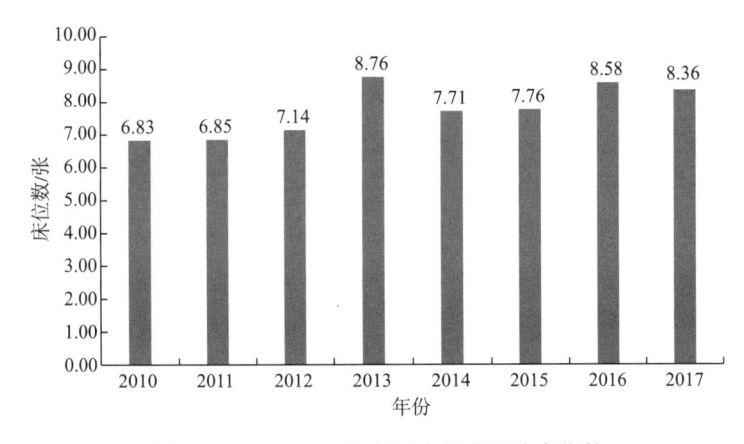

图 3-4　2010~2017年每千人拥有医院床位数

2017年4月8日，北京市医药分开综合改革拉开大幕，市医院管理局发布了《2017年市属医院改善医疗服务行动计划》，涉及18项改善医疗服务措施。一年后，措施中提到的预约挂号、药事服务、远程医疗等服务都让患者感受到了实在的效果。在此基础上，2018年，北京市医院管理局制定了《2018年市属医院改善医疗服务行动计划》。该行动计划涉及医院院容院貌整治、增加便民设施、提高医院膳食质量、提供急诊预缴费服务、处方印制二维码、细化专病专症门诊、拓展远程医疗服务等18项改善举措。

第六节　城市轨道交通加快建设，数字化服务水平再创新高

测算数据显示，2010~2017年北京地均城市轨道里程数历年均有不同程度的增加，

从 2010 年的 20.47 增长到 2017 年的 37.05，7 年间平均每年每平方千米增加了 2.37 米。同比来看，2017 年比 2016 年同比增加了 5.92%（图 3-5）。

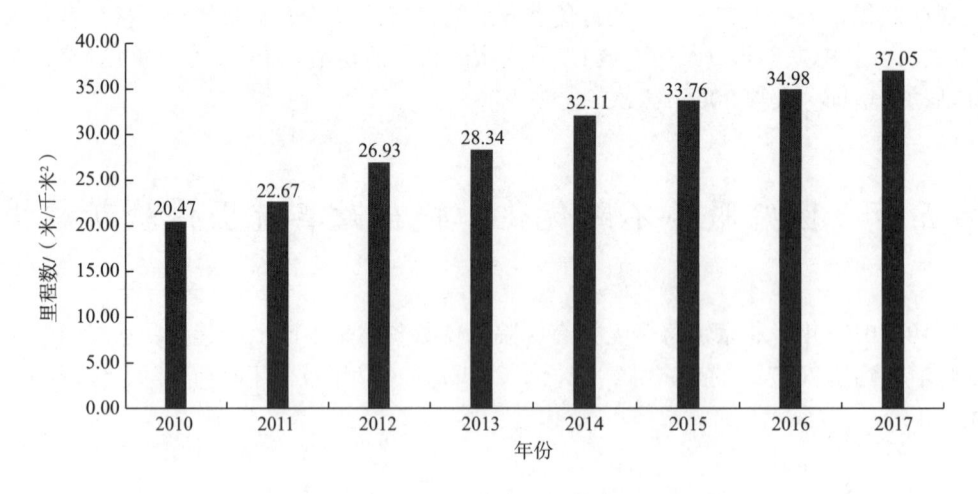

图 3-5　2010~2017 年地均城市轨道交通里程数

截至 2017 年底，北京市轨道交通运营线路 22 条，运营总里程达 608 千米，同比增长 5.9%，车站 370 座，换乘站 56 座。2018 年北京新开工延伸扩建地铁线路 20 条，2019 年竣工的地铁线路有：7 号线东延工程（焦化厂站—环球影城）全长 16.6 千米；16 号线（苏州街—宛平）全长 26.1 千米；16 号线二期剩余段（西苑—苏州街）全长 4 千米；新机场线一期（草桥—新机场）全长 41.4 千米；八通线二期（南延，土桥—环球影城）全长 4.5 千米；房山线北延（郭公庄—丰益桥南）全长 5.3 千米；亦庄新城现代有轨电车 T1 线，全长 13.25 千米。

第七节　国际交流合作活跃，多项外资指标均增长

2017 年，北京市不断加强国际交流与合作，外资研发机构数量达到历史新高，截至年末共计 559 家，比 2016 年增加 11 家，同比增长 2%。同时，北京市国外技术引进合同金额也在连续几年下跌之后反弹，回升到 274 000 万美元，同比增长 24%（图 3-6）。

最新数据显示，来京就业外国人数量在 2017 年达到 38 032 人次，同比增长 12.97%。2018 年 10 月，北京出台《新时代推动首都高质量发展人才支撑行动计划（2018—2022 年）》，加上此前实施的《关于深化中关村人才管理改革 构建具有国际竞争力的引才用才机制的若干措施》和"北京 20 条出入境新政"，北京为国际人才创造了良好的条件。

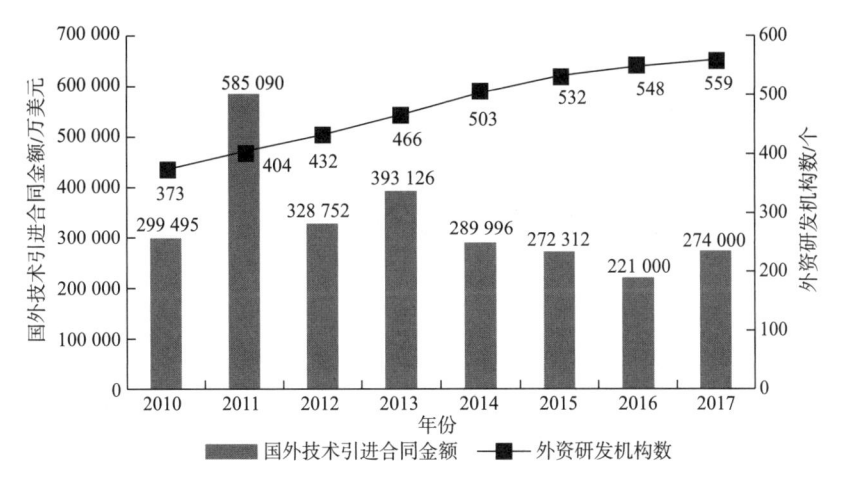

图 3-6　2010~2017 年北京市国外技术引进合同金额和外资研发机构数

第四章 创新服务

创新服务指标主要体现了政府促进科技创新的服务职能和引导作用。创新服务下设科技条件、技术市场、创业孵化和金融服务四个二级指标，用以测度和分析北京创新服务发展变化情况，具体细分为 13 个三级指标，共占总指标权重的 20%。

科技条件主要是指一个区域支撑科技创新的重要物质载体或资源，是进行科技创新必备的基础性条件；技术市场是指技术产品进行市场交易的场所，是促进科技与经济结合的关键环节，是优化科技资源配置的重要载体，是实现科技成果转化的主要渠道；创业孵化反映一个地区为创新成果商业化提供服务的情况，是协助创业者快速成长的摇篮；金融服务是指金融机构通过开展业务，创新金融产品，为科技创新提供融资投资、信贷、保险和金融信息等服务，促进科技与金融的结合。创新服务各二级指标得分如图 4-1 所示。

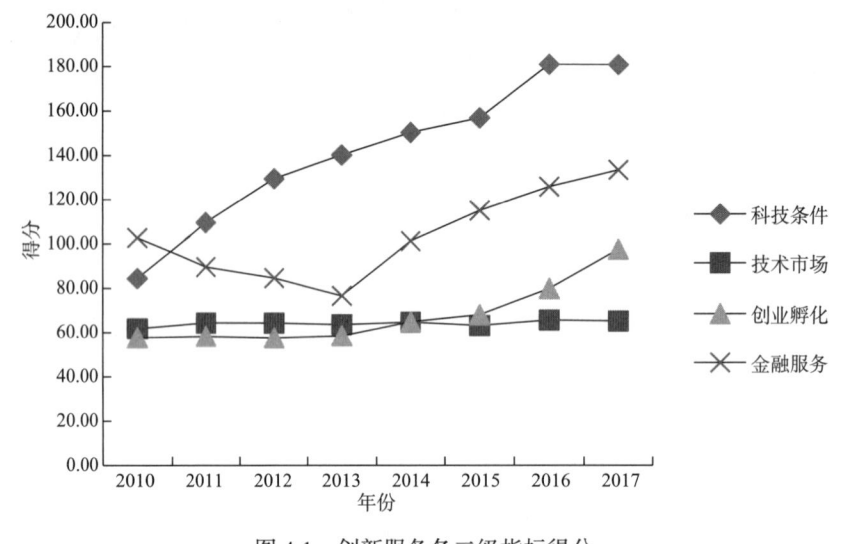

图 4-1 创新服务各二级指标得分

测算结果显示，创新服务得分整体呈现持续上升的趋势，指标得分从 2010 年的 75.96 分稳步增长到 2017 年的 119.99 分。四个一级指标 2017 年得分排序中，创新服务位居第三位，略低于创新环境得分。从三级指标指数得分来看，首都科技条件一直具有绝对优势，在创新环境四个三级指标中得分最高，科技条件指标多年来一直保持增长的趋势，2016~2017 年增速有所放缓。金融服务得分紧随其后，并且金融服务同比增长远大于科技条件同比增长。金融服务得分在 2011~2013 年出现明显的下降趋势，但从 2014 年开始就一路回升，指标得分 2017 年比 2014 年增长了 31.74%。技术市场和创业孵化两项指标得分相对较低，特别是技术市场得分长期处于平稳状态，历年均未超过70分，首都的技术产品质量和成果转化效率均有待加强。而与之形成鲜明对比的是，创业孵化得分则一直处于上升趋势，在2017年得分达到97.53，同比增长22.19%。

第一节 信息化建设依然走在前列，通信技术发展推出新方案

2010~2017年，北京市信息化建设情况中，年末固定电话数历年都在持续下降，互联网宽带接入用户数有增有减，2017年用户数与2010年用户数相差4万户，移动电话用户数2015年开始有下降趋势，而互联网上网人数历年都在持续上升（图4-2）。同比来看，2017年，年末固定电话用户数同比减少6.54%，互联网宽带接入用户数同比增加13.9%，年末移动电话用户数同比减少3.01%，互联网上网人数同比增加2.96%。上述情况在一定程度上反映出互联网的繁荣发展诱导了更多新型移动设备和沟通方式的出现，对传统设备形成了明显的替代效应。

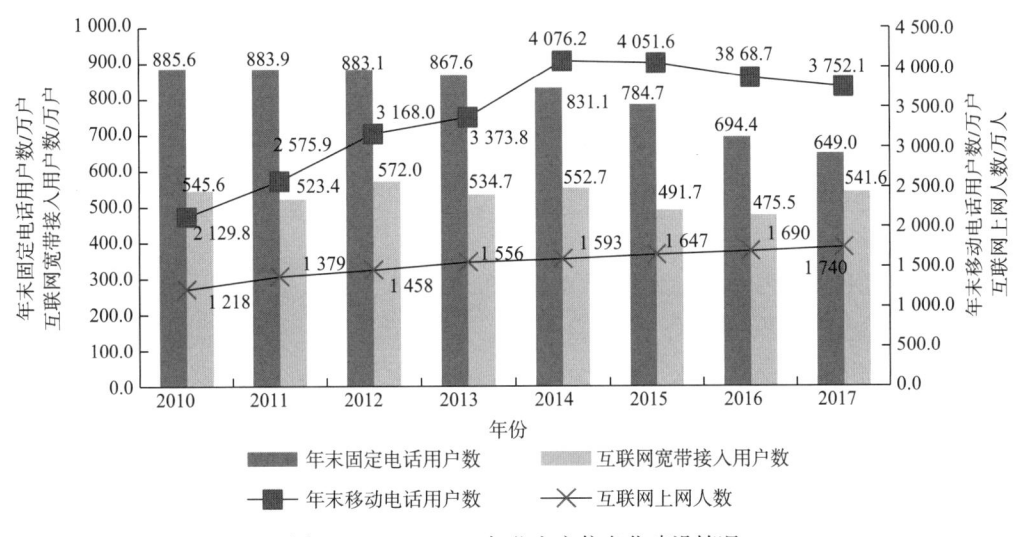

图4-2 2010~2017年北京市信息化建设情况

在信息通信技术的发展方面，5G（5th-Generation，第五代移动通信技术）属于目前最前沿的通信技术。在世界范围内中国属于5G的领跑者，自2013年成立"IMT-2020推进组"以来，国内5G持续快速推进，怀柔在2018年建成了全球最大的5G试验网，而华为的多项关键技术已被采纳为5G国际核心标准。

2019年1月，北京市经济和信息化局印发了《北京市5G产业发展行动方案（2019年–2022年）》，方案中提出三大发展目标，网络建设上：到2022年，北京市运营商5G网络投资累计超过300亿元，实现首都功能核心区、城市副中心、重要功能区、重要场

所的 5G 网络覆盖；技术发展目标上：北京市科研单位和企业在 5G 国际标准中的基本专利拥有量占比 5% 以上，成为 5G 技术标准重要贡献者；产业发展目标上：5G 产业实现收入约 2 000 亿元，拉动信息服务业及新业态产业规模超过 1 万亿元。

第二节　科技条件平台建设加强，促进资源更大范围共享

从数据来看，首都科技条件平台开放的仪器资源价值从 2010 年的 108.3 亿元持续增长到了 2017 年的 272.0 亿元，累计增长了 163.7 亿元，年均增长 23.39 亿元。2017 年较上年同比增长 19.35%，达到历史新高（图 4-3）。

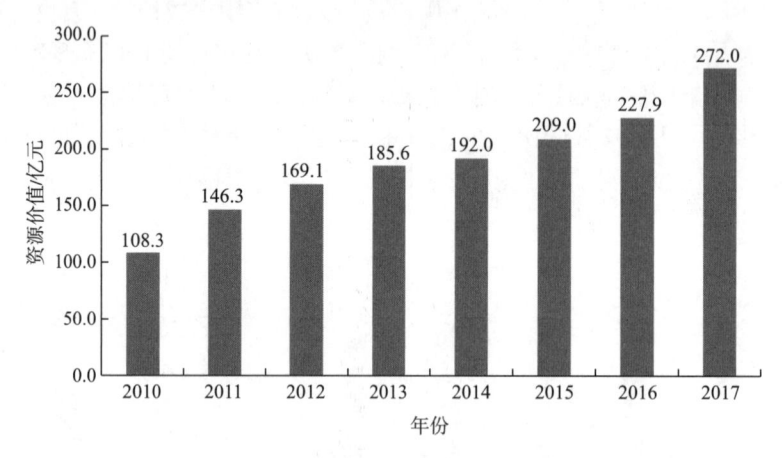

图 4-3　2010~2017 年首都科技条件平台开放仪器资源价值

首都科技条件平台开放的仪器资源价值的大幅提升，得益于相关政策的保障和支撑。2018 年，由北京市科学技术委员会牵头，联合市发展和改革委员会、市财政局、市人力资源和社会保障局和国家税务总局北京市税务局共同制定了《北京市关于解决重大科研基础设施和大型科研仪器向社会开放若干关键问题的实施细则（试行）》，具体针对"服务定价、预决管管理、签署服务合同、开具发票、入账、绩效分配、后续检查"7 个环节，聚焦并解决公益类事业单位实施开放共享的服务收入、收费合规性认定、发票管理等影响改革落地"最后一公里"的关键问题。

第三节　技术市场发展良好，对首都地区生产总值贡献越来越大

从测算数据来看，2010~2017 年，北京市技术交易增加值占地区生产总值比重不断增大，由 2010 年的 9.00% 增加到 2017 年的 9.51%，2017 年与 2016 年两年基本持平，同

比增长了 0.11%（图 4-4）。

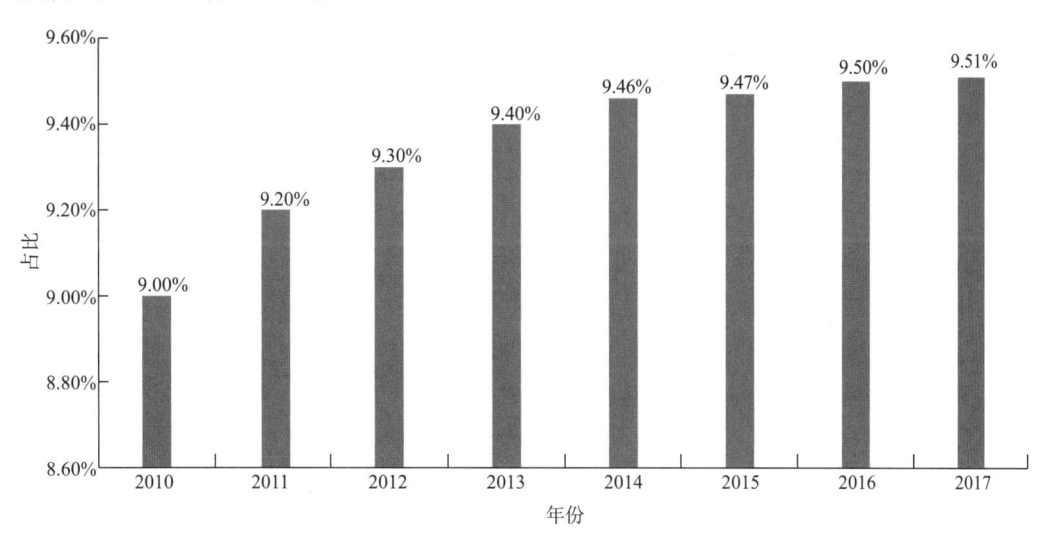

图 4-4　2010~2017 年北京市技术交易增加值占地区生产总值比重

从吸纳技术合同角度来看，2010~2017 年北京市吸纳技术合同成交额占技术合同成交总额的比重一直处于波动状态。2017 年与 2016 年的占比基本持平，分别为 46.12%和 48.26%，同比来看，2017 年相对于 2016 年减少了 4.43%（图 4-5）。

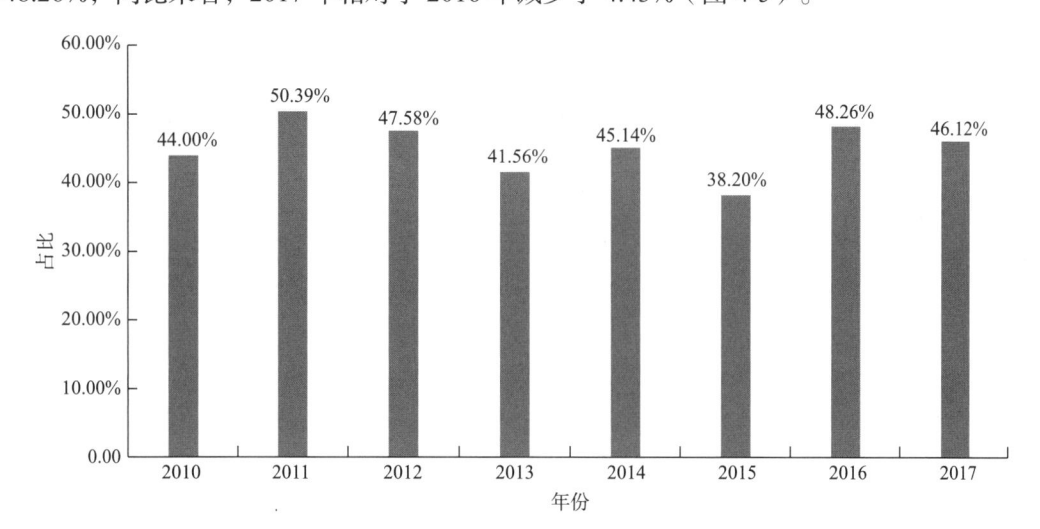

图 4-5　2010~2017 年吸纳技术合同成交额占技术合同成交总额比重

《2017北京技术市场统计年报》显示，2017年，北京技术市场实现"双突破"，全市认定登记技术合同突破 8 万项，达 81 266 项，比上年增长 8.4%，增幅达近 5 年最高；成交额突破 4 000 亿元，达 4 485.3 亿元，比上年增长 13.8%，占全国总量的 33.4%；技术交易额 3 703.9 亿元，比上年增长 26.9%，占全市成交总额的 82.6%；平均单项技术合同成交额 551.9 万元，比上年增长 5.0%。

第四节 新创企业数小幅增加，科技型企业颇受青睐

2010~2017年，北京市每万人新创企业数整体呈明显上升趋势，2010年为50.46家，2017年为89.33家，年均增加5.55家，从测算结果来看，2016年为测算时间段里数量最高的一年，每万人新创企业数达到三位数，2017年与2016年相比则有一定程度的减少。此外，在新创企业中，科技型企业受到创业者的青睐，从2010年开始，科技型企业在新创企业中的比重就越来越大，2010年占比为28.08%，2017年占比增长到39.27%，2017年较2016年同比增加8.93%（图4-6）。

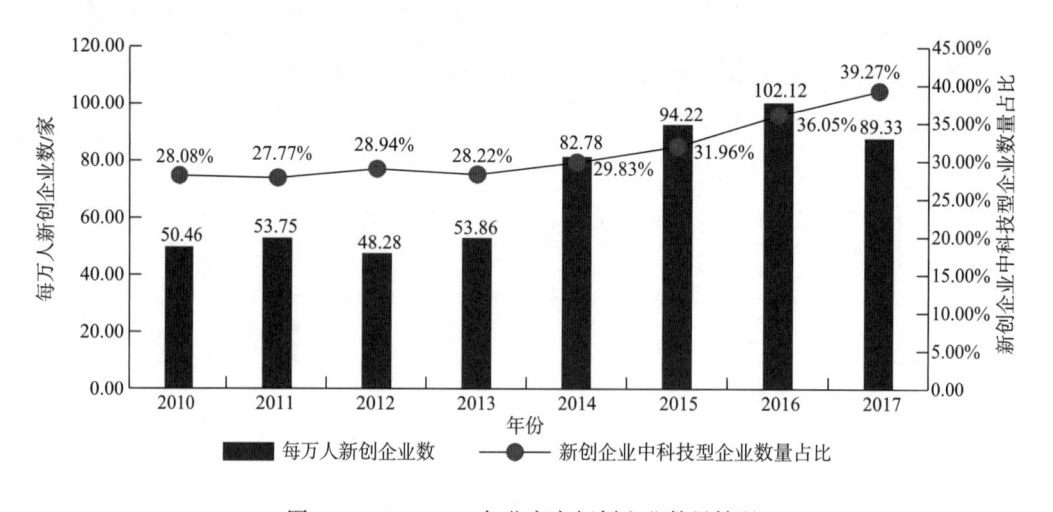

图4-6 2010~2017年北京市新创企业数量情况

第五节 上市企业数量不断增加，筹资额波动持续

2010~2017年，北京市上市企业数量均在持续上升，从2010年的165家增加到2017年的306家，年均增加20家，2017年比2016年同比增长8.90%，达到历史新高。相比较而言，北京市上市公司股票筹资额波动就比较大，这与股市几次大幅波动不无关系。按筹资额多少来看，2010年上市公司股票筹资额是截至2017年的筹资额最高点，2017年相比2016年减少622.83亿元，同比下降30.55%（图4-7）。

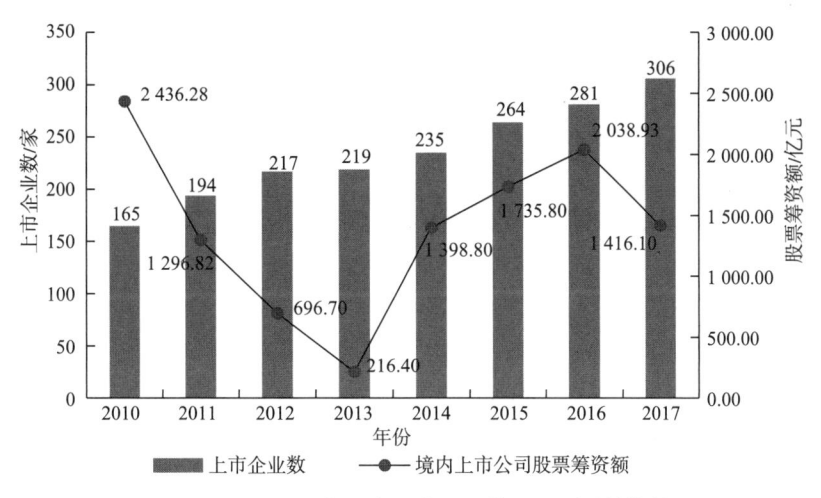

图 4-7 2010~2017 年北京上市企业数和股票融筹资情况

第六节 科技助力金融发展，未来金融服务科技含量会更高

2017 年，金融业占北京市经济的比重达到 17%，已成为第一支柱产业，并有效带动优质资源配置到重点领域，引领北京产业结构全面提升。2017 年末，全市金融机构（含外资）本外币存款余额 14.4 万亿元，本外币贷款余额 6.96 万亿元；全年证券市场各类证券成交 44.6 万亿元；全年实现原保险保费收入 1 973.2 亿元。北京拥有众多私募股权、风险投资基金，数量超过 1 700 家，还有大量科技创新相关的产业引导基金等。从中国人民银行大额支付系统的数据看，北京近年来在资金流动总量、区域内部资金流动规模、地区间资金流动规模等方面，都位居全国首位，增速也居于前列。

2018 年 11 月，中关村科技园区管理委员会、北京市金融工作局和北京市科学技术委员会联合发布《北京市促进金融科技发展规划（2018 年-2022 年）》，其中提到要推动金融科技底层技术创新和应用，催生领先前沿技术；要加快培育金融科技产业链，打造创新生态系统；要拓展金融科技应用场景，发展现代金融服务体系；要优化金融科技空间布局，形成协同发展格局；要开展金融科技制度创新，保障金融科技产业健康发展；要加强重点政策支持，营造良好创新环境。力争到 2022 年底，涌现 5~10 家国际知名的金融科技领军企业，形成 3~5 个具有国际影响力的创新集群，开展 10~15 个重大示范应用项目，形成良好产业生态，为首都"四个中心"建设提供重要支撑，有效助推京津冀协同发展。

第五章 创新绩效

　　创新绩效反映科技创新活动产生的经济效果和社会影响，是评价首都科技创新发展目标实现程度最重要的指标，占总指数权重的 40%。创新绩效下设科技成果、经济产出、结构优化、绿色发展和辐射引领 5 个二级指标，具体细分为 26 个三级指标。

　　科技成果是指地区科技创新活动的直接产出成果，主要包括科技论文、专利、技术标准及技术交易等。经济产出是直接体现科技与经济结合的指标，表征和体现科技创新绩效对促进地区经济发展的作用与程度。结构优化是体现科技创新和技术进步对城市转型发展促进作用和程度的指标，是加快转变经济发展方式的重要内容。绿色发展通过衡量地区发展能耗与污染治理水平，体现科技创新促进可持续发展作用和程度，是表征正确处理经济增长与资源、生态、环境之间的关系，实现资源节约和环境友好的重要内容。辐射引领是指本地发展对外部发展的影响作用，体现首都科技创新对国家创新战略和区域协调发展贡献程度。创新绩效各二级指标得分如图 5-1 所示。

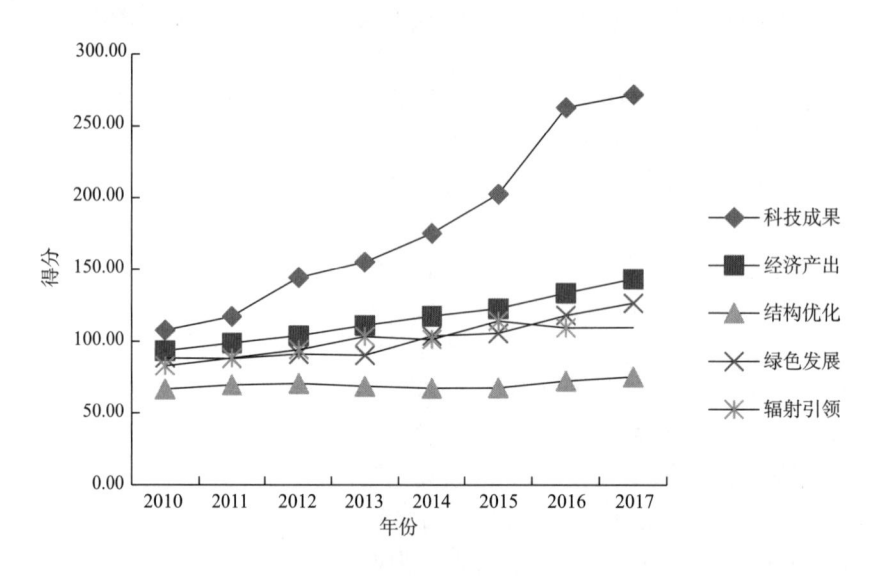

图 5-1　创新绩效各二级指标得分

　　从测算结果看，创新绩效的得分逐年都在提高，在四个一级指标的历年得分中几乎都排在第一位。从 2010 年的 87.30 分强劲增长至 2017 年的 144.57 分，年均提升 8.18 分。创新绩效已然成为整个指标体系中实际份额最重的一级指标。从创新绩效各二级指标看，科技成果 2017 年得分 271.98 分，远高于测算指标体系中其他二级指标，并且其增幅显著，2010 年到 2017 年增幅 152.46%，是创新绩效中最重要的二级指标。经济产出得分 143.58 分，在创新绩效二级指标体系中位居第二，同比增长 7.50%。绿色发展稳步提升，得分 126.58 分，同比提高 7.32%。辐射引领得分紧随绿色发展之后，得分 109.66 分，同比增长 0.21%。结构优化分值较低，得分 75.39 分，同比提高 3.91%。

第一节 专利申请量达新高，未来"高质量"发展是新趋势

测算数据显示，北京市 2010 年到 2017 年期间，每万人发明专利拥有量历年持续增加，2010 年为 23.87 件，在 2017 年达到 94.59 件，年均增加 10.1 件，2017 年较 2016 年同比增长 23.28%，达到历史新高（图 5-2）。

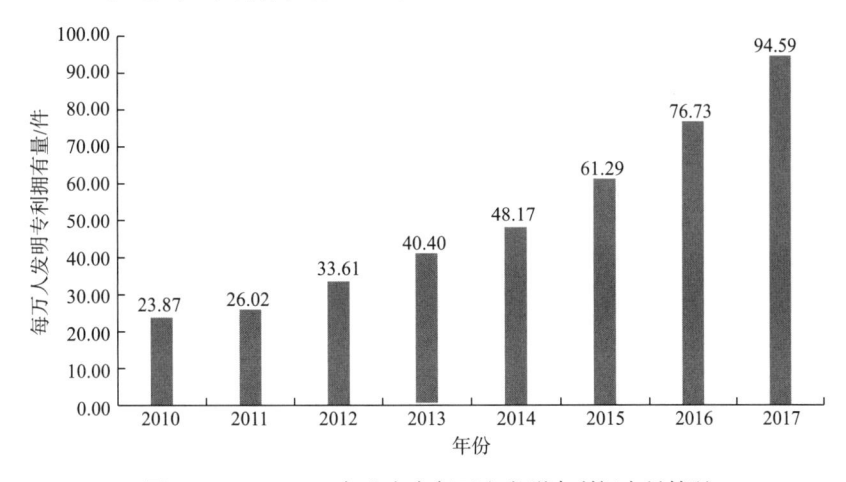

图 5-2 2010~2017 年北京市每万人发明专利拥有量情况

2018 年北京市知识产权工作会披露的数据显示，2017 年末，北京市每万人发明专利拥有量达 94.59 件，居全国首位，是全国平均水平的近 10 倍。每万户市场主体平均有效注册商标拥有量为 4 591 件，居全国首位。北京市著作权登记量 809 586 件，同比增长 16.8%，居全国首位。5 项发明专利获第十九届中国专利金奖，占获奖总数的 25%，居全国首位，北京知识产权创造从"高数量"增长向"高质量"发展转变。

第二节 R&D 经费支出持续增加，经费投入产出整体向好

《中国科技统计年鉴》数据显示，北京市 2010~2017 年来 R&D 经费支出在不断地增加，从 2010 年的 821.82 亿元增加到 2017 年的 1 579.65 亿元。与之相反，除 2015

年外，R&D经费支出的增速在连续下降，从2010年的22.91%下降到了2017年的6.40%（图5-3）。

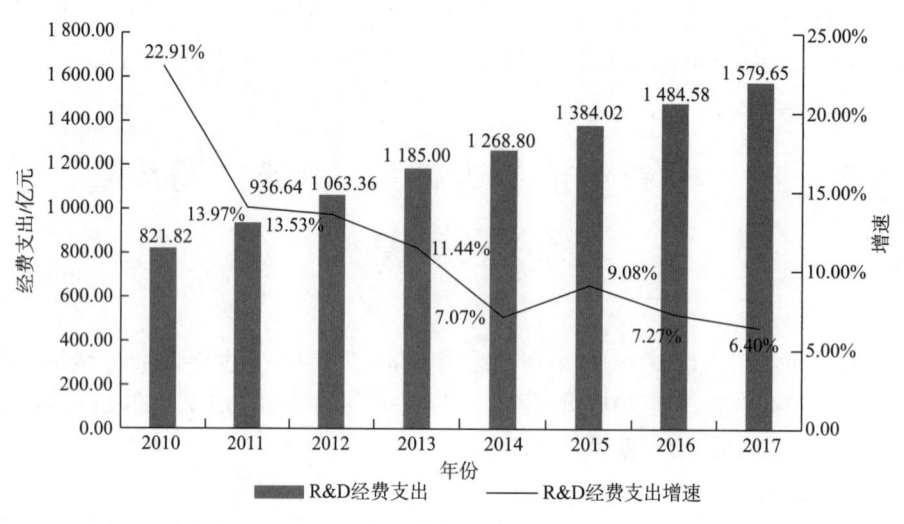

图5-3 2010~2017年北京市R&D经费支出与增速情况

2010~2017年，北京市每亿元R&D经费技术合同成交额持续增长，从2010年的1.92亿元增长到2017年的2.84亿元，累计增长0.92亿元，2017年相对于2016年同比增长7.17%。从结算数据来看，每亿元R&D经费PCT专利数在经过了连续6年的增长之后，在2017年出现了首次下降，下降到与2015年几乎持平的位置。从整体上看，2010~2017年每亿元R&D经费PCT专利数也呈持续增长的趋势，2010年仅为1.55件，2016年达到近年高峰值4.48件，2017年回落到3.23件，数量是2010年的两倍多（图5-4）。

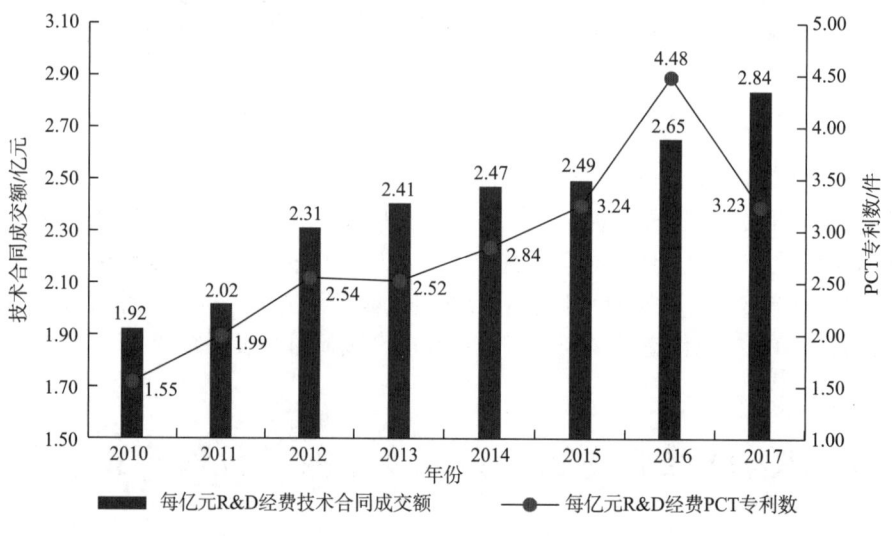

图5-4 2010~2017年每亿元R&D经费技术合同成交额和PCT专利数

第三节 人均地区生产总值连续增加，劳动生产率也持续增长

2010~2017年，北京市人均地区生产总值连续增加，从2010年的75 943元，连续增加到2017年的128 994元，比2010年将近翻一番，累计增加了53 051元，年均增加7 578.71元。同比来看，2017年比2016年同比增长9.13%（图5-5）。

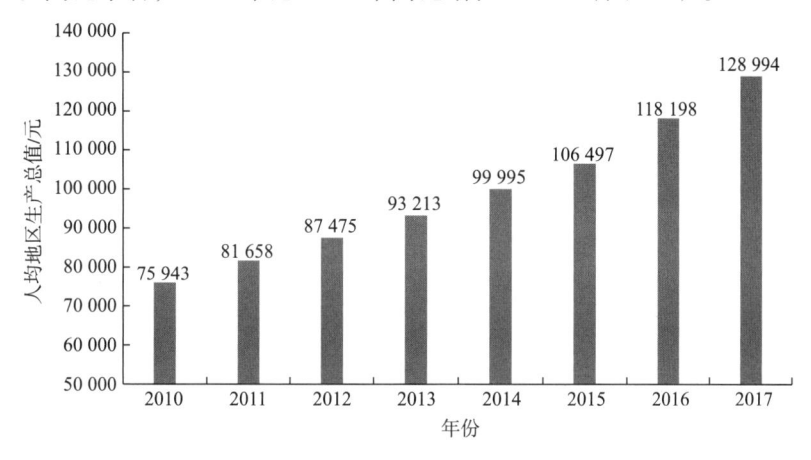

图5-5 2010~2017年北京市人均地区生产总值

与北京市人均地区生产总值相对应，北京市第二、第三产业及全员劳动生产率历年也持续增长。第二产业劳动生产率2010年为16.53万元/人，到2017年已经增长到27.61万元/人，累计增长了11.08万元/人，2017年比2016年同比增长9.96%。第三产业劳动生产率2010年为14.54万元/人，2017年增长到22.76万元/人，累计增长8.22万元/人，2017年同比增长5.66%。全员劳动生产率从2010年的13.68万元/人，增长到2017年的22.47万元/人，累计增长8.79万元/人，2017年同比增加6.80%（图5-6）。

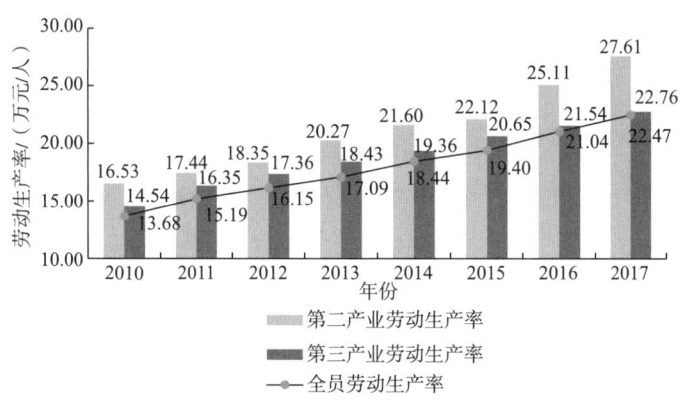

图5-6 2010~2017年北京市第二、第三产业劳动生产率和全员劳动生产率情况

第四节 "三城一区"建设成效显著,为首都发展带来新动力

中关村科学城、怀柔科学城、未来科学城、北京经济技术开发区组成的"三城一区"是北京建设全国科技创新中心的主平台。从 2010 年以来,"三城一区"的地区生产总值占北京市生产总值的比重越来越大,2010 年占比 29.13%,2013 年占比达到近几年的峰值 31.38%,经过三年连续下降,2017 年回升到 31.10%,同比增长 2.10%(图 5-7)。

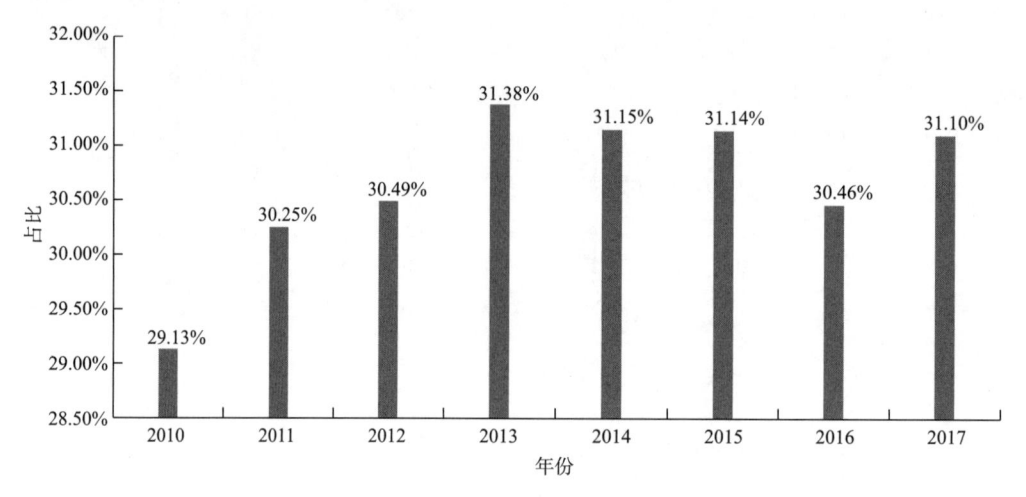

图 5-7 2010~2017 年"三城一区"地区生产总值占北京市生产总值比重

第五节 现代服务业引领作用明显,首都服务型经济持续向好

2010~2017 年,北京市第三产业增加值占地区生产总值比重和现代服务业增加值占第三产业增加值比重均呈现出非常明显的上升趋势。其中,第三产业增加值占比从 2010 年的 75.1%增长到 2017 年的 80.6%,占北京市地区生产总值的八成以上,占比累计增长 5.5%,2017 年比 2016 年同比增长 0.5%。从数据来看,现代服务业增加值占比增幅更大,除了 2015 年略有下降以外,其占比从 2010 年的 66.28%增长到 2017 年的 75.17%,累计增长 8.89%,2017 年同比增长 0.75%(图 5-8)。

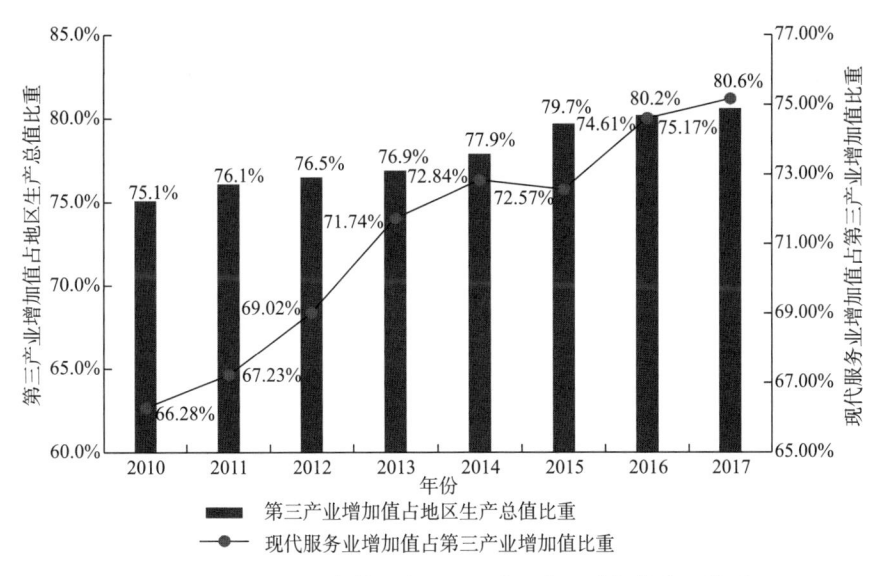

图 5-8　2010~2017 年第三产业、现代服务业增加值占比情况

第六节　生产总值能耗逐年下降，经济发展更加绿色

2010~2017 年，北京市万元地区生产总值水耗和能耗都在不断下降，幅度明显。从水耗来看，2010 年万元地区生产总值水耗为 24.94 立方米，到 2017 年下降到 14.10 立方米，累计万元地区生产总值水耗减少 10.84 立方米，2017 年同比下降 6.75%。能耗方面，2010 年万元地区生产总值能耗为 0.49 吨标准煤，到 2017 年下降到 0.26 吨标准煤，累计万元地区生产总值能耗减少 0.23 吨标准煤，2017 年同比下降 7.14%（图 5-9）。

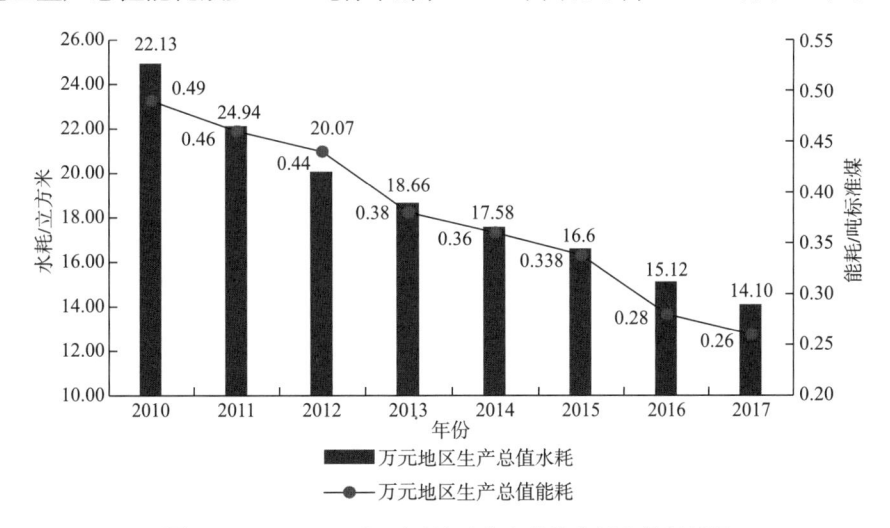

图 5-9　2010~2017 年万元地区生产总值水耗和能耗情况

第七节 大气污染治理成绩佳，多项空气质量指标达到国家目标

从测算数据看，北京市空气质量达标天数变动比较大，最明显的是在2013年，相比于2012年出现了断崖式下降，达标天数占比降到48.20%。经过2013~2017年这五年的污染防治，北京市在大气污染防治方面取得了明显进展，空气质量开始逐渐好转起来，从2014年开始到2017年，北京市空气质量在不断优化，达标天数占比从2014年的47.12%持续增长到2017年的61.90%，2017年同比增长14.42%（图5-10）。

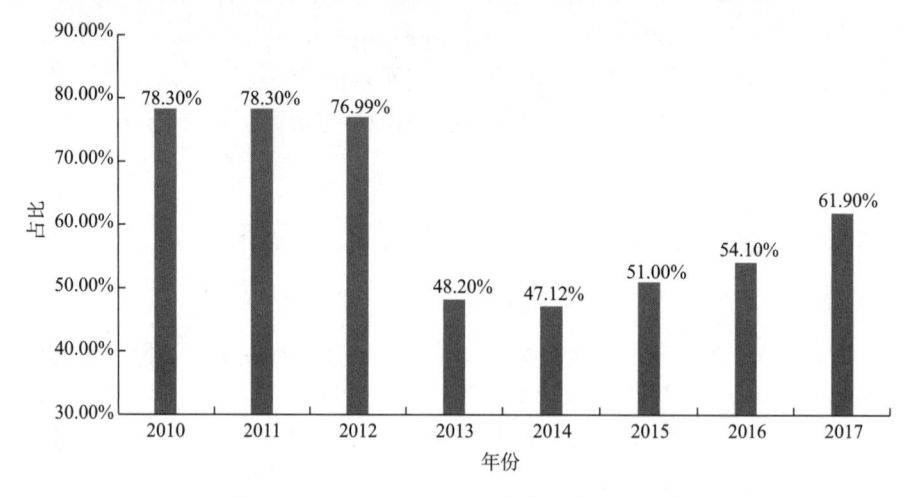

图5-10 2010~2017年空气质量达标天数占比

北京市生态环境局披露的数据显示，2017年，北京市空气中细颗粒物（$PM_{2.5}$）年均浓度为58微克/米^3，同比下降20.5%，完成国家《大气污染防治行动计划》下达的60微克/米^{3}左右的目标。二氧化硫、二氧化氮和可吸入颗粒物（PM_{10}）年均浓度分别为8微克/米^3、46微克/米^{3}和84微克/米^3，分别同比下降20.0%、4.2%、8.7%。

2018年北京空气优良天数为227天，占比62.2%，比2017年增加1天，较2013年增加51天。二氧化硫、二氧化氮、PM_{10}年均浓度分别为6微克/米^3、42微克/米^3、78微克/米^3，同比改善均较明显，较2017年下降幅度分别为25.0%、8.7%、7.1%。其中，二氧化硫年均浓度连续两年下降，达到国家标准。

第八节 技术市场辐射能力再强化，京外市场流入比重大

2010~2017年，流向京外市场的技术合同成交额占北京市技术合同成交总额的比重

波动幅度大，2010 年占比为 78.47%，2013 年占比达到 79.60%，2015 年达到峰值 81.90%，超八成的技术合同流向京外。2017 年占比在 2016 年下降的情况下回升到 73.38%，同比增长 2.93%（图 5-11）。其中，流向外省市技术合同 44 287 项，比上年增长 13.8%，占全市技术合同成交项数的 54.5%；成交额 2 327.3 亿元，比上年增长 16.5%，占全市成交总额的 51.9%。出口技术合同 1 270 项，占全市技术合同成交总项数的 1.6%，成交额 964.1 亿元，比上年增长 18.7%，占全市成交总额的 21.5%。

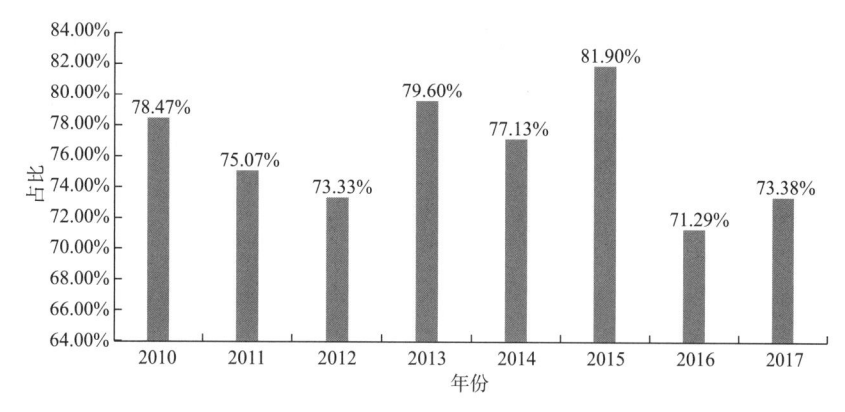

图 5-11　2010~2017 年流向京外技术合同成交额占北京市技术合同成交总额比重

2014~2017 年《北京技术市场统计年报》显示，2014~2017 年，北京输出到津冀的技术合同成交额共计 552.8 亿元，年均增速达 30% 以上。其中，2017 年流向津冀技术合同 4 646 项，比上年增长 20.7%；成交额 203.5 亿元，比上年增长 31.5%，占北京流向外省市的 8.7%。

流向"一带一路"沿线省区市技术合同 23 318 项，比上年增长 12.1%；成交额 1 126.0 亿元，比上年增长 12.3%，占北京流向外省市的 48.4%。

流向"长江经济带"各省区市技术合同 18 221 项，比上年增长 11.3%；成交额 1 011.6 亿元，比上年增长 2.8%，占北京流向外省市的 43.5%。

技术出口国家和地区达 90 个，主要集中在环境保护与资源综合利用、电子信息和城市建设与社会发展等领域，成交额 783.1 亿元，占 81.2%。流向"一带一路"沿线国家技术合同 163 项，成交额 300.8 亿元，增长 12.4%。

北京技术市场管理办公室统计月报显示，2018 年 1~12 月，北京市认定登记技术合同 82 486 项，同比增长 1.5%；成交额 4 957.8 亿元，同比增长 10.5%。流向本市、外省市和出口的技术合同成交额分别为 1 219.5 亿元、3 014.9 亿元和 723.4 亿元。

第九节　首都总部经济逐步优化，企业集聚效应持续释放

2010~2017 年，北京市全球 500 强企业总部数量逐年增加，2010 年有 30 家全球 500 强企业总部落户于此，2017 年数量达到 58 家，与 2016 年持平，比 2010 年增加 28 家，

平均每年增加 4 家（图 5-12）。据北京市商务局统计，北京拥有全球 500 强企业总部数量连续 4 年居世界城市之首。在 58 家总部企业中，外资总部企业、科技创新型总部企业、金融和信息总部企业分别占北京总部企业的 1/7、1/5 和 1/4。世界知名企业在北京设立的跨国公司地区总部达 161 家。

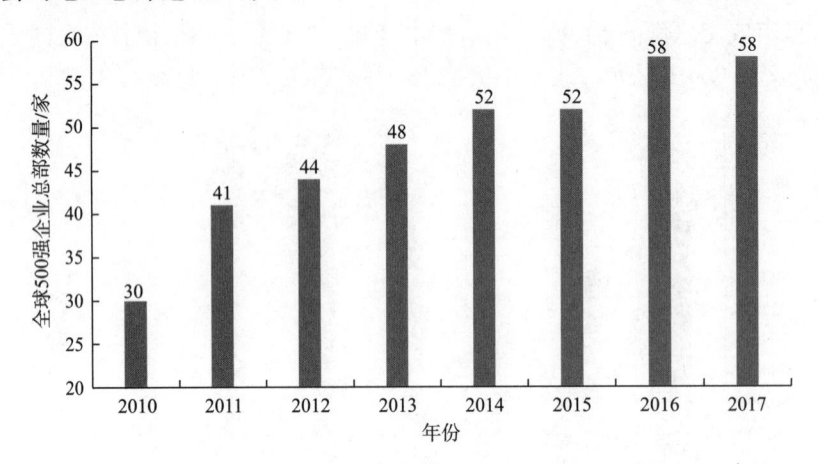

图 5-12　2010~2017 年北京市全球 500 强企业总部数量

2018 年 12 月，北京市发展总部经济工作部门联席会议办公室印发《北京创新型总部经济优化提升三年行动计划（2018-2020 年）》，提出培育壮大与首都战略定位相匹配的总部经济，支持引导在京创新型总部企业发展，努力打造世界高端企业总部聚集之都。到 2020 年，创新型总部经济提质增效发展取得新进展，创新型总部经济成为北京现代化经济体系的重要组成部分，高新技术企业总部、高精尖企业总部等成为主导力量，上市公司、独角兽企业等成为新生力量，创新型总部经济主体活力稳步提升。

附录1　首都科技创新发展指数指标解释及数据来源

1. 万名人口中本科及以上学历人数

常住人口是指某地区实际居住半年以上的人口。万名人口中本科及以上学历人数是指北京市每万名6岁及以上常住人口中，大学本科学历和研究生学历人口总数。

$$万名人口中本科及以上学历人数 = \frac{大学本科人口数 + 研究生人口数}{6岁及以上人口数} \times 10\,000$$

资料来源：《北京统计年鉴》

2. 万名从业人口中从事R&D人员数

从业人员是指在各级国家机关、党政机关、社会团体及企业、事业单位中工作，取得工资或其他形式的劳动报酬的全部人员。

R&D人员是指调查单位内部从事基础研究、应用研究和试验发展三类活动的人员。包括直接参加上述三类项目活动的人员以及这三类项目的管理人员和直接服务人员。为研发活动提供直接服务的人员包括直接为研发活动提供资料文献、材料供应、设备维护等服务的人员。

万名从业人口中从事R&D人员数

$$= \frac{R\&D人员数}{(上年从业人员年末人数 + 当年从业人员年末人数)/2} \times 10\,000$$

资料来源：《北京统计年鉴》；《中国科技统计年鉴》

3. 企业R&D人员占其从业人员比重

企业数据均为规模以上工业企业数据。2000年以前，"规模以上"指的是统计范围为独立核算的工业企业；2000~2006年指全部国有及年主营业务收入在500万元及以上的非国有企业；2007~2010年调整为年主营业务收入500万元及以上的全部法人工业企业；2011年调整为年主营业务收入2 000万元及以上的全部法人工业企业。

$$企业R\&D人员占其从业人员比重 = \frac{规模以上大中型企业R\&D人员数}{规模以上工业企业从业人员平均人数} \times 100\%$$

资料来源：《北京统计年鉴》

4. 高校、科研机构R&D人员占其从业人员比重

高校、科研机构R&D人员数是指北京市高等学校和科研机构的R&D人员数的总和。

高校、科研机构R&D人员占其从业人员比重

$$=\frac{高校R\&D人员数+科研机构R\&D人员数}{高等教育教职工数+科研机构从业人员年末数}\times100\%$$

资料来源：《北京统计年鉴》

5. 每万名从业人员中高端人才数

每万名从业人员中高端人才数

$$=\frac{高端人才总数}{(上年从业人员年末人数+当年从业人员年末人数)/2}\times10\,000$$

资料来源：北京市科学技术委员会及相关委办局；《北京统计年鉴》

6. R&D经费内部支出占地区生产总值比重

R&D经费内部支出是指调查单位在报告年度用于内部开展R&D活动的实际支出。包括用于R&D项目（课题）活动的直接支出，以及间接用于R&D活动的管理费、服务费、与R&D有关的基本建设支出及外协加工费等。不包括生产性活动支出、归还贷款支出，以及与外单位合作或委托外单位进行R&D活动而转拨给对方的经费支出。

地区生产总值是指按市场价格计算的一个国家（或地区）所有常住单位在一定时期内生产活动的最终成果。

资料来源：《北京统计年鉴》

7. 地方财政科技投入占地方财政支出比重

科学技术支出是指用于科学技术方面的支出，包括科学技术管理事务、基础研究、应用研究、技术研究与开发、科技条件与服务、社会科学、科学技术普及、科技交流与合作等。

地方财政支出包括一般预算财政支出和基金预算支出。一般预算财政支出是各级财政部门对集中的一般预算收入有计划地分配和使用而安排的支出；基金预算支出是各级财政部门用基金预算收入安排的支出。

地方财政科技投入占地方财政支出比重

$$=\frac{地方公共财政预算支出中科学技术支出}{地方公共财政预算支出}\times100\%$$

资料来源：《北京统计年鉴》

8. 企业R&D投入占企业主营业务收入比重

主营业务收入是指企业确认的销售商品、提供劳务等主营业务的收入。

企业R&D投入占企业主营业务收入比重

$$=\frac{规模以上工业企业R\&D经费内部支出}{规模以上工业企业主营业务收入}\times100\%$$

资料来源：《中国科技统计年鉴》

9. 高新技术企业研发投入强度

R&D 经费内部支出是指调查单位在报告年度用于内部开展 R&D 活动的实际支出。包括用于 R&D 项目（课题）活动的直接支出，以及间接用于 R&D 活动的管理费、服务费、与 R&D 有关的基本建设支出及外协加工费等。不包括生产性活动支出，归还贷款支出，以及与外单位合作或委托外单位进行 R&D 活动而转拨给对方的经费支出。

营业收入是指企业经营主要业务和其他业务所确认的收入总额。营业收入合计包括"主营业务收入"和"其他业务收入"。

$$高新技术企业研发投入强度 = \frac{高新技术企业R\&D经费内部支出}{高新技术企业营业收入比重} \times 100\%$$

资料来源：《中国火炬统计年鉴》

10. 基础研究投入占 R&D 投入比重

基础研究是指为了获得关于现象和可观察事实的基本原理的新知识（揭示客观事物的本质、运动规律、获得新发展、新学说）而进行的实验性或理论性研究，它不以任何专门或特定的应用或使用为目的。

$$基础研究投入占 R\&D 投入比重 = \frac{基础研究R\&D经费内部支出}{R\&D经费内部支出总额} \times 100\%$$

资料来源：《北京统计年鉴》；《中国科技统计年鉴》

11. 每万名高校和科研机构 R&D 人员使用的企业科技经费额

R&D 经费外部支出是指报告年度调查单位委托外单位或与外单位合作进行 R&D 活动而拨给对方的经费。企业对高校和科研机构科技经费投入是指大中型工业企业 R&D 经费外部支出中对研究机构和对高校的支出。

$$每万名高校和科研机构 R\&D 人员使用的企业科技经费额 = \frac{规模以上工业企业对高校+研究机构R\&D经费外部支出总额}{高等院校R\&D人员数+科研机构R\&D人员数} \times 10\,000$$

资料来源：《北京统计年鉴》；《中国科技统计年鉴》

12. 政府采购对技术创新的影响

新技术新产品（服务）合同销售额是指列入《北京市新技术新产品（服务）认定目录》的企业当年共获得认定的新技术新产品合同销售额。

$$政府采购对技术创新的影响 = \frac{政府采购金额}{新技术新产品（服务）销往本市的合同销售额}$$

资料来源：北京市科学技术委员会及相关委办局

13. 营商环境质量

用世界银行每年发布的北京营商环境指数的数值表示北京的营商环境质量。该营商环境指数从开办企业、办理施工许可证、获得电力、登记财产、获得信贷、保护中小投资者、纳税、跨境贸易、执行合同和办理破产等 10 个领域综合考量。

资料来源：Doing Business

14. 企业税收减免额占缴税额比重

企业税收减免金额是指企业研究开发费用的加计扣除金额和技术合同减免营业税金额的总和。

$$企业税收减免额占缴税额比重 = \frac{对企业进行的税收减免金额}{企业营业税 + 企业所得税 + 增值税} \times 100\%$$

资料来源：北京市科学技术委员会及相关委办局；《北京统计年鉴》

15. 公民科学素养达标率

公民科学素养达标率是指全市公民中达到国际公认科学素养标准的比例。主要通过问卷调查了解公民对科学技术知识的了解程度、对科学技术感兴趣的程度、对科学技术的态度和看法，以及公众获得科学技术信息的渠道等方面的概况。

资料来源：北京市科学技术委员会及相关委办局

16. 人均公共图书馆藏书拥有量

$$人均公共图书馆藏书拥有量 = \frac{公共图书馆总藏数}{(上年常住人口年末数 + 当年常住人口年末数)/2}$$

资料来源：《北京统计年鉴》

17. 人均科普专项经费

人均科普专项经费=北京地区科普专项经费/常住人口数

资料来源：北京市科学技术委员会及相关委办局

18. 人均公共财政教育支出

公共财政教育支出是指政府教育事务支出，包括教育行政管理、学前教育、小学教育、初中教育、普通高中教育、普通高等教育、初等职业教育、中专教育、技校教育、职业高中教育、高等职业教育、广播电视教育、留学生教育、特殊教育、干部继续教育、教育机关服务等。

$$人均公共财政教育支出 = \frac{地方财政教育支出}{(上年常住人口年末数 + 当年常住人口年末数)/2}$$

资料来源：《北京统计年鉴》

19. 每千人拥有医院床位数

$$每千人拥有医院床位数 = \frac{全市医院床位数}{当年平均户籍人口} \times 1000$$

资料来源：《北京统计年鉴》

20. 每百名学生拥有专任教师人数

在校生数是指学年初开学以后具有学籍的注册学生数。

专任教师是指主要从事教育工作的人员，包括临时（一年以内）调去帮助做其他工作的教学人员。不包括调离教学岗位，担任行政领导工作或其他工作的原教学人员，不包括兼任教师和代课教师。

$$每百名学生拥有专任教师人数 = \frac{专任教师数}{各类学校在校生数} \times 100$$

资料来源：《北京统计年鉴》

21. 地均城市轨道交通里程数

城市轨道交通是指具有固定线路，铺设固定轨道，配备运输车辆及服务设施等的公共交通设施。

$$地均城市轨道交通里程数 = \frac{城市轨道交通里程数}{城市面积}$$

资料来源：《北京统计年鉴》

22. 国外技术引进合同金额

技术引进合同是指在中华人民共和国境内的公司、企业、团体或个人（受方）为引进技术同中华人民共和国境外的公司、企业、团体或个人（供方）订立的明确相互权利义务关系的协议。

资料来源：《中国科技统计年鉴》

23. 外资研发机构数

外资研发机构是指外商在北京市设立的以研发功能为主的法人企业数量。

资料来源：北京市科学技术委员会及相关委办局

24. 高校参与国际交流合作人次与高校教学科研人员数之比

$$高校参与国际交流合作人次与高校教学科研人员数之比 = \frac{高校参与国际交流合作人次}{高校教学科研人员数}$$

资料来源：《中国科技统计年鉴》

25. 来京就业外国人数

来京就业外国人数是指取得北京外国人工作许可证的人员数量。

资料来源：北京市科学技术委员会及相关委办局

26. 信息化指数

信息化指数是国家信息化规划用于测量区域信息化发展总体水平的综合指标，借助信息化指数可以很好地反映区域的创新网络发展环境。信息化指数用年末固定电话用户数、年末移动电话用户数、互联网宽带接入用户数、互联网上网人数的平均值来衡量。

资料来源：《中国统计年鉴》；《北京统计年鉴》

27. 大型科学仪器（设备）原值

大型科学仪器（设备）原值是指价格在50万元人民币以上，在科学研究、技术开发及其他科技活动中使用的单台或成套仪器、设备等固定资产原值的原值。

资料来源：北京市科学技术委员会及相关委办局

28. 首都科技条件平台开放仪器资源价值

首都科技条件平台是国家科技基础条件平台指导下的北京地方科技条件平台，建设包括研发实验服务基地、领域中心和区县工作站的服务体系，跨部门、跨领域整合仪器设备、科技成果和科技人才三类科技资源，提供测试检测、联合研发及技术转移等服务。

资料来源：北京市科学技术委员会及相关委办局

29. 技术交易增加值占地区生产总值比重

技术交易增加值是从技术交易额反推科技研发生产过程的增加值形成。按照生产法计算增加值，应该等于技术交易额扣除对应产生这部分技术交易额的中间投入后的那部分价值。

$$技术交易增加值占地区生产总值比重 = \frac{技术交易增加值}{地区生产总值} \times 100\%$$

资料来源：北京技术市场管理办公室；北京市科学技术委员会及相关委办局

30. 吸纳技术合同成交额占技术合同成交总额比重

吸纳技术合同成交额是指北京吸纳的本市、外省市技术合同及技术进口合同成交总额之和。

资料来源：北京技术市场管理办公室；北京市科学技术委员会

31. 孵化器在孵企业数

孵化器是一种新型的社会经济组织。通过提供研发、生产、经营的场地，通信、网络与办公等方面的共享设施,系统的培训和咨询,政策、融资、法律和市场推广等方面的支持,降低创业企业的创业风险和创业成本,提高企业的成活率和成功率。

资料来源:北京市科学技术委员会及相关委办局

32. 孵化器累计毕业企业数

孵化器累计毕业企业是指符合《科技企业孵化器认定和管理办法》中毕业企业标准的孵化企业。累计毕业企业数是指科技企业孵化器成立以来至填报期末,累计的毕业企业总数。

资料来源:科学技术部火炬高技术产业开发中心

33. 每万人新创企业数

新创企业是指创业者利用商业机会通过整合资源所创建的一个新的具有法人资格的实体,它能够提供产品或服务,以获利和成长为目标,并能创造价值。

资料来源:北京市工商行政管理局

34. 新创企业中科技型企业数量占比

科技型企业是指以科技人员为主体,由科技人员领办和创办,主要从事高新技术产品的科学研究、研制、生产、销售,以科技成果商品化以及技术开发、技术服务、技术咨询和高新产品为主要内容,以市场为导向,实行"自筹资金、自愿组合、自主经营、自负盈亏、自我发展、自我约束"的知识密集型经济实体。

$$新创企业中科技型企业数量占比 = \frac{科技型企业数量}{当年新创企业数量}$$

资料来源:北京市科学技术委员会及相关委办局

35. 独角兽企业数

中国独角兽企业确定的标准:①在中国境内注册的,具有法人资格的企业;②成立时间不超过10年;③获得过私募投资,且尚未上市;④符合条件①、②、③,且企业估值超过10亿美元的称为独角兽企业;⑤符合条件①、②、③,且企业估值超过100亿美元的称为超级独角兽企业。

资料来源:《中国独角兽企业发展报告》

36. 境内上市公司股票筹资额

上市公司是指所发行的股票经过国务院或者国务院授权的证券管理部门批准在证券交易所上市交易的股份有限公司。

资料来源:《北京统计年鉴》

37. 创业投资金额

创业投资通常被称为"风险投资",是指以高新技术为基础,生产与经营技术密集型产品的投资。

资料来源：北京市科学技术委员会及相关委办局；清科数据库

38. 上市企业数

上市企业数包含在主板、中小企业板、创业板、科创板等板块上市的所有企业数之和。

资料来源：北京市金融工作局

39. 每万人 SCI/EI/CPCI-S 论文产出数

SCI/EI/CPCI-S 论文，指发表在 SCI、EI、CPCI-S 期刊上的科学研究成果。应具备以下三个条件：①首次发表的研究成果；②作者的结论和试验能被同行重复并验证；③发表后科技界能引用。

$$每万人 SCI/EI/CPCI\text{-}S 论文产出数 = \frac{发表在SIC、EI、CPCI\text{-}S期刊上的论文数}{(上年常住人口年末数 + 当年常住人口年末数)/2} \times 10\ 000$$

资料来源：《中国统计年鉴》；《中国科技统计年鉴》

40. 每亿元 R&D 经费 PCT 专利数

PCT 是《专利合作条约》（Patent Cooperation Treaty）的英文缩写，是有关专利的国际条约。根据 PCT 的规定，专利申请人可以通过 PCT 途径递交国际专利申请，向多个国家申请专利。

$$每亿元 R\&D 经费 PCT 专利数 = \frac{国际 PCT 专利申请数}{R\&D 经费内部支出} \times 亿元$$

资料来源：《中国科技统计年鉴》；《专利统计年报》

41. 每万人发明专利拥有量

专利拥有量是指经国内外知识产权行政部门授权且在有效期内的发明专利件数。

$$每万人发明专利拥有量 = \frac{发明专利有效量}{当年常住人口年末数} \times 10\ 000$$

资料来源：《中国科技统计年鉴》；《中国专利统计年报》

42. 每亿元 R&D 经费技术合同成交额

技术合同成交额是指北京技术市场管理办公室认定登记的技术合同（技术开发、技术转让、技术咨询、技术服务）的合同标的金额的总和。

$$每亿元 R\&D 经费技术合同成交额 = \frac{技术合同成交总额}{R\&D 经费内部支出} \times 亿元$$

资料来源：《中国科技统计年鉴》；《北京统计年鉴》

43. 获国家科学技术奖项占比

国家科学技术奖项主要包括国家自然科学奖、国家技术发明奖、国家科学技术进步奖及国际科学技术合作奖 4 类。

$$获国家科学技术奖项占比 = \frac{北京市获国家科学技术奖项}{国家科学技术奖项总额} \times 100\%$$

资料来源：北京市科学技术委员会及相关委办局

44. 人均地区生产总值

地区生产总值是指按市场价格计算的一个国家（或地区）所有常住单位在一定时期内生产活动的最终成果。

$$人均地区生产总值 = \frac{地区生产总值}{当年平均人口}$$

资料来源：《北京统计年鉴》

45. 地区生产总值增长率

$$地区生产总值增长率 = \frac{本年地区生产总值 - 上年地区生产总值}{上年地区生产总值} \times 100\%$$

地区生产总值绝对值按现价计算，发展速度按可比价格计算。

资料来源：《北京统计年鉴》

46. 全员劳动生产率

全员劳动生产率为地区生产总值和劳动人口数的比值。

资料来源：《北京统计年鉴》

47. 第二产业劳动生产率

根据中国 2002 年版《国民经济行业分类》标准，第二产业指工业和建筑业。

$$第二产业劳动生产率 = \frac{第二产业增加值}{第二产业就业人数} \times 100\%$$

资料来源：《北京统计年鉴》

48. 第三产业劳动生产率

根据中国 2002 年版《国民经济行业分类》标准，第一产业指农、林、牧、渔业；第二产业指工业和建筑业；第三产业指除第一、第二产业以外的其他各业。

$$第三产业劳动生产率 = \frac{第三产业增加值}{第三产业就业人数} \times 100\%$$

资料来源：《北京统计年鉴》

49. "三城一区"地区生产总值占北京市生产总值比重

"三城一区"地区生产总值包括海淀区、大兴区、昌平区、怀柔区四个区域[①]的生产总值之和。

$$"三城一区"地区生产总值占北京市生产总值比重 = \frac{"三城一区"地区生产总值}{北京市生产总值} \times 100\%$$

资料来源：《北京区域统计年鉴》；《北京统计年鉴》

50. 每万家企业中高新技术企业数

高新技术企业认定数是指依据《高新技术企业认定管理办法》认定的具有国家高新技术企业资质的企业数量。

资料来源：北京市科学技术委员会及相关委办局

51. 第三产业增加值占地区生产总值比重

$$第三产业增加值占地区生产总值比重 = \frac{第三产业增加值}{地区生产总值} \times 100\%$$

资料来源：《北京统计年鉴》

52. 新经济增加值占地区生产总值比重

新经济增加值包含战略性新兴产业增加值及未纳入其中的高技术产业增加值。

资料来源：《北京市 2017 年国民经济和社会发展统计公报》

53. 现代服务业增加值占第三产业增加值比重

现代服务业是相对于传统服务业而言，适应现代人和现代城市发展的需求，而产生和发展起来的具有高技术含量和高文化含量的服务业。

$$现代服务业增加值占第三产业增加值比重 = \frac{现代服务业增加值}{第三产业增加值} \times 100\%$$

资料来源：《北京统计年鉴》

54. 企业新产品销售收入占主营业务收入比重

新产品是指采用新技术原理、新设计构思研制生产的全新产品，或在结构、材质、工艺等某一方面比原有产品有明显改进，从而显著提高了产品性能或扩大了使用功能的产品。

企业新产品销售收入占主营业务收入比重

$$= \frac{规模以上工业企业新产品销售收入}{规模以上工业企业主营业务收入} \times 100\%$$

资料来源：《中国科技统计年鉴》

[①] 因为目前未直接统计"三城一区"的生产总值，所以用"三城一区"所在地的生产总值代替。

55. 万元地区生产总值水耗

单位地区生产总值水耗是指一定时期内该地区每生产一个单位的地区生产总值所消耗的水量。万元地区生产总值水耗是指以万元为单位的地区生产总值所消耗的水量。

资料来源：《北京统计年鉴》

56. 万元地区生产总值能耗

单位地区生产总值能耗是指一定时期内该地区每生产一个单位的地区生产总值所消耗的能源。万元地区生产总值能耗是指以万元为单位的地区生产总值所消耗的能源。

资料来源：《北京统计年鉴》

57. 绿色全要素生产率

绿色全要素生产率测算的是纳入自然资源消耗和环境非期望产出后的全要素生产率，对应的是污染调整后的经济增长中无法被资本投入、劳动投入和自然资产投入所解释的部分。采用经济合作与发展组织的测算方法，在具体测算过程中以增长核算框架为基础，通过计算增长率而进行剩余测度。

资料来源：自行测算

58. 空气质量达标天数占比

空气污染指数是根据环境空气质量标准和各项污染物对人体健康和生态环境的影响来确定污染指数的分级及相应的污染物浓度值。我国目前采用的空气污染指数（air pollution index，API）分为五个等级，API 值小于等于 50，说明空气质量为优，相当于国家空气质量一级标准，符合自然保护区、风景名胜和其他需要特殊保护地区的空气质量要求；API 值大于 50 且小于等于 100，表明空气质量良好，相当于达到国家质量二级标准；API 值大于 100 且小于等于 200，表明空气质量为轻度污染，相当于国家空气质量三级标准；API 值大于 200 表明空气质量差，称为中度污染，为国家空气质量四级标准；API 大于 300 表明空气质量极差，已严重污染。

空气质量达到二级以上天数占全年比重是指该行政区域内空气污染指数达到二级以上天数与全年总天数的比值。

资料来源：《北京统计年鉴》

59. 流向京外技术合同成交额占北京市技术合同成交总额比重

根据《中华人民共和国合同法》第三百二十二条规定，技术合同是当事人就技术开发、转让、咨询或者服务订立的确立相互之间权利和义务的合同。技术合同成交额是指在北京技术市场管理办公室认定登记的技术合同（技术开发、技术转让、技术咨询、技术服务）的合同标的金额的总和。

流向京外技术合同成交额占北京市技术合同成交总额比重

$$=\frac{流向京外技术合同成交额}{北京地区技术合同成交总额}\times 100\%$$

资料来源：《北京统计年鉴》

60. 技术合同成交额占全国比重

技术合同成交额是指在北京技术市场管理办公室认定登记的技术合同（技术开发、技术转让、技术咨询、技术服务）的合同标的金额的总和。

资料来源：北京技术市场管理办公室

61. ESI 高被引论文数占全国比重

ESI 是由世界著名的学术信息出版机构美国科技信息所于 2001 年推出的衡量科学研究绩效、跟踪科学发展趋势的基本分析评价工具，已成为当今世界范围内普遍用以评价高校、学术机构、国家/地区国际学术水平及影响力的重要评价指标工具之一。ESI 对全球所有高校及科研机构的 SCIE（Social Science Citation Index）、SSCI（SCI Expanded）库中近 11 年的论文数据进行统计，按被引频次的高低确定出 1%的论文为高被引论文。

资料来源：ESI 数据库

62. 技术标准制定及修订数量

技术标准制定及修订数量是指北京市当年所制定的新技术标准或者对已有技术标准进行修订的数量。

资料来源：北京市科学技术委员会及相关委办局

63. 全球 500 强大学数量及排名

全球 500 强大学是由教育组织（Quacquarelli Symonds，QS）所发表的年度世界大学排名，排名来自全球权威学者对学科的全面评估、顶尖雇主对大学毕业生全球就业竞争力的综合评价，以及对最大文摘数据库 Scopus 中 2 200 万篇学术文献及 2 亿条引文数据的分析。

资料来源：QS 世界大学排名

64. 全球 500 强企业总部数量

全球 500 强企业在京总部数量是指美国《财富》杂志评选的全球最大的 500 家企业中其总部位于北京的企业数。

资料来源：美国《财富》杂志

附录2 首都科技创新发展指数测算方法

首都科技创新发展指数评价指标体系通过计算总指数和分指数的方法监测评价首都科技创新总体发展情况及各创新环节情况。课题组选择用多级综合方法，将各项反映科技创新基本特征的指标转化为综合反映科技创新水平的总指数，具体包括以下几个步骤。

1. 数据标准化采集

为确保测度结果的客观公正，所有指标口径概念均与国家统计局相关统计制度保持一致。具体测算数据主要来源于国家和北京市官方统计机构出版的年度统计报告、统计年鉴和国内知名研究机构的主题报告和调查数据。对于个别年份数据缺失情况，根据专家意见，采取依据其他年份趋势进行补值。在本书的表和图中，凡是原始数据表均标注了出处；指标结构表和测算表均为课题组自行编列，不再一一标明出处。同时，课题组将首都科技创新发展指数指标解释和数据来源整理成附录，供读者查阅。

2. 数据同向化处理

在完成数据的标准化采集后，需要对原始数据进行同向化处理。其中，在64个三级指标中，有62个指标与首都科技创新发展指数呈正相关性，即正指标；有2个指标与首都科技创新发展指数呈负相关性，即逆指标。对于与首都科技创新发展指数呈正相关性的正指标，无须进行同向化处理，而对于与首都科技创新发展指数呈负相关性的逆指标，为了防止其与正指标合成时相互抵消，课题组采用倒数法和求补法进行正向化处理。

3. 数据标准化处理

由于各个指标具有不同的量纲，需要将其转化为标准化指标值才能加总合成。因此，对指标进行同度量处理（或称标准化处理）是指数测度工作的重要环节。首都科技创新发展指数是历史序列数据的纵向测度，因此，研究采用对标分析法，确定每年度指数得分。

根据对标研究的基本思想，历史序列数据的纵向测度需要确定基准得分。为保证首都科技创新发展指数的延续性，根据专家组建议，首都科技创新发展指数的基准年定为2005年，其基准分为60分。

步骤：①计算每个指标的均值；②计算标准化后指标值。

4. 指标权重设置

鉴于各指标要素的影响和作用颇不相同，为保证指数测度的客观，课题组在认真研究国内外相关研究成果的基础上，组织专家对指标体系进行了论证和遴选，并采用类似德尔菲法的方法进行权重分配。

5. 总指数测度

对全部数据进行加权汇总，在此采用加权平均综合法，综合评价分析指标值，公式为 $\frac{\sum x_i w_i}{\sum w_i}$，给定综合评价指标体系由 n 个指标构成，$i=1,2,\cdots,n$。x_i 为已经标准化处理过的各项指标的相对值，为各项指标的权数。

创新发展篇

第六章 北京推动高精尖产业迈入全球价值链中高端的路径研究[①]

内容概要：在系统分析北京生物医药产业和北京新能源汽车产业全球价值链攀升策略与路径的基础上，进一步提出促进北京高精尖产业全球价值链攀升的思路与建议。具体通过创新驱动、高端引领、融合发展、集聚协同等路径来实现北京高精尖产业全球价值链攀升。提出以下几方面建议：①完善治理框架，加强制度保障；②提升技术能力，加强创新主体培育；③完善政策措施，集聚创新要素。

第一节 从产业组织的四个维度解析全球价值链

联合国工业发展组织认为全球价值链是指在全球范围内为实现商品或服务价值而链接生产、销售、回收处理等过程的全球性跨企业网络组织，涉及从原材料采购和运输、半成品和成品及销售，直至最终消费和回收处理的整个过程，包括所有参与者和生产、销售等活动的组织及其价值、利润分配。全球价值链可被视为新的网络型产业组织，可以从价值创造主体、价值创造的分布、治理模式和制度框架四个维度进行解构。

由于全球价值链的各个价值创造主体的市场力量不同，在价值链整体的价值分配中的地位和结果也是不同的，所以价值链升级的问题随之而来。简单来说，价值链的升级是指由于企业能力的提高等，企业能够从事全球价值链中附加价值高的经济活动，从而获得更多收入。

全球价值链的升级遵循的基本逻辑：一是价值链的基本结构，侧重于各个价值创造主体的价值分布。二是全球价值链的治理模式。作为一种全球价值链内部的制度安排，治理在全球价值链上居于核心地位，因为价值链上各环节公司之间的各种活动、劳动分工及价值分配，都处于价值链治理之下。在许多全球价值链中，可能存在多个参与治理的主导公司。同时，这些主导公司可能位于不同环节上，如位于链条的最高端、中部或底端。三是升级的策略与路径。对于试图升级的价值创造主体来说，由于产业生命周期

[①] 本章由中国科学技术发展战略研究院课题组完成，课题组成员包括陈志、苏楠、陈健、朱焕焕、王罗汉等。

不同，价值链治理模式不同，升级的难易不同，策略和路径也必然存在差异。四是制度和政策问题。全球价值链的分布一般都基于比较优势，因此提升竞争能力、实现价值链的升级是非常困难的，其中必然涉及"发展主义"的问题，政府需要发挥作用，提供制度基础和政策保障，才能实现"逆"价值链自然升级的缓慢过程，或者打破"价值链锁定"。

一般而言，全球价值链的升级遵循相关性、从易到难和价值递增的原则，即首先从现有环节转向稍高一级的相联系或相关环节，同时，处于不同产业生命周期，采用不同价值链治理模式的产业价值链升级的难易不同，策略和路径也存在差异。常见的升级路径包括以下四种。一是工艺流程升级，即通过整合生产系统或者引入先进技术含量较高的加工工艺，把投入更为高效率地转化为产出，从而保持和强化对竞争对手的竞争优势，如传统制造业中计算机技术的使用就促进了流程升级。二是产品升级，即通过提升引进新产品或改进已有产品的效率达到超越竞争对手的目的，具体体现为从低附加值的低层次简单产品转向同一产业中高附加值的更为复杂、精细的产品，如从衬衫到西服的升级。三是功能升级，是指通过重新组合价值链中的环节来获取竞争优势的一种升级方式，企业从低附加值价值环节转向高附加值价值环节的生产，更多地把握战略性价值环节，如从制造环节到营销、设计等价值环节。通常把从委托加工到贴牌生产，再到自有品牌创造的转换看作功能升级的基本路径。四是链条升级，是指从一产业链条转换到另外一条产业链条的升级方式。企业利用在特定价值环节获取的竞争优势嵌入新的、更加有利可图的全球价值链，如从自行车价值链到摩托车价值链，再到汽车全球价值链的转变。

本章将以前述价值链升级基本逻辑为基础，对生物医药和新能源汽车两类不同类型产业的价值链结构与分布进行解析和研判，结合北京的特点与优势，提出具有差异性的产业链升级路径，并从完善价值链治理、提升主体能力和集聚创新要素等维度提出相关建议。

第二节　北京生物医药产业全球价值链攀升策略与路径

一、北京生物医药产业价值链分析

"一北一南"格局逐步形成，"三城一区"建设加速产业集聚。北京生物医药产业已形成"一北一南"的空间布局，同时围绕全国科技创新中心建设，以中关村科学城、怀柔科学城、未来科学城、北京经济技术开发区的"三城一区"为平台加速产业集聚。

高校和科研院所成为价值链上游的主力。北京在基础研究、工程研究、临床科研支撑体系建设等方面，聚集和建设了大量知名高校院所、国家重大科技基础设施、临床数据和样本资源库，人才队伍总体水平和密度也居全国首位。企业分布在价值链的各个环节，诺华、拜耳、同仁堂等在内的国际领军企业与本土化龙头企业保持着较高的研发投入，并进行基础研究；北京生物医药G20企业，在增长速度和利润率等方面也始终保持全市领先水平。百济神州、甘李药业等新兴生物医药企业在疫苗、诊断试剂、抗体药物等生物技术领域达到国际先进水平。北京已成为跨国医药公司研发外包的首选地，并涌现出康龙化成、百奥赛图等拥有专有技术、高成长性的研发服务企业。

特色孵化器和产业平台助力创新转化落地。北京孵化器数量和入孵企业均高居全国前列。围绕产业发展的共性需求和关键环节，北京搭建了一批技术先进、配套完善的公共服务平台，并成立了国内首个专注于生物技术创新服务的联盟——ABO联盟（中国生物技术创新服务联盟）。

并购重组加速价值链整合。北京市生物医药领军企业通过内部重组、多元化延伸、资本市场并购等方式，实现快速扩张。2018年1~9月，北京企业增资并购交易共发生11起，披露金额达48亿元。

产业集群辐射周边，塑造互补的价值链结构。在北京的带动下，环渤海地区形成了创新能力较强的产业集群，北京、天津、山东、河北等各省市在医药产业链方面形成了较强的互补性。

二、北京生物医药产业全球价值链攀升的障碍与策略——核心产品创新突破

（一）北京生物医药产业全球价值链攀升的障碍

北京本土生物医药企业规模偏小，缺乏千亿级龙头企业。中国上市公司市值500强榜单中，有42家医药类企业名列其中，广东、上海、北京分别为6家、5家和4家，其中4家总市值过千亿的企业中，没有北京企业。

北京生物医药企业新药研发能力薄弱。2017年研发投入TOP15上市企业中，没有一家北京企业。在创新产出上，北京目前真正意义上的一类新药非常之少，更是缺乏重磅炸弹产品，抗肿瘤药物等部分高端药物仍然依赖进口。从2018年新药申报数量TOP50企业区域分布来看，江苏省企业数量最多，达12家，上海次之，为11家，北京仅有3家。

基础研究成果与产业化的鸿沟难以跨越。北京生物医药的基础研究一直在研究所和高校进行，对产业化的关注度相对低，许多基础前沿成果仍停留在实验室或中试阶段，不能及时有效地转化到临床应用中。

临床研究水平、能力与资源受限。当前北京大多数临床试验任务主要由三甲医院承担，但由于我国分级诊疗制度尚未落实，三甲医院面临大量的医疗工作而无暇顾及。另

外，北京一大批聚焦在临床试验阶段的CRO（Contract Research Organization，合同研究组织）企业的专业化程度不高，有的甚至只起到公关公司的作用。

政府与社会资本投入尚未解决创新与风险的对立局面。当前国内风险投资普遍只关注处在临床试验二期和相对成熟的产品及公司。尽管北京市政府提供了大量的财政支持，但由于市政府对产业的扶持资金较为分散，且行政干预过多，降低了企业申请项目的积极性。

北京营商环境"痛点"多，企业、人才双双外流。近年来，北京面临的土地资源紧缺、生活成本攀升、机制僵化等困境日益凸显，各地对生物医药产业的扶持力度和"抢人大战"不断加码，使得独具特色的生物医药产业集群在各地集聚。未来，北京面临的外部竞争压力将越来越大。

（二）北京生物医药产业全球价值链攀升的策略

在价值链上游，聚焦关键领域，探索新型研发模式。第一，在有限的研发资金下，重点围绕北京市在建的大型科技基础设施，聚焦生物医药领域的关键核心技术和"卡脖子"难题，开展前沿引领型研究。第二，新药研发正进一步向优势地区和大型企业集中，应加速推进国有企业混合所有制改革。第三，探索新的生物医药研发模式，如借鉴美国Intercept制药公司首创的"VIC模式"①，破除成果转化的障碍。第四，推动医药企业数字化转型，加强数字化研发软硬件设施和数据库建设，推进医药数据资源开放共享与安全保障，加快建立创新药数字化研发生态体系。

在价值链中游，加强制造工艺攻关，提升区域协同创新能力。第一，借鉴美国生物制药制造创新研究所和先进再生制造创新中心等模式，建立北京生物制药制造创新研究中心。第二，从土地集约高效利用的角度进行引导布局，深化生物医药产业在"三城一区"和京津冀地区的协同分工。

在价值链下游，创新审批和销售服务模式，加强品牌建设。第一，探索新型审批制度。对药审机构进行去行政化改制，尝试建立社会化的第三方药审机构，设立专门的创新药审评部。针对电子药物、数字化医疗器械等新产品和新业态探索新型审批制度。第二，建立适宜的药品定价和医保系统，形成市场奖励创新者的机制。完善北京市药品生产流通的市场机制，尤其要在医保支付、采购和定价等方面加快落实仿制药一致性评价制度的后续配套政策。第三，积极开拓销售网络，实施"北京品牌"计划。引进和培养高水平专业生物药营销团队，不断探索新的商业模式，加大品牌宣传，重视与患者的互动，提升患者对北京生物医药企业的品牌认同感。

在创新生态建设方面，营造国际化环境，完善人才机制和公共服务。第一，借鉴上海市建立的上海-波士顿生命健康产业国际孵化中心等经验，在全球范围内建立合作伙伴关系。第二，实施"北京市生物医药高端团队"战略，集中资源吸引精兵强将，尤其

---

① VIC模式，即风险投资（venture capital）、知识产权（intellectual property）和合同制研发服务机构（contract research organization）三者结合开发新药的一种模式。

是具有国际背景的高端团队。第三，建设包含研发服务平台、成果交易平台、产品申报服务平台和成果临床应用平台的新药创制全链条公共服务大平台。整合现有CRO企业，引导CRO企业向多元化、专业化方向发展。

第三节 北京新能源汽车产业全球价值链攀升策略与路径

一、北京新能源汽车发展及价值链现状

产业率先进入成长期，竞争力位居全国前列。北京新能源汽车产业规模居国内前列且发展势头迅猛，率先进入成长期。2017年销售收入400亿元，同比增长33.3%。产业竞争力保持国内领先，在"城市新能源汽车产业竞争力50强"榜单中，北京位居第二。

产业集群初步形成，核心整车企业领跑。在昌平、房山、大兴形成了三大新能源汽车产业基地。2013~2017年，北汽新能源连续5年蝉联中国纯电动汽车市场销量冠军，2017年纯电动汽车全年销量达10.32万辆，同比增长98%，成为国内首家年产销超过10万辆的纯电动汽车企业。

政策驱动下的市场推广迅速，需求强劲。2017年，北京市新增上牌新能源汽车6.7万辆。截至2017年底，我国共推广新能源汽车170多万辆，北京累计推广17.1万辆，位居全国第一[①]。

形成以整车企业为龙头的较为完整的产业链。北京新能源汽车整车代表性企业主要有北京新能源汽车股份有限公司、北汽福田汽车股份有限公司等，同时电池、电机、电控等新能源汽车三大产业环节呈集聚态势。

二、北京新能源汽车产业向全球价值链高端攀升的优势与挑战

（一）优势：创新资源集聚

形成以企业为核心的多元主体构成的创新生态。北京新能源汽车高新技术企业包括驻北京高校和科研院所创新性科技成果转化企业、海外或外企高端人才创办的企业。同时，高校和科研院所等创新资源丰富，包括清华大学、北京理工大学、中国科学院电工研究所等，其中包括清华大学汽车安全与节能国家重点实验室、北京理工大学电动车辆国家工程实验室等国家级研究平台。北京新能源汽车股份有限公司是我国最大的新能源

---

① 数据来源于《2018年中国新能源汽车行业分析报告》。

汽车企业之一，具有较强的研发能力和技术实力。

专利储备居国内首位。截至 2017 年底，中国 31 个省（自治区、直辖市）（不包括港、澳、台数据）中，北京新能源汽车专利数为 1 237 项，位列第一。其中，北京新能源汽车股份有限公司（177项）、北汽福田汽车股份有限公司（102项）、清华大学（88项）、北京理工大学（77项）等机构位居前列。

多个国家级创新平台落户北京。2018年3月，科技部批复建设国家新能源汽车技术创新中心，首批联合共建方包括北汽集团、百度、宁德时代、清华大学、中国汽车技术研究中心等 21 家机构，涵盖新能源汽车产学研各方面，集合了产业链上下游优势资源。另外，国家动力电池创新中心落户北京怀柔，多家企业共同组建了产业技术协同创新平台。

（二）挑战：持续领先发展受到约束

政策驱动特征较为显著。能否在激烈竞争中实现市场驱动的可持续发展是新能源汽车产业发展面临的重要挑战。例如，补贴退坡机制对福田新能源汽车发展带来冲击，2017 年福田汽车申请补贴的通过率为 38%，低于同批次报批车企72%的通过率。未来必须通过技术和产品创新，提升企业市场竞争力。

造车新势力难以在北京发展规模化产业。疏解非首都功能为发展高精尖产业释放了宝贵的存量空间，但仍不能满足开展大规模制造的需要，新能源汽车造车新势力迁出北京。例如，2017 年 12 月电咖汽车科技有限公司将生产基地和总部由北京搬迁到绍兴。

三、北京新能源汽车产业向全球价值链高端攀升的策略与路径——产学研融合协同发展

以国家级平台为抓手，聚合多方力量协同融合发展。以国家新能源汽车技术创新中心和国家动力电池创新中心等建设为抓手，提升产学研用融合发展能力，进一步形成开放融合的创新机制和利益共享机制，促进不同创新主体深度融合。

以领军企业为龙头，建立开放合作的创新生态。第一，由北汽新能源等领军整车企业牵头组织新产品研发，实现在京创新资源和产业资源的有效协同。第二，鼓励整车企业及关键零部件企业构建国际化创新与生产体系，采取多种形式加强与国外创新机构的对接与合作。第三，鼓励整车企业以商业模式创新为驱动，打造"产品+服务+充电+运行"一体化的新能源汽车产业新业态，以带动产业链和创新链协同发展。

进一步提升核心材料和零部件等高附加值环节的技术创新和产业化能力。加强在这些价值链环节的公共研发投入，并出台相关财税政策鼓励企业加大高附加值环节的技术能力和产业化能力，提升北京在这些高附加值环节的竞争力。同时，加强政策支持和产业承接，降低研发成本，加速创新转化，全力支持相关新技术在北京落地。

第四节 促进北京高精尖产业全球价值链攀升的思路与建议

一、北京高精尖产业全球价值链攀升路径的思路

创新驱动。加大创新力度,掌握一批核心关键技术及相关知识产权,全面推进技术创新、产品创新、商业模式创新和产业组织方式创新。充分发挥北京科创优势,以人工智能、智能网联车、虚拟现实、数字医疗等前沿领域作为切入点,着力提升核心基础零部件、先进基础工艺、关键基础材料、产业技术基础能力,加快新技术和新产品的研发应用和产业化。

高端引领。瞄准技术前沿,聚焦重点领域,加强前瞻性部署,加快重大科技成果转化,在市场潜力大、产业基础好、带动作用强的行业形成一批支柱产业,切实引领北京高精尖产业迈向价值链高端。

融合发展。加快建设国际一流的信息基础设施,大力推动移动互联网、大数据、云计算、物联网等与各行各业相结合,促进虚拟与现实互动、线上与线下整合、技术和产业跨界融合,全面优化重构产业链、创新链、价值链。

集聚协同。积极吸引各类优质资源要素向高精尖产业价值链高端集聚,形成产学研用创新网络,建立大中小微企业协同合作的创新生态,提高区域辐射带动能力,形成区域一体化产业深度协作格局。

二、促进北京高精尖产业全球价值链攀升的建议

(一)完善治理框架,加强制度保障

分类支持,按照产业特点选择不同路径。根据产业特点分类支持,精准施策。以新一代信息技术为核心产业,以构建产业生态系统竞争优势为路径进行发展;生物医药产业应采用核心产品创新突破策略;新能源汽车产业应注重产学研融合协同发展。

促进产业转移模式创新,拓展产业发展空间。发挥北京科技资源溢出效应,鼓励北京重点产业园区与其他省市,特别是京津冀地区城市,共建合作产业园飞地,有序引导企业迁移。鼓励高新技术企业在外地设立新生产基地,用"企业外扩"代替"企业外流",进一步强化"中间在外,两头在京"的总部经济模式。

落实细化有关政策,促进科技成果转化。完善形成有利于科技成果完成人行使成果

处置权、收益权的相关法律实施细则。鼓励协同创新，提高高校学科对产业的支撑作用。进一步落实和扩大高校用人自主权，完善高校教师分类管理、分类评价、分类考核制度。

（二）提升技术能力，加强创新主体培育

统筹科技资源，聚焦关键核心技术。在战略必争、科学前沿关键领域建设战略科技力量，承担国家重大战略任务，解决经济和产业发展重大科技问题。加强关键核心技术攻关，特别是针对影响整个产业链发展的瓶颈环节，集中力量进行突破。对于产业目标导向明确、边界清晰的项目，在对产业链和创新链进行分解的基础上，推行工程化的科技活动组织实施模式，保证项目目标实现。在一些重大项目的组织实施上，应让利益关切方"自带干粮"，尽量避免各类产业创新联盟流于形式。

加大龙头企业和"专精特新"两类创新型企业培育。鼓励创新型企业发展，在项目、人才和基地等政策上向优势创新型企业倾斜，支持创新型企业建立研发机构，引导人才向实业流动。完善税收政策，提升税收优惠政策的法律层级，将税收优惠政策向研发环节倾斜。对不同规模企业研发费用加计扣除实行差异化优惠，鼓励中小企业增加研发投入。建立健全科技研发风险准备金制度，允许符合条件的企业按销售收入的一定比例提取科技开发基金并在税前扣除，提高企业研发资金储备和研发抗风险能力。推动集成企业与关键零部件企业之间建立更加有效的合作模式，积极支持新产业、新模式、新业态发展。

（三）完善政策措施，集聚创新要素

打通人才链条，营造有利于高端产业人才成长的政策环境。对前沿科学领域的人才和团队，实行长期稳定支持的经费投入机制。对符合科技成果转化、产业化的职业人才，实行多元化的培养和激励模式。加快建立"学徒制"相关政策和制度体系，加强培训机构建设，完善认证体系等，促进高级技工人才的培养和储备。加大对产业技术创新团队的激励，采取核心人物带动引进、高新技术项目开发引进等多种方式，积极引进海外留学归国人才、国内带项目创业的各类创新创业团队。继续实施领军人才培养计划，强化产业技术创新人才的培养。加强人才合作和交流，鼓励技术人员走出去和引进来相结合，重点引进具有技术经验基础的创新型团队，培育人才优势基础。鼓励高校实用开发型人才与企业对接，发挥科技型中小企业的人才集聚功能。

创新金融支持模式，保障资金供给。扩大高精尖产业基金规模；支持创新型企业充分利用新型金融工具融资；开展新型贷款抵押和担保方式试点；发挥政府资金的引导作用，带动社会资金投向处于创业早中期阶段的战略性新兴产业创新型企业。可适当采用政策贴息、风险补偿等财税政策手段，加大金融体系对高精尖产业发展的支持力度。

加大产业技术基础设施供给，加强试点示范。加强对移动互联网、云计算、大数

据、物联网、卫星通信等相关产业技术的基础设施建设。围绕重点产业需求，建设监测与评定中心、质量监督检验中心、技术标准与试验验证平台、智能制造工业云、大数据标准试验验证平台等，为高精尖产业发展提供技术研发及服务平台。打造人工智能、新能源汽车、智能网联车等重点产业，建立应用试点示范区，推动新技术、新产品和新标准在北京率先落地。建设安全高效的智能化基础设施体系，覆盖地上、地下的智能交通管理系统，建设以人脸识别"天网"、自然语言识别为重要特征的智能城市管理系统。

第七章 科技创新中心引领北京现代化经济体系建设的战略路径[①]

内容概要：科技创新中心建设关系首都经济发展方向和全局，为经济发展提供了战略路径指引。科技创新中心是现代化经济体系建设的核心支撑。本章分析了以科技创新中心为引领，北京建设现代化经济体系的战略路径。主要包括以下方面：夯实创新能力和创新主体，增强经济发展内生动力；完善创新创业生态系统，提升创新转化和产业化能力；加强产业创新，促进现代农业、现代制造业、现代服务业向高精尖方向转型升级。

第一节 科技创新中心夯实了北京现代化经济体系建设的创新动力

一、科技创新中心为首都经济发展提供了战略路径指引

科技创新中心建设有利于充分发挥区域创新集聚效应，增强北京经济内生发展动力。首先，科技创新中心是提升自主创新能力的战略引擎。其次，科技创新中心为经济体系创新升级提供了动力支撑。科技创新中心建设将进一步带动科技创新与经济发展深度融合，以科技创新为核心的全面创新成为北京现代化经济体系建设的着力点。以创新突破和加快应用提升核心竞争力，建设创新型产业体系，提升产业体系能级，重塑首都经济结构。

[①] 本章由北京市社会科学院经济所课题组完成，作者邓丽姝。文章发表于《城市发展研究》2019 年第 2 期。

二、科技创新中心建设条件下北京已初步形成创新驱动的经济体系

（一）服务经济特征突出，创新型产业成为引领现代化经济体系建设的引擎

知识密集型服务业已成为北京的主导产业。以科技创新、文化创新为主导的创新型产业成为北京现代化经济体系的支柱。同时，高精尖结构逐步成为北京现代化经济体系的结构特征，双创促进经济新动能不断发展壮大。

（二）科技服务业为创新引领发展提供了重要支撑

科技服务业已经成为北京研发活动的主要载体。围绕创新链、产业链耦合互动，已经形成科技服务链和产业体系，科技服务业成为科技创新引领产业发展的战略引擎。依托科技金融、研发设计、创业孵化、科技推广与技术转移等形成创新创业服务体系，以众创空间、科技企业孵化器、科技园为核心，投融资、技术转移、知识产权等科技服务为有效支撑，形成了创业团队—初创企业—高成长企业的全链条孵化服务体系[1]。

（三）工业发展呈现创新驱动特征

北京工业的研发创新能力整体提升，企业创新活跃度显著提升。高技术制造业引领工业高端创新发展。同时，新产业、新产品、新模式蓬勃兴起；工业企业"触网上云"，制造业与互联网加速融合，智能制造不断涌现。

第二节 以科技创新中心建设为引领，夯实创新能力建设和创新主体培育，增强经济内生发展动力

一、加强原始创新，提升自主创新能力

（一）对接国家创新战略，夯实全国原始创新中心地位

发挥科技创新资源高端集聚优势，全面深入对接国家科技创新战略。优化科研环境条件和体制机制保障，支持在京科研院所、高校、企业提高国家科技重大专项实施效

---

[1] 朱晓青. 北京市高端服务业发展研究报告 2017. 北京：中国社会出版社，2017：96-108.

果。持续攻克"核高基"、集成电路装备等关键核心技术。在京部署新的"科技创新 2030—重大项目",在电子信息、先进制造、生物等领域与国家科技重大专项形成系统布局。完善相关配套政策措施,提供全方位服务保障,推动重大科技基础设施建设,加强国家重点实验室、国家工程技术研究中心在京布局。持续产生推动学科发展的重大科学发现和引领产业变革的原理性突破,加强突破制约发展的关键科学问题,进一步夯实北京原始创新策源地作用。

探索提升符合大科学时代科研规律的科研组织形式、管理制度和运行机制,充分发挥国家科技项目和国家科技基础设施的创新引领作用,前瞻部署重大基础前沿研究。面向国家科技发展战略需求,在信息科学、生物医学、材料科学等领域开展应用基础研究。面向高技术产业需求,在信息、先进制造、生物医药、新材料等领域开展前沿技术研究和原始创新,突破关键共性技术。综合基础研究与前沿技术应用,实施脑科学、量子计算与量子通信、纳米科学等大科学计划,引领前沿领域重大科学问题研究。

(二)面向首都经济发展战略需求,加强相关领域核心关键技术研发

发挥国家基础研究和原始创新成果对北京技术创新的支撑作用。围绕首都经济发展和产业升级战略需求,提升产业创新水平。深入实施《〈中国制造 2025〉北京行动纲要》等技术创新计划,围绕产业核心竞争力提升的战略需求,强化重点领域关键环节的重大技术开发,突破技术瓶颈,培育具有国际竞争力的产业技术创新体系。在新一代信息技术、生物医药、新能源汽车、数字制造等战略性新兴领域实施技术跨越工程,突破关键共性技术,推动自主发展关键性核心部件和核心材料,为培育先导产业、提升支柱产业夯实基础。

二、培育创新主体,加强市场主导的协同创新

(一)加强企业创新主体地位,提高企业创新能力

提高企业对相关科技项目、创新组织等的参与程度,加强企业在区域创新体系和产业创新体系中的主体地位。以重大科技项目的实施带动在京形成具有核心知识产权的创新产业集群。加强企业创新能力建设,发挥龙头企业创新带动作用。进一步鼓励和支持企业加大研发创新投入,建立高水平研发机构,提升研发功能,不断向价值链高端升级。发挥龙头骨干企业创新引领和辐射带动作用,将与上下游企业的产业关联提升为创新关联,推动产业关联向创新协同转型升级。培育龙头企业带动中小微企业发展的产业创新生态群落。

（二）培育新型创新主体，加强协同创新

以国家科技体制改革和北京推进全面创新改革试验为重要契机，加快培育发展新型研发机构。在国家和区域发展战略需求领域，进一步创新体制机制，加快建设布局能够引领科技前沿制高点、符合科技规律和市场需求趋势的研发组织。以北京协同创新研究院等新型研发平台为龙头和载体，探索面向市场的新型产学研用合作研发机制。加快推进体制机制改革，促进高校和院所面向战略需求与应用，通过市场化的组织创新释放创新活力。

第三节 完善创新创业生态系统，提升创新转化和产业化能力

一、建设科技创新服务链，完善科技创新服务网络

（一）促进产业链、创新链和服务链耦合，优化提升创新生态服务网络

总体上，围绕产业链部署创新链，围绕创新链贯通科技创新服务链。面向创新发展需求，进一步发挥科技创新和服务优势，促进各科技服务行业专业化、市场化、集聚化、网络化发展，形成覆盖科技创新全链条的科技服务业体系。依托北京现代服务业集群优势，以科技服务业为主导与金融业、商务服务业等形成创新融合，促进科技金融、科技商务、科技咨询等新兴融合服务业态发展。拓展提升科技服务业体系的辐射带动范围，打造创新型服务业体系，形成服务创新的生态网络。在符合首都功能定位的战略性新兴领域，围绕基础研究、应用开发、中试、商品化、产业化的创新链，以科技服务为载体，通过创新组织、创新要素、创新环境实现各创新链环节，进一步完善具有首都高精尖经济特色的创新服务链和服务网络。

（二）完善科技创新服务的关键环节

在夯实优势科技服务业的同时，通过科技服务业组织、业态创新，带动完善创新链关键短板和薄弱环节，提升北京在全国创新价值链体系中的高端引领地位。加强发展中试服务环节，不断探索中试服务的新模式和新机制，促进中试服务市场化、专业化发展，促进创新链条价值增值，打通创新链与产业链。支持、培育独立的中试服务提供商，培育企业中试服务主体，促进其做大做强；鼓励高校和科研院所通过衍生企业承担中试服务功能，实现原创技术的集成应用和再开发；在重点领域设立公共的专业化中试

服务平台，弥补市场化方式供给不足。创新组织模式，加强产业关键共性技术研发。加强配套支持，针对中试、关键共性技术研发等具有一定公共服务性质的创新链环节完善资金链，设立以政策性创新资金为引导的引导基金，吸引社会资本广泛参与，形成多元化投资机制。

（三）加快推进以平台化、集成化、综合化等为特征的科技服务业模式创新，提高科技服务体系能级

在新一代信息技术、高端装备、生物医药等重点领域，建设综合性、集成化的科技创新服务功能平台。推动产业技术创新联盟、协同创新研究院等创新型产业组织打造产学研合作服务平台。以落实《〈中国制造2025〉北京行动纲要》为契机，加快建设产业创新中心，为行业企业提供高质量创新服务。发挥中关村创业大街、"智造大街"等"一站式"服务模式的示范引领作用，提升创新创业孵化服务。加强平台型服务模式创新，在技术转移等科技服务业领域培育平台型企业，支持其基于云计算等信息技术创新，构筑开放创新平台，面向全国和行业提供集成科技服务。以综合平台型科技服务模式，培育龙头科技服务企业，带动形成科技服务企业集群。

二、优化提升科技中介服务体系，促进科技成果转化和产业化

（一）优化提升技术转移服务体系

以中关村建设国家技术转移集聚区为重要抓手，进一步贯通顺畅技术转移服务链条、完善技术转移服务体系。鼓励在京高校院所通过与北京市、企业合作等方式建设技术转移机构和转化服务平台，支持高校院所通过衍生创新型企业实现技术转移和产业化。以多元化全方位的集成技术转移服务支撑在京国家级高校院所重大成果和国家级重大科技项目的技术应用和集成转移，带动北京高精尖经济突破性发展。

（二）创新模式，拓展提升创业孵化服务

发挥中关村自主创新示范区以"创业苗圃+孵化器+加速器+产业园"为主线的创业孵化和产业化模式的引领作用，进一步优化提升北京科技园区创业孵化服务网络。支持中关村以先进模式整合腾退资源和空间，带动其融入高精尖经济创业孵化和产业化网络。聚焦重点领域，在中关村相关集聚区加强创新创业孵化模式创新和创新创业孵化能力提升，打造高水平的创新创业孵化生态和产业集群。

第四节 加强产业创新，促进现代农业、现代制造业、现代服务业向高精尖方向转型升级

一、进一步提高现代服务业的创新发展能力和水平

（一）促进创新型生产性服务业向价值链高端发展

推进金融业创新发展。以中关村打造国家科技金融创新中心为引领，加快完善科技金融服务体系，服务构建高精尖经济结构。围绕新一代信息技术、生物医药、新能源等领域创新创业资金需求，完善科技金融服务链条，打造辐射引领全国的科技金融创新体系，培育科技金融产业群和生态圈。将北京服务业扩大开放与人民币国际化发展、市场化改革相结合，增强金融业创新发展动能。创新管理制度，在推进人民币跨境使用过程中，实现人民币金融产品创新、业务创新。

促进科技服务业高端化、体系化发展。以建设科技创新中心为引领，加强科技创新服务功能，促进各科技服务专业领域向高端化升级，提高服务能级。围绕北京高精尖领域产业链，完善创新链；围绕创新链，提升科技服务链，进一步优化科技服务业体系。促进产业链、创新链、服务链有机统一、相互协调融合。促进研究开发、技术转移、知识产权、创业孵化、设计服务、工程技术服务、检验检测认证、科技金融、科技咨询和科普服务、专业技术服务等各科技服务行业面向高层次创新需求，设计提供高端服务产品，提高创新服务的知识技术含量和附加值。运用基于新一代信息技术的技术创新，支撑科技服务业创新服务模式，培育新兴业态。

围绕自主研发核心关键技术的市场价值实现，促进研发、技术转移、创业孵化等科技创新服务环节实现集成创新，技术转移、技术经营与知识产权运营实现融合协同发展。促进信息服务业融合创新发展，培育基于新一代信息技术的信息服务，拓展新兴信息服务领域，提升信息服务业能级。促进龙头软件企业应用新一代信息技术加速实现面向服务的商业模式创新，实现以服务化、平台化、生态化发展为重要特征的转型升级。促进信息服务企业进行产业链整合与重构，打造基于"软件+终端+内容"的全产业链整合能力，创新产业链整合模式。以龙头企业和创新型企业集群为载体，加速构建新一代信息技术全产业链生态体系，打造全生态产业群落，带动信息服务业高端化发展[①]。

---

① 中国工程科技发展战略研究院.2017 中国战略性新兴产业发展报告. 北京：科学出版社，2016：67-73.

（二）以科技创新支撑服务业新业态、新产品、新模式、新产业发展

促进基于新一代信息技术的服务业组织创新、商业模式创新，培育服务业新业态、新模式。依托互联网等信息技术，探索推进以开放共享为特征的服务业发展模式，打造发展新动能。在"互联网+"金融、科技、供应链与物流等创新领域发展分享经济新业态，实现分享经济与实体经济的融合。引导服务业企业探索以分享经济进行商业模式和业态创新，实现平台化发展、生态化扩张，打造创新生态型企业。促进科技创新与文化产业深度融合，以科技创新带动文化产业创新发展。创新产业形态和传播表现形式，培育数字出版、新媒体、动漫演艺、网络文学、网络视频、微电影等新型文化业态，带动传统优势文化产业转型升级。

二、提升现代制造业和战略性新兴产业创新能力

在疏解一般制造业的同时，提高北京具有比较优势的电子信息、生物医药、高端装备制造、新材料、新能源汽车等现代制造业和战略性新兴产业的创新能力，进一步夯实竞争优势，促进"北京制造"向"北京创造"升级。

（一）加强市场主导，提高产业技术创新能力

提高企业在技术创新中的主体地位，引导企业加强建设技术创新中心、加大研发投入。促进行业骨干企业发挥主导作用，与高校、科研院所共同建设产业创新中心、产业创新联盟等新型创新组织，实现政产学研用协同创新。在重点领域探索建立市场主导的技术创新方向选择机制和协同创新新机制、新模式。建设协同创新公共服务平台，加强重点领域行业标准化提升和标准制定。

（二）遵循研发设计与智能制造一体化发展趋势与规律，加强创新链与产业链融合，提高研发转化能力

在信息产业领域，通过龙头企业和创新企业集群主导的产学研协同创新，带动产业链、创新链和价值链融合共生，打造电子信息产业软硬件、前后端、上下游、跨领域的融合创新体系，提升软硬件、前后端、上下游、跨领域协同创新能力；建设涵盖操作系统、中间件、整机系统和应用服务的创新生态；加强产业关键核心技术研发突破，推进新一代信息技术领域的研发产业化。协同推进研发和产业化，培育创新型龙头企业。在新能源产业领域，加强产业创新中心建设，打造研发、创新服务一体化平台，推进新能源产业关键技术研发和产业化，促进核心装备的研制、产业化和系统集成应用。在新能源汽车产业领域，完善技术创新体系，以龙头企业主导产学研用协同创新，加快突破核

心、关键技术。

三、促进现代农业融合创新发展

以北京国家现代农业科技城和国家种业综合改革创新试验区为引领，整合高校院所创新资源，建设辐射全国的现代农业科技协同创新服务平台。推动农业与第二、第三产业融合发展。以疏解非首都功能为契机，加快发展都市型现代农业。与腾退空间综合利用相结合，发展与文化创意、休闲旅游、会展等功能融合的农业示范区，创新农业发展模式和业态，提高农业生态服务、休闲旅游等综合功能。

第八章 首都科技创新面临的挑战与对策[①]

内容概要： 自从 2014 年北京被中央批准建设国家科技创新中心以来，科技创新工作以"三城一区"为中心任务，开拓了新的局面。在看到各方面工作取得进展的同时，也要清醒地认识到：当前阶段国际、国内形势发生巨大变化，必须正视前行过程中遇到的突出问题和严峻挑战，认真研究，精准施策。本章分析了北京在全国科技创新发展新格局中的地位，同时梳理出了北京高精尖经济结构发展中遇到的难题，如产业创新实力不足、制造业技术创新能力薄弱、产学研联合不足等，基于首都科技创新所面临的挑战，提出了首都科技创新发展的相关对策和建议。

第一节 科技创新中心发展新格局

党中央、国务院审时度势，先后于 2016 年 4 月批准《上海系统推进全面创新改革试验 加快建设具有全球影响力的科技创新中心方案》，同年 9 月批准《北京加强全国科技创新中心建设总体方案》，赋予北京、上海建设具有全球影响力的全国科技创新中心的历史使命。2019 年 2 月中共中央、国务院印发了《粤港澳大湾区发展规划纲要》，提出依托粤港澳建设"具有全球影响力的国际科技创新中心"。至此，国内三大科技创新中心的战略格局已然形成，北京面临着严峻的挑战。具体体现在以下方面。

一、北京科技创新中心在全国的地位相对下降

北京建设全国科技创新中心有较好的基础和条件，目前科技资源总量、科技成果等方面指标仍在全国保持领先水平，但需要引起重视的是，伴随着其他省市的快速发展，北京科技创新的整体实力、影响力在全国的地位相对下降。

[①] 本章由北京市科学技术委员会、首都科技发展战略研究院联合课题组完成，作者张星。

二、区域协同发展任重而道远

从国际上看，科技创新中心往往源于区域性经济中心，创新中心形成后又为区域发展特别是转型升级提供了新的动力。硅谷对应的是旧金山湾区，东京对应的是东京都市圈，伦敦对应的是大伦敦地区。我国则形成了由北京、上海与深圳等三个创新枢纽城市对应首都经济圈（京津冀地区）、长江三角洲、珠江三角洲（粤港澳大湾区）等三大战略区域的新形势。三个区域都非常重视科技创新对区域发展的支撑和引领作用，不断加强创新网络和平台建设，开创了协同创新的新格局。

《京津冀协同发展规划纲要》于2015年4月经中共中央批准，到目前已实施五年，即将步入第二阶段。我们要清醒地看到科技创新对京津冀经济的引领和支撑作用还没有见到明显成效。具体表现如下。

（一）京津冀协同发展效应不明显，经济增长低于预期

据由中国社会科学院发布的《京津冀蓝皮书：京津冀发展报告（2019）》分析，京津冀协同发展虽然处于稳步上升进行时，但目前的整体协同发展水平依然较低。北京非首都功能的疏解并没有为河北、天津的经济增长带来明显的贡献，京津冀整体经济发展速度下行的压力很大，急需科技创新提供新的动力引擎。

（二）高新技术产业规模没有明显增长，占全国比重略有下降

虽然在一定程度上存在全国高新区扩容影响比重的因素，但从绝对值上看，2017年京津冀地区国家高新区合计的营业收入和工业总产值都比2016年有所下降。

（三）工业企业新产品销售收入和出口额呈下降趋势

从规模以上工业企业新产品销售收入指标上看，2015~2017年，北京、河北连年保持小幅度的增长，天津则连年下降。三地占全国的比重连年下降。从规模以上工业企业新产品出口额指标上看，2015~2017年，三地合计总额连年下降，占全国的比重也连年下降，下降幅度高于新产品销售收入。

第二节 首都高精尖经济结构发展中所遇到的难题

北京市于2017年12月发布了加快科技创新构建高精尖经济结构系列文件。文件将目标瞄准2020年，确立了重点任务和措施，战略布局已非常清晰，指出关键在于如何有

效调动和充分整合首都创新资源，获得竞争优势，赢得发展先机。因此，需要下大力气解决以下发展难题。

一、产业创新实力不足难题

只有占据产业高端，掌握核心技术，才能实现创新链与产业链的紧密结合，实现服务业与制造业的融合发展。当前，北京产业创新的整体实力和水平都难以满足创新驱动发展战略的需要。2017年北京市企业R&D经费投入618.4亿元，这一数字占全市的比重为39.2%，比2015年增加了5个百分点。但是，横向来看，排在前几位的依次是浙江（90.9%）、广东（87.4%）、江苏（87.2%）、天津（69.9%）、上海（59.7%）。

北京地区高新技术企业数量众多，高居全国各城市之首。2017年拥有高新技术企业超过1.6万家，占全国的比重为12.5%。但是企业平均规模较小，平均劳动生产率不够高。从收入利润率指标看，北京为7.5%，略高于全国平均水平（7.3%），低于深圳（8.3%）、上海（8.6%）、浙江（14.9%）。从2017年R&D内部支出占主营收入比重指标看，北京为2.77%，低于上海（2.86%）、天津（3.35%）、广东（3.72%）。北京高新技术产品出口占全国的比重自2013年以来连年下降，由2.3%下降到1.7%[①]。

二、制造业技术创新能力薄弱难题

据统计，2017年北京3 228个规模以上工业企业当中有R&D活动的只有1 192家，仅占总数的36.9%。2017年高新技术产业（制造业）产值占规模以上工业企业工业总产值的比重为20.8%（江苏省这一指标是42.7%）。北京工业企业对于引进技术缺乏消化吸收机能，无法提升技术创新能力，实现跨越式发展。2009~2017年，北京市工业企业新产品出口总量呈下降趋势，由2009年的673亿元下降到2017年的286亿元，占全国比重由2009年的5.8%下降到2017年的0.8%。2017年北京工业企业R&D经费投入269.1亿元，占全市的17.0%，而科研机构和高校的经费投入是其3.4倍[①]。

三、产学研联合难题

2017年北京市高校的R&D经费额中来自政府的占67.5%、来自企业的占29.7%，科研机构的这一比例分别为86.2%和3.5%；与之相对应，企业的87%来自企业，来自政府的仅为4.1%。这组数字表明，科研机构和高等院校的科研对政府投入存在着较大的依存

---

① 数据来源于《北京统计年鉴2018》。

度，影响了它们与企业合作的积极性。高校和科研机构的优势在于基础研究和应用研究，而这方面经费支持主要来自政府，隔离了它们与产业界的关系。2017年企业对基础研究的投入不到0.5%，应用研究也只有3.2%。代表高新技术产业的信息传输、软件和信息服务业这方面的比例为0.3%和5.2%。当今世界科学与技术一体化趋势日益明显，基础研究与应用研究、试验研究紧密相连，如果企业特别是大企业不能更早和更深层面介入基础研究，那么科技与经济"两张皮"的问题始终不能得到彻底解决。

第三节 对策与建议

北京建设全国科技创新中心面临错综复杂的国际、国内形势，要做到巩固优势，扬长避短，必须处理好以下几个关系。第一，"三城一区"的关系。三个主平台之间，如何合理布局形成紧密合作格局，一区如何与三城做好衔接。第二，核心区与外围地区的关系。"三城一区"作为核心区，如何带动北京其他区的高质量发展。第三，北京与雄安新区的关系。如何实现北京与雄安的优势互补、错位发展。第四，处理好北京与天津、河北的关系。首都科技创新资源如何成为带动京津冀协同发展的新引擎。第五，处理好北京与上海、深圳等创新枢纽城市的关系，实现它们之间有所分工、协同发展。处理好上述关系，核心是解决政府与市场之间的关系。中央政府和地方政府要用好手里的资金和政策，引导市场合理配置创新资源，促进基础研究与应用研究、试验研究协同发展，促进企业与高等院校、科研院所协同发展。

一、加强统筹协调，高效率、高质量地开发利用创新资源

（一）充分发挥战略规划的引领作用

战略规划是整合创新资源、实现发展目标的重要手段，在战略规划的国家层面，要实现中央的核心要求和部署，应对北京、上海两个全国科技创新中心和粤港澳大湾区国际科技创新中心的目标和重大任务进行适当的分工，包括重点学科布局、重大科技基础设施布局、国家实验室布局等。允许在具体研究领域、战略性新兴产业等方面有所交叉，适度竞争。对于上述三大中心，首先要落实好中央的要求，积极服务好京津冀地区、长江三角洲和粤港澳大湾区。对于雄安新区，在科技创新层面，应明确建设雄安科学城，将其作为全国科技创新中心的重要组成部分，与中关村科学城、未来科学城、怀柔科学城共同形成四大极点。

在规划制定工作中，广泛征集社会各方面的意见、建议，依托专业智库开展相关研究工作，如没有保密问题，对外公布战略规划，使之真正成为凝聚社会共识、发动各界

深入参与的纲领性文件。规划应与各地区、部门的计划紧密衔接，在目标、任务层面予以分工落实。在规划实施过程中，应做好中期和实施评估工作，认真总结经验、教训。建议有关部门尽早公布河北雄安新区总体规划（2018—2035 年）和全国科技创新中心"三城一区"规划方案。

（二）完善高层组织协调机制

首都科技创新工作格局中，中央政府的投入比重大，中央单位科研力量强；北大、清华等一流高等院校、中国科学院、央企研究院、民营高科技企业等各路队伍各显其能。相对其他城市而言，北京跨部门、跨区域、跨体制资源整合的要求高，任务繁重。北京已建立了多种层次的组织协调机制，围绕全国科技创新中心建设，已逐步建立了系列推进机制。要落实好共建协议，只依靠政府常态机制来统筹协调科技创新资源是远远不够的。建议成立"三城一区"建设工作推进委员会、北京与雄安新区科技创新推进委员会、京津冀协同创新推进委员会。委员会在架构上，除了相关中央和地方政府部门外，还要广泛吸收高等院校、科研院所、中介组织负责人、企业家、专家等方面代表，就科技创新重大事项、重大问题进行协商、研究，调动各方面的积极性，推动各项任务落地实施。

（三）探索建立京津冀联合资金支持模式

发挥政府的引导作用，需要在科技计划层面建立起联动机制。共同发力，才能解决顽疾，实现突破。第一，京津冀地方政府财政科技经费使用突破行政区划限制，可以支持三地企业跨地区承担科研任务。第二，按照京津冀协同发展战略规划部署，三地科技行政部门设立协同发展专项组织联合项目，通过共同立项支持的方式，打通从研发、成果中试放大到产业化的链条，突破关键技术和共性技术，从而促进三地战略性新兴产业的跨越式发展。第三，设立京津冀协同创新母基金，引导、吸收三地企业参与成立重点战略领域子基金，通过基金的方式促进产业资本、金融资本与知识资本的紧密结合，带动京津冀经济结构的调整升级。

二、瞄准薄弱环节，塑造以源头创新为目标的产学研联合新生态

（一）引导企业和社会投向基础研究

加强基础研究、提升原始创新能力是首都深入实施创新驱动发展战略一以贯之的重要任务。当前，应积极研究、采取得力措施，有效解决企业和社会对基础研究投入不足的问题。第一，鼓励企业参与重大科研基础设施、重大创新平台、重点实验室建设，探

索企业共享和优先转化创新成果的新机制。第二，继续推广"联合基金"模式。支持企业和社会投资机构与北京市自然科学基金委员会合作设立联合基金，推动企业从基础研究的参与者变成出题者，密切高校、科研机构与企业的联系。第三，支持大企业开展基础研究。北京是拥有全球 500 强企业最多的城市，要鼓励大企业投向基础研究和前沿技术开发。

（二）支撑升级京津冀制造业

首都丰富的科技创新资源是制造业升级换代的重要力量，京津冀地区的制造业应成为吸纳首都一流科技成果的重要阵地。支持现有的制造业企业加大科技投入，改进生产线，提升智能制造能力，与科研机构、高等院所结成战略合作伙伴，成为其中试基地，转化适合在北京发展的科技成果；支持高新技术企业、大企业（集团）适宜在京津冀地区发展的高技术制造业，以高效率的产出抵消高成本，降低高物耗和污染物排放，实现高效益和绿色制造，同时为原始性创新和核心技术突破提供配套服务。

（三）打造新型研发机构

传统的研发机构有两种运作模式，一种是国有事业体制，人员比较固定，激励手段比较少；一种是民营市场体制，人员流动性较强，激励手段比较强。前者优点是科研能够在某种程度上实现兴趣导向，缺点是力量分散，容易形成作坊式研究环境；后者优点是统筹能力强，缺点是目标导向，不容易开展自由探索研究，难以产生颠覆性创新。为此，探索建立一种事业体制与市场体制相融合的新型研发机构，具有重要的现实意义。目前北京已有生命科学研究所、协同创新研究院、量子信息科学研究院、脑科学与类脑研究中心、智源人工智能研究院等一批新型研发机构。要支持他们大胆探索，完善人才激励机制，鼓励人才自由流动，通过建立新的创新平台，一方面积极承担国家科研攻关重大任务，另一方面有效对接市场需求，形成产学研联合新生态，实现基础研究和前沿技术的重大突破，成为全国科技创新中心"三城一区"建设的主力军。

三、做强科技服务业，实现创新链与产业链融合发展

北京率先进入后工业化发展时期，已经形成以服务经济为主体的经济结构。科技服务业是北京高精尖经济的重要组成部分，仅从北京实现技术交易增加值占地区生产总值的比重来看，2017年已达到9.5%。与此同时，科技服务业是建设全国科技创新中心的重要支撑，也是解决重大问题与挑战、合理配置创新资源的关键因素。

（一）促进科技服务业走向市场化、专业化

当前社会分工日益细化，市场成为资源配置的决定性力量，科技创新也不能例外。从基础研究、应用研究到试验研究，从成果的研发、中试放大到生产应用，各个层面、各个链条都离不开检测、检验、知识产权服务、技术转移服务、金融保险服务等科技服务业的支撑。北京作为科技服务业最为发达的城市，辐射服务全国也是责任所在。为此，北京科技服务业要发挥示范和辐射作用，一定要进一步市场化和专业化。第一，加强人才队伍建设。抓好职业培训，开展适合职业发展的职称评定工作，抓好专业研讨交流，抓好人才的梯次建设，形成人才培养、使用的良好氛围。第二，加强标准化建设。依托行业组织编制行业或团体职业规范，促进企业采纳先进管理标准，进一步提升科技服务业的规范化、专业化水平。第三，加强行业自律工作。抓好行业协会、创新服务联盟，促进企业坚持职业操守，提高信用水平。

（二）依靠科技服务业打造首都高精尖经济

在城市疏解的背景下，让科技服务业成为带动首都经济升级、实现高质量发展的新引擎。第一，大力发展研发产业。以中央在北京一直保持的较大规模的科技投入为基础，形成一大批具有全国一流水平和全球影响力的研究机构，创造高水平的科技成果和知识产权，并获得较高的技术性收入。第二，促进创新链与产业链融合发展。通过设计、检测、创业孵化、融资、技术转移等链条的强化，营造科技创业的空间，打通成果转化和产业化的渠道，架设知识资本与金融资本对接的桥梁，使北京成为高端产业的聚集区、智慧经济的示范区、创新发展的引领区。

（三）依靠科技服务业促进京津冀协同发展和雄安新区建设

贯彻落实创新驱动发展战略，让科技服务业成为京津冀协同创新共同体建设的重要力量，为京津冀协同发展做出突出贡献。第一，实现科技服务体系共建共享。继续推进科技条件平台的协作共用，建立京津冀协同创新服务信息网络，鼓励科技服务业协会组织在天津、河北吸收跨区域会员。第二，鼓励北京优秀企业在天津、河北设立分支机构，创立科技企业孵化器、众创空间及托管专业园区，促进北京科技成果在天津、河北的转化和产业化。第三，鼓励三地科技服务业加强专业技术研讨交流和开展专业培训活动，提升区域科技服务业的整体水平。

第九章 北京高校对全国科技创新中心建设的作用分析[①]

内容概要： 高校不仅是培养人才和开展基础研究的重要基地，同时也是进行学术交流、获取原创性关键技术和自主知识产权、推进科技成果转化为国家经济建设服务的试验基地和创新平台。高校在国家科技创新体系建设中具有十分重要的不可或缺的地位和作用。本章通过梳理国内外建设区域科技创新中心的经验，在分析大学和创新型人才对建设科技创新中心的影响的基础上提出了高校在全国科技创新中心建设中进一步发挥作用的建议。

第一节 区域科技创新建设与大学

一、国内外建设区域科技创新中心的经验

众所周知，硅谷是迄今为止全世界最成功的园区型创新中心。加利福尼亚州的斯坦福大学、加州大学伯克利分校和加州大学洛杉矶分校等世界著名高校不但是原始创新能力强的大学，也成就了高科技的硅谷。然而，国际大都市中尚未出现涵盖科学研究、技术开发、实际应用三个层面、全方位的综合科技创新中心。以纽约、伦敦、东京为代表的世界城市一直在谋划科技创新建设。纽约作为区域型的科技创新中心，在生命科学、环境科学、纳米技术、数字媒体等领域有突出优势，但应用技术、专利成果转化等方面则是其科技创新的短板。

通过创建高水平大学集群带动产业集群是世界城市发展的典型路径。以纽约为中心的城市群之间的社会经济交往十分频繁，纽约大湾区的高水平大学集群影响着相关联的区域形成创新的有机整体。

[①] 本章由北方工业大学课题组完成，作者丁辉。文章发表于《北方工业大学学报》2019年第3期。

纽约集聚了全美10%的博士学位获得者、10%的美国国家科学院院士及近40万名科学家和工程师，成功地催生了一批科技企业。位于曼哈顿的"硅巷"已呈现出适合互联网和移动通信技术初创企业成长的业态系统。过去几年，纽约的高科技职位增速相当于其他行业的 4 倍。纽约市引进知名大学、投资 20 亿美元建设大学园区和初创企业孵化器。纽约市还以媒体、医疗和环保为三大核心领域，实施人才培养计划，纽约市长发起一项名为"科技天才管道"的倡议，旨在为纽约发展最为迅速的科技产业提供优秀的人力资源。

东京集中了日本约 30%的高等院校和 40%的大学生，拥有全日本 1/3 的研究和文化机构，地区生产总值占日本的 18%。创新资源丰富，带动力强。以东京为核心的大湾区集聚了东京大学、早稻田大学、东京都市大学、横滨国立大学等日本 120 多所大学，占日本大学总量的 1/5 以上。日本文部科学省于 2014 年启动以培养国际化高素质人才和推动世界性研究为目标的"超级国际化大学"计划。积极培育"官产学研"一体的科技创新体系。政府鼓励产业界与高校建立"共同研究中心"，由政府专款补贴。伦敦集中了英国 1/3 的高等院校和科研机构，每年高校毕业生约占全国的 40%；同时还有大量的思想库和科研院所。超过 100 个欧洲 500 强企业在伦敦设有总部，使得伦敦位于知识经济的最前沿。此外，伦敦还拥有高度发达的科技服务业。

上海高校通过校区、产业园区、行政区三区联动推进科技创新中心建设。这一点在杨浦区表现得特别突出。为了建设全球影响力的科技创新中心，上海高校着力打造一流学科，为科创中心建设提供支持。上海的产学研结合起步较早，高校的研发成果已经到了主动向成果转化的过程。大学教师面向创新创业人群开展讲座，促进科技创新中心建设。2018 年，杨浦区联手复旦大学、同济大学、上海理工大学、上海开放大学、上海海洋大学、上海电力学院等10所高校，搭起"大家微讲堂"平台。专业各异的大学教师受邀进入杨浦12 个街道、镇，每季度在社区、园区开讲。

二、北京建设全国科技创新中心的意义

全国科技创新中心应该拥有一批世界领先的知识和技术成果、一批杰出的科学家、一批具有国际影响力的大学及研究机构、一批在国际产学研一体化中占有重要市场主体地位的高新技术企业，伴有适宜于创新的社会环境、资本市场等，体现科技是第一生产力，引领国家科技进步。

全国科技创新中心通常居于创新网络的关键节点和枢纽地区，能够集聚各类创新要素和有影响力的研究型大学。北京注重加强开放创新，注重实施知识产权立市战略，北京科技创新活动在全球创新创业格局中的话语权不断增强，每万人发明专利申请项数不断增加，高被引论文数占全国比重进一步增加，全球影响加速提升。

第二节　大学对区域科技创新建设的影响

一、一流大学的原始创新作用

基础研究水平标志着大学原始创新能力，学术创新标志着大学的水平。基础研究的重大成果相关的知识产权保护，大部分都是从基础研究阶段一开始就进行了。北京拥有的双一流大学最多，作为首都，在加强基础研究领域的开放共享、建立国际论坛和学术会议制度、邀请国际知名大学以及相关组织和个人、定期开展学术交流活动等方面都具有优势。北京双一流大学围绕前沿科学问题，吸引世界一流大学、国际科研机构等开展合作研究。

二、大学促进技术创新的作用

高校集聚了大量的人才，产生了一批高新技术成果。一批师生进行集成创新，将本校具有特色的相关技术与国内外先进科学技术嫁接融合，深入开展产学研合作研究，形成具有市场竞争力的产品或产业。在京高校已建成了一批大学科技园，同时还承接了一部分受企业委托的研发活动，以此促进企业与高等院校之间的互动发展。同时，在京高校还牵头了一系列包括大学、科研院所和大型企业在内的联合研发中心和公共研发平台。目前，在北京市相关政策的鼓励下，众多高校都建立了科技成果转移转化中心并健全成果转化机制，进一步深化高校科研管理体制改革，加强科技创新与人才培养的结合。同时，进一步推动高校和企业在科技创新和人才培养方面的合作，进一步深入开展科技成果转移转化工作。

三、大学的科研条件资源与科技条件平台

高校凭借得天独厚的教学科研环境，承担着一大批国家重大科技基础设施建设工作。大学科学研究装备多，分析测试手段齐备，科研资源多，除满足校内基础研究和科技创新活动外，还搭建科技条件平台与社会进行资源共享，既发挥了促进重大科研基础设施和大型科研仪器的开放共享，又提升了大学对社会的影响力。

四、大学科技园建设

一流的国家大学科技园是一流大学的重要标志之一。大学科技园是区域经济发展和行业技术进步以及高新区二次创业的主要创新源泉之一，与高新区有机结合，对其进一步创新发展起到深度推进作用。国家大学科技园依托大学的知识、人才密集和创新环境的优势，带动了区域经济的发展，已成为国家创新体系的重要组成部分。国家大学科技园的建设和发展，已经成为转化高新技术成果、孵化高新技术企业、培育战略性新兴产业和高校师生创业的重要基地。在知识与技术的创造上，通过大学衍生企业、成果转移转化、大学教授咨询、企业界最新最先进技术的委托合作等众多途径，自筹与创造大学收入，形成了持久的创新动力。

第三节 创新型人才在科技创新建设中的重要性

一、加强新工科建设，为社会培养复合人才

培养交叉复合型人才是科技创新和未来社会的需求特征，加速了人才知识结构由单一学科型向多学科复合型发展。加强新工科人才的培养建设迫在眉睫。当前，学科交叉在科技创新中的重要性日益增强，多学科、多领域交叉与融合已成为现代和未来科技发展和创新的驱动力，培养面向未来的"能用、耐用、好用、管用"的大学生，对实体经济发展十分重要。加强创新创业教育，培养创新型人才，是高校促进科技创新中心建设、落实创新驱动发展战略的重要举措。

二、打造具有科技创新能力的教师队伍是培养人才的基础

大学要培养具有创新精神、掌握创新方法的学生，就要注重科技创新与人文精神的高度融合，不能偏离了人文精神的正确价值导向，就必须加强师德师风建设。促进教师金字塔培养机制建设。要大力培养引进从事新工科发展与研究的师资队伍，岗位设置应服从服务于国家创新驱动发展战略、科技创新中心建设。要重视教师队伍科技创新建设，完善教师队伍梯度培养机制，支持教师加入各类培训计划。

第四节　高校在全国科技创新中心建设中进一步发挥作用的建议

高等教育是国家强大的基础。科教兴国要落实到科教兴区域，需要解决不同区域发展不充分与不均衡的问题、在同一区域科教深度融合的问题，以促进北京高校在区域科技创新中心建设中发挥重要作用。

区域内大学分布与区域科技创新水平紧密相关，大学对全国科技创新中心建设的作用体现在：在科技创新中的原始创新引导地位和作用，对技术创新的参与和影响；推动区域资源与科技紧密合作与互动，促进区域内科技资源的优化配置和有效利用；围绕北京经济与社会发展需求，通过建设各具特色和优势的大学等促进全国科技创新中心建设，统筹区域内大学的改革与发展，通过差异化发展全面提高区域科技创新能力；统筹区域大学与科技资源，加强中央高校和地方高校的学科布局、平台建设和体制机制互补等，形成合理的区域科技创新发展布局；发挥高校知识传播与成果辐射作用，促进大学孵化成果作用和转移转化能力的提升，促进大学科技园壮大。加强科技成果转化，增加产学合作的系统性，加强面向区域特色与产业的研究。

一、打造国家和北京市重点实验室群和一流学科群体

国家与区域统筹布局前沿领域原始创新，统筹规划，实施高校开展基础研究及前瞻性研究。提升科教融合的源头创新供给能力。

统筹国家一流学科和省市一流（高精尖）学科建设。凝聚在京高校一流学科群体，推进新兴交叉学科建设，促进一批自然科学与人文社会科学学科交叉融合。已有的双一流大学的一流学科，加上市属高校的北京市一流学科建设，整体上要成系统。整个北京一流大学的原始创新与一流学科，要以是否能完整地构成北京作为全国科技创新中心的基础力量为要求。要与所在区域一流科研机构有机结合，如中国科学院也有自己的一流学科，构成一个完整的相互相关的体系，使在京一流学科群在全国乃至世界具有竞争力。

统筹国家重点实验室与北京市重点实验室和北京实验室建设，形成科技创新中心的国家和北京重点实验室群，推动中央高校中的国家重点实验室和北京市重点实验室与市属大学所属的重点实验室增强关联度、学科互补、优化集成。通过央地协同组建有针对性和紧迫性的学科交叉的重点实验室，努力形成研究特色和优势。积极争取国家实验室落地北京，大力争取新的一批国家重点实验室在京建设。紧密围绕全国科技创新中心建设，依托高校采取产学研合作方式建设北京实验室群，有效避免资源重复配置和浪费，提高重点实验室资源整合能力和创新能力。鼓励发起国际大科学计划和工程，吸引海外顶尖科学家和

团队参与。服务国家重大科技基础设施建设与利用。加快推进高能同步辐射光源验证装置、高能同步辐射光源装置、综合极端条件实验装置、地球系统数值模拟装置等建设，有效配合北京先进光源、物质科学综合极端条件实验在线设施、生物成像设施、自由电子激光等大科学装置的布局和建设，为北京的科技创新中心建设提供硬支撑。

推进新兴交叉学科建设。推动网络数据科学、量子信息学、生物医学、纳米科学与技术、生物信息学等学科的建立与完善[①]。将科技创新资源应用到重大民生领域，如实施"重大疾病科技攻关行动""科技提升市民健康工程"等。集中力量实施一批重大科学计划。将基础研究与前沿技术应用紧密结合，力争在未来五年内建设一批具有国际影响力的世界级科学研究中心。

二、发挥高校在产学研协同创新中的作用

大学和企业都是科技创新建设的重要主体，在协同合作中，不必过分强调大学的作用，而要将大学和企业结合，引导大学将优势转移到对企业科技创新的支撑上。企业在资金支持和市场开拓中，要把大学认同为创新合作者而不仅是科技提供者，通过产生协同效应，科技创新中心的创新驱动力才能够体现。

强化首都科技资源融合发展。支持建立量子物质科学、轨道交通安全、智能型新能源汽车、无线通信技术等一批"国家协同创新中心"。进一步推动昌平未来科技城、怀柔科教产业园等建设。支持中国科学院大学协同创新工作。

通过协同创新，全面对接国家重大专项和科技计划。围绕北京优势科学领域，支持与配合国家科技重大专项、国家重点研发计划等基础科学项目研究。高校要全面参与区域分工，要大力参与北京"三城一区"建设，通过高校参与"三城一区"建设，促进"三城一区"功能建设和推进重大科技成果产出转化辐射落地取得新突破。高校联合科研院所、企业联合开展基础研究、应用基础研究及高精尖技术研究，特别是开展首都特色研究。地方政府要加强区校对接，强化服务大学的意识。推动高校在区域经济发展结构，特别是北京市高精尖经济结构建设中发挥重要作用。高校应当开展有组织、有规模的协同科研，加强高校科技创新统筹协调，围绕新一代信息技术、集成电路、人工智能等10个高精尖产业开展研究。

三、以学生为本，加强人才队伍建设

激发大学的科技创新活力，其根本目的是培养建设社会主义的合格建设者和接班人，造就一批优秀科技创新人才。

[①] 国务院：将北京打造为世界知名科学中心. http://tech.cnr.cn/techgd/20160919/t20160919_523144978.shtml，2016-09-19.

大学最主要的功能是产出学生，同时也产出科技成果。作为一所大学，应培养人生，而不是培养四年；应培养能力，而不是培养就业。既不培养人生也不培养能力，大学为全国科技创新中心建设的作用，从培养人方面就出了问题。现在的很多做法都是培养和吸引所谓顶尖人才。什么是顶尖人才？有的大学培养千篇一律的人才，有的单位只招聘本硕博都是一流大学的毕业生，有的毕业生走向社会学非所用，有的毕业生当了教师教书不育人，不具备创新能力，又谈何投入科技创新建设中。高校的人才培养模式十分重要。高校对全国科技创新中心建设的人才需求和要求必须对接，这就需要学科建设对接科技创新中心建设的要求，特别需要高校进行差异化发展和特色发展。

根据教育部公布的数据，2016年来华留学生中，接受学历教育的外国留学生占来华生总数的47.42%；硕士和博士研究生占14.46%。欧美发达国家选择来华留学的学生人数比较少，北京高校毕业生中出国留学的却不少。北京高校正在与国际接轨，建设全球创新人才港，打造留学北京品牌。依托国家重大科研项目、国际科技合作项目以及重点学科和科研基地建设，培养一批具有科技创新能力的毕业生，培育一大批在前沿技术和新兴产业领域等方面具有国际视野的人才，建成一批科技人才培养示范基地。北京地区的高校应以一定比例的岗位，在全球范围内招聘国际一流的教师等研究人员。研究制定高校招聘外籍人才认定标准。大力支持中外合作办学，将国际一流大学逐步引入京津冀办学。

四、政府部门加强对高校科技创新工作与产学研工作的服务与指导

建设全国科技创新中心，要进一步重视科技创新的开放性和系统性，建立开放式的创新系统，营造良好的高校科技创新环境，搭建产、学、研结合的服务平台，统筹科技条件平台和实验室建设。政府相关部门与高等学校共建研发机构，促进科技成果转移转化。

建好科技资源信息平台，建设以高新技术产业集群和大学群融合的创新开放区域，服务于大学与本地企业之间的开放融合，支持大学与企业建立合作长效机制。

支持鼓励第三方机构进入大学开展系统服务，政府定期对大学开展有形资产与无形资产评估工作。探索大学建立下属独立法人的研发组织。鼓励工业大学建立企业理事会制度，搭建产学研平台。把产学研合作确定为一项基本政策。创新优惠政策，建立加快尖端科技领域产学合作新制度。清晰科技成果转化后的利益分配和知识产权归属。组织召开产学合作负责人会议和产学合作促进会议等，进一步针对产学研合作与创新提出优惠政策。

全国科技创新中心的功能定位赋予了北京高等教育的新价值。科技对教育的投入大大促进了产学合作。大学是创新发展的实验体、发动者和创新的提供者。创新来源于知识，大学作为知识的汇聚地，要与具有本地区特色的产业结合。当政府每年提供资金用于支持本区域内的科技创新企业发展时，应要求大学的参与。区域科技创新中心建设中

的企业技术创新来源于科研想法、科研活动和试验,而高校的基础设施、人才聚集和丰富的实验方法和手段正是企业技术创新的基础。

大学是国家和区域科技创新政策的实施和评价者。由于科技创新政策实施是一个长期过程,大学需要在起始阶段就加入进来。

五、大学在促进科技创新中心建设中的影响与辐射

科技创新不仅是人才、资金、信息、资源问题,也包括资源配置、人才积极性与创新精神状态的提高等问题。如何激发创新活力,加强体制创新和管理创新等围绕着科技创新的行为,也很重要。在京一流大学作为智库,应积极参与科技创新的政策和效果评价。需要发挥不同层次与类别高校的创新作用,对接北京经济社会发展需要和企业技术创新要求。在当今互联网时代,产业群与技术集群的产生,未必局限在一个区域。大学促进区域科技创新建设,除了地理上相互分工,还可能包括虚拟空间上的某种分工,物理空间的影响和虚拟空间的影响都存在。它的技术创新体系和知识供应链到底是怎么产生的,需要进行深入的探讨。北京高校数量多、实力强,除了直接为北京做贡献,也要为科技创新中心服务,发挥"中心"作用,辐射全国。

当前,要深入探讨大学和人工智能及新科技的关系。再就是面向未来的大学会是什么样?高校所在区域要打造公共创新空间。要重视发展办公型公共空间,主要包括规划建设共享办公空间、孵化器、加速器和公共创新中心等,特别是要努力打造以公共创新中心为代表的办公型公共空间[①]。大学要开办大讲堂,如政府干部大讲堂、企业家大讲堂、创新创业大讲堂、生态文明大讲堂。在具体开发建设过程中,因地制宜地创新不同运营模式。大学的科学普及传播作用十分重要,所以还要加强通识教育;高等教育五年一次的本科审核也提出了很严峻的通识教育要求。

不同类型的大学,参与科技创新中心建设的机制不一样,很重要的就是创新生态系统的构建。应统筹在京高校的改革与发展,使之符合北京建设全国科技创新中心的需求。

---

① 国务院:将北京打造为世界知名科学中心. http://tech.cnr.cn/techgd/20160919/t20160919_523144978.shtml,2016-09-19.

第十章 发挥政府作用，推进科技创新中心建设[①]

内容概要： 北京全国科技创新中心建设取得了突破性进展，"三城一区"成效显著，创新创业体系持续优化。但是，还存在基础研究的投入力度不足、高技术产业新产品竞争力下降、科技型中小企业融资难阻碍了创新创业等问题。借鉴国内外经验，在进一步发挥政府作用方面，本章提出了加强基础研究平台建设、创新科技成果转化机制、完善知识产权制度等五个方面的措施，助推全国科技创新中心建设。

第一节 北京建设全国科技创新中心的重大举措和主要问题

北京采取一系列政策和措施落实《北京加强全国科技创新中心建设总体方案》，主要围绕 5 项重点任务发力。一是布局和搭建基础研究重大载体，打造世界知名科学中心，推动知识发现和原始创新；二是发挥科技创新对经济发展的引领和支撑作用，推动科技与经济深度融合，实施技术创新跨越工程，加快构建高精尖经济结构；三是加速创新集聚，推进京津冀协同创新，培育世界级创新型城市群；四是加强全球合作，构筑开放创新高地；五是推进全面创新改革，优化创新创业环境。研究发现，北京建设全国科技创新中心还存在以下主要问题。

一、基础研究的投入力度不足

2017 年，北京全社会 R&D 经费投入中基础研究占全社会 R&D 经费的比重为 14.7%，远低于美国的 24.6%。北京高校的 R&D 经费投入不足是导致这一情况的重要原因。从图 10-1 中可以看出，北京高校的 R&D 经费投入占全社会比重仅为 10.80%，与发

[①] 本章由北京交通大学课题组完成，课题组成员包括冯华、阿列夫、苗峻玮等。

达国家相比,仅仅高于韩国和俄罗斯的 9.10%,同加拿大、英国、德国、美国的 41.30%、24.60%、18.30%和 13.20%相比还有一定差距[①]。

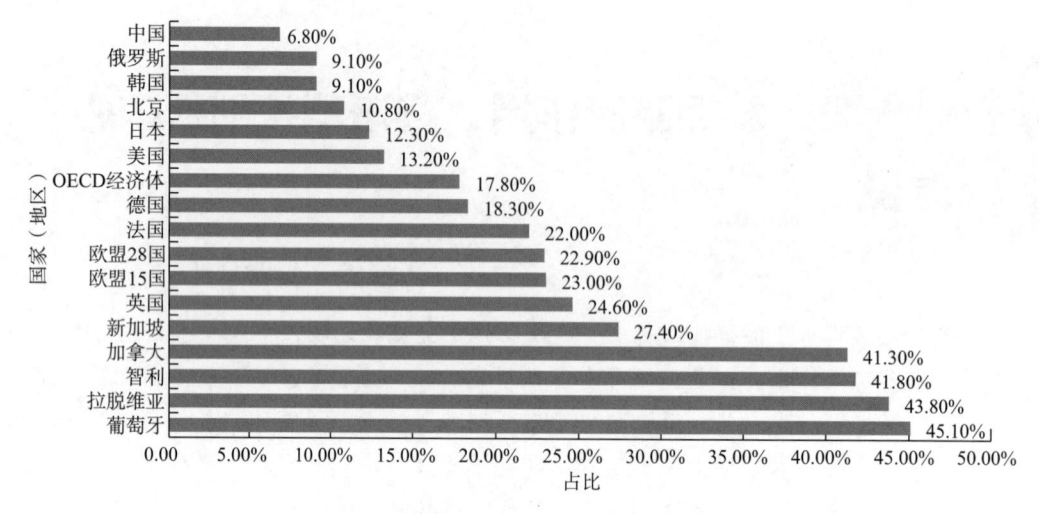

图 10-1　部分国家（地区）高校 R&D 经费投入占全社会比重

二、高技术产业新产品竞争力下降

高技术产业新产品出口销售收入是衡量创新竞争力的重要指标。2009~2016 年,北京市高技术产业新产品出口销售收入总体呈下降趋势,2016 年降至 183.3 亿元,同期全国高技术产业新产品出口则大幅度上升,年均增速为 20.5%,北京高技术产业新产品出口占全国份额严重萎缩,从 2009 年的 12.30%下降至 2016 年的 1.00%,降幅高达 92%（图 10-2）。

图 10-2　北京高技术产业新产品出口及占全国比重情况
资料来源：《中国科技统计年鉴》

---

① 张士运. 数说北京科技创新. 北京：北京科学技术出版社,2018.

三、科技型中小企业融资难阻碍了创新创业

目前科技型中小企业融资困难也阻碍了创新创业活动的开展。2018 年中国社会融资成本指数显示，当前中国社会融资（企业）平均融资成本为 7.60%，银行贷款平均融资成本为 6.6%，小贷公司平均融资成本为 21.9%，上市公司股权质押的平均融资成本为 7.24%。而社会平均融资成本为 7.6%，这仅是利率成本，若加上各种手续费、评估费、招待费等，平均融资成本将超过 8%，对企业来说是很重的负担。而这只是平均融资成本，平均融资成本更多地被较低的银行融资成本所拉低，中小企业融资成本大部分高于 10%。融资渠道少、融资成本高、融资需求不匹配等造成中小微企业融资难。现有的商业银行信用体系是建立在有形资产的抵押基础上的，缺乏以知识、专利、信息等无形资产为基础的信用体系。

第二节　政府作用的定位与侧重点

一、政府作用的主要定位

科学创新中心的建设，需要政府提供公共产品和服务。政府要提供激励创新的产权制度和竞争性的市场环境，为科学创新中心的形成创造基本条件和土壤，通过政府财政及税收等手段获得资金，用以提供科学创新中心建设所需资金。对于科学创新中心建设来说，创新参与主体对于公共产品具有差异化需求，政府在引导科学创新的过程中，应当为各主体参与创新创造条件，并充分调动其积极性，当政府主导和一些大型企业在进行科技创新活动之时，也应当大力支持小企业的创新活动，充分发挥小企业的积极性，并且制定相应的制度和机制进行规范，保障良性的市场竞争机制。

二、政府在创新链各阶段作用的侧重点

科技创新中心是全球新知识、新技术和新产品的策源和集聚中心，包括科学创新中心、技术创新中心和产业创新中心。广义来说，科技创新中心的支撑要素主要有人才、金融、制度、文化等。政府在科技创新中心建设中的作用表现在科学创新中心、技术创新中心、产业创新中心三个方面。

科学创新中心指新知识的策源和集聚中心，是科技创新中心的重要组成部分。在科技创新中心的建设中政府角色的要求是"参与者"，起到相对重要的作用，引导科学创

新中心的形成。

技术创新中心是科技创新中心成为技术创新的策源地,并承担技术商品化和技术资本化的平台职能。从实践情况来看,我国的科技创新长期相互割裂,缺少衔接和协同,导致科技经济"两张皮"的现实问题。而科技创新中心需要弥合科学和产业的各自为政,就要更加重视技术创新这一承上启下的中间环节。

产业创新中心是高新技术产业集聚发展的区域,是新产品、新产业、新经济的策源地。产业创新是科学创新、技术创新的最终指向,是科技成果投入市场实现规模化应用的产出环节。产业创新中心的产出活动是一个以企业为主体,科研机构、政策共同参与的对生产要素汇集和创新的一个复杂的系统性的过程。政府角色的要求是"调控者",引导产业创新中心的形成。

面对风险性高,投入资金规模大且不确定性较高的科学创新中心阶段,政府角色的要求是"调控者",应该起到相对重要的作用,政策制定更加侧重于公共产品的提供,引导科学创新中心的形成;对于竞争性的技术创新中心阶段,政府角色的要求是"保障者",应该起到适度的作用,为市场竞争主体创造制度保障,特别是产权保护;而对于成熟的产业创新中心阶段,政府的角色的原则要求是"守夜人",在这一阶段政府应当尽力避免干预市场,成为真正的"小政府",为科技创新要素的自由流通创造条件;在整个创新体系和创新过程中,政府还要起到一个自身基础职能的作用,如图10-3所示。

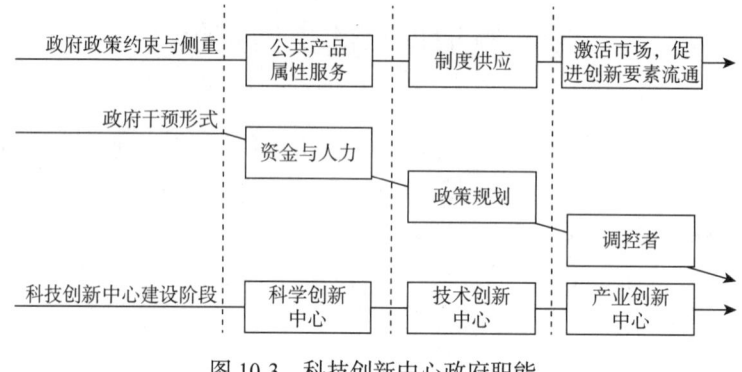

图10-3 科技创新中心政府职能

第三节 政府发挥作用的国内外经验

一、国外经验

(一)美国硅谷的经验

激励创新的法律环境及税收优惠政策。《拜杜法案》《资本市场规范法》等一系列法案为高技术发展奠定了稳定的制度环境和牢固的法律基础。美国政府颁布了《收入法案》《税收削减法案》等一系列税收优惠法案激励企业进行创新[①]。

引进海外人才进而推进国际化建设。通过制定人才引进相关法律，招收留学生培养后备人才、通过研究机构招聘人才、对有突出贡献和成就的科技精英提供优厚的物质和生活待遇等，吸引高科技人才留在硅谷[②]。

完善基础设施，提供公共物品。国家实验室运行着大量世界一流的国家重大科研基础设施，助科学家取得重大科研突破。美国大型国家实验室经费充足，达数亿甚至数十亿美元，科学家和工程师队伍庞大。

（二）以色列特拉维夫的经验

搭建平台，衔接产学研深度融合中各个环节。通过以下几项措施完善科技孵化器计划：让懂科技的人管理投资；风险承担机制——通过对初创企业失败的风险买单的方式，培育创业的活跃土壤；全行业"导师制"，每个孵化器配有专业的领导团体，由来自工业、商业、学术界的专家组成政策委员会。

激励创新的法律环境促进了科技创新中心的形成。《产业创新促进法》《以色列税收改革法》《天使法》《产权法》这些法律法规包含大量鼓励创新的措施，为高技术产业提升技术创新水平提供了有效支撑[③]。

（三）英国伦敦科技城的经验

加强对企业知识产权的保护。英国出版了《知识产权管理手册》，让更多民众了解知识产权的意义和作用；颁布了《应用研究合同法》《不公正合同条款法》，打通技术转移渠道，维护研发合同秩序，限制非法垄断技术。

举办科技活动。以伦敦科技周为例，伦敦科技城常年举办交流活动，被喻为一场"黑科技+世界资本的新经济旋风"。它已经成为科技盛会，是欧洲目前最大规模的科技展示活动。

组建团队招商引资。伦敦市政府牵头建立了一支9人的"伦敦技术大使团队"，走访世界招商引资，为配合打造技术之都的远景目标，向世界展示科技城的吸力。

（四）日本筑波科学城的经验

政府统一规划。筑波科学城建设是在首相办公室中的"科学城推进本部"统一领导下、各部门分工协作进行管理的。筑波从规划、审批、选址到科研等整个过程和运行完

[①] 陈立书. 美国硅谷成功的经验借鉴——政府、大学与企业模式. 法制博览，2015，（30）：289.
[②] 王可达. 借鉴硅谷科技创新经验 建设国际科技创新枢纽. 探求，2017，（4）：92-100.
[③] 谢淳子，李平. 创新民主化：特拉维夫的创新型城市建设. 特区实践与理论，2015，（5）：61-66.

全由政府决策，连科研机构和科研人员也都由政府从东京迁来，各种设施都需经行政审批配备，私人研究机构和企业也由计划控制。

保护环境协调发展的规划理念。筑波科学城建设之初的规划理念就是"科学城的建设应该尽可能使各种活动达到有机的联系，与此同时，通过保护自然环境和历史遗产使科学城的建设能让居民保持健康和文明的生活"。

筑波世界博览会的推进作用。1985年日本在筑波举办了世界博览会，博览会的主题是"居住与环境人类的家居科技"。日本政府在筑波举办世界博览会的首要目标是提高该市作为"筑波科学城"的声誉，使筑波成为国际级高科技研究中心。

二、国内经验

（一）上海的经验

国家层面的战略部署和地方性创新扶持政策相结合。2014年，习近平总书记在上海考察工作时要求上海加快向具有全球影响力的科技创新中心进军[1]，这是中央对上海提出的新使命、新战略。上海市在建设全球科技创新中心过程中在规范市场、法制建设，以及人才、金融、资本和产业发展等方面相继出台了一系列规范性文件。

完善基础设施，提供创新活动空间载体。成立张江综合性国家科学中心，以张江地区为核心承载区，建设一个开放式的大型研究基地，依托国家实验室和高校、科研机构等资源优势，集聚全球顶尖创新人才、国家大科学设施、高水平创新型大学、科研机构和跨国企业研发中心，为建设全球科技创新中心服务[2]。

政府资金与风投、创投结合。发挥政府采购对企业科技创新的作用，扩大政府天使投资引导基金规模，强化对创新成果在种子期、初创期的投入，引导社会资本加大投入力度；规定引导基金参股天使投资形成的股权，五年内可原值向天使投资其他股东转让。

（二）广州的经验

商事制度改革及培育科技产业创新主体的政策为科技创新中心的建设构建了良好的制度环境。全面实施工商登记"多证合一、一照一码"、"一址多照"和"全城通办"，在全国率先探索电子营业执照"一照通行"和"一照多用"，提高工商登记、审批效率。制定"1+9"系列政策，多方面培育科技产业创新主体。

科技金融政策体系。2017年发布《关于发展普惠性科技金融的若干意见》，联合中

---

[1] 上海举全市之力加速推进 向全球科创中心进军. http://sh.people.com.cn/n2/2019/0527/c134768-32981435.html，2019-05-27.

[2] 上海建设科创中心将分两步走. http://stcsm.sh.gov.cn/xwzx/kjcl/142523.htm，2015-11-02.

国建设银行广东分行在省内7个地市开展普惠性科技金融试点工作。《关于广州建设国际化科技产业创新中心的建议》提出对于核心产业，建议由财政拿出专项资金作为产业发展配套资金，利用国家项目，通过PPP（public private partnership，政府和社会资本合作）模式，地方财政投入引导社会资本进入。

对接海外优质创新资源，推进国际化建设。充分发挥粤港澳大湾区创新资源优势，推进"一带一路"创新合作，搭建了中新、中欧、中以、中沙等国际合作平台，包括建设中新广州知识城；成立总规模预计超100亿元的"中欧'一带一路'产业基金"；建设广州中以生物产业孵化基地和广州中以机器人研究院等，深度融入全球创新体系[①]。

第四节 政 策 建 议

一、加大力度建设基础研究、应用研究、产业创新平台

一是加大力度建设基础研究平台。政府应提供更加充足的研究资金和尖端论文奖励资金，立足怀柔科学城，加大力度建设创新载体，构建基础研究平台。积极与投资企业、社会资本财团建立互联关系，设立政府、企业、基础研究成果相结合的基础研究投资专项基金和成果转化路径，提高基础研究成果的转化效率，提高创新中心基础科学研究水平。2017年北京基础研究经费占全社会R&D经费的14.7%，对标美国2017年基础研究经费达到R&D总经费的24.6%的水平，按照每年增长1%为考核指标，10年内使北京市基础研究经费达到R&D总经费的24%。

二是加大力度建设应用研究平台。政府应主导建设公共技术应用研究平台，立足亦庄经济开发区，重点发展三大领域。在信息网络技术应用领域，重点发展5G、人工智能等技术，提升科创中心的信息互联水平；在生命科学应用领域，重点发展基因技术、生物医药等技术，解决我国生物医药创新不足、研制能力落后的局面；在新材料应用领域，重点发展高分子领域、3D（three dimensional，三维）打印等技术，为新材料产业提供持续的人才和更多的创新活动，将研发成果导入科技创新企业，解决我国新产业领域创新力不足、产品附加值不高的问题。

三是加大力度建设产业创新平台。政府应着力打造产业创新平台，立足未来科技城和中关村科学城，以科技创新成果转移转化和应用推广为发展方向，政府通过吸纳社会资本，主导对新技术范式产业设施换代升级，推动尖端技术应用到产业创新中，构建网络式、开放式、立体型合作平台。

[①]《广州市建设国际科技产业创新中心三年行动计划（2018-2020年）》。

二、加强技术吸收和促进成果转化，提升新产品的竞争力

加大技术消化吸收和再创新的投入，完善研发体系。通过制定引进技术再研发的奖励政策，推动全社会加强对引进技术的掌握、应用、复制等相关工作，解决工业产品和高技术工业产品缺乏竞争力的困境。着重加强高技术产业技术消化吸收和再创新投入，争取3年内将北京高技术产业消化吸收与引进技术经费比值从0.9%提升到全国9%的平均水平。对企业用于消化吸收引进技术的投资提供税收减免或加计扣除的优惠政策，引导社会资本加大对引进技术消化吸收再创新等环节的投融资支持，推动引进技术消化吸收合作模式的市场化与专业化。

三、完善知识产权制度，加大力度保护知识产权

一是建立知识成果容错纠错机制。在高质量发展背景下，政府应当着力提升知识产权成果质量，探索建立健全知识产权成果的容错纠错机制，更好地包容科技成果转化过程中失败的企业和团体，进一步降低科技成果转化的不确定性、风险性和容错性，同时鼓励科研人员勇于创新，积极投身科技成果转化活动，推动风险由政府、企业、科研人员共担的机制，减少科技创新人才的流失，保证科技成果的适用性、创新性和实用型，实现产业化生产。

二是探索实施专利权、著作权行政管理在"二合一"的基础上，进一步推动实现专利权、商标权、著作权行政管理"三权合一"，将市工商局承担的注册商标管理、商标保护和执法监督工作等职责划转至市知识产权局。市知识产权局增设商标管理处，解决知识产权维权周期长、成本高、效率低、执法标准不一致的问题，更好地适应"放管服"改革的需要。

四、加快科技金融与企业信用体系建设

一是加快科技金融体系建设，通过发挥政府投入分摊风险、补充资源的功能，充分利用政府在政策制定上的优势，引导社会资金投入科技创新领域，塑造出新的激励或动力机制，激发创新团队或创新企业进行技术创新的动机，激励市场主体的创新创业行为，主导构建涵盖供给方、采购方、企业和金融机构的金融综合服务机构。

二是加强对中小企业的保护，为中小企业设立信贷风险补偿资金池，设立国家中关村科技基金、国家中关村科技担保基金和国家中关村科技保险基金，加大系统性优惠政

策的支持力度，及时解决中小微创新企业和金融机构在制度上的合理诉求，做好中小微企业与金融机构之间的协调工作；同时加快科技企业信用体系建设，建立担保机制，健全多层次资本市场增强融资能力。

五、加强技术转移和科技创新人才培养，吸引国际顶尖人才

一是加强技术转移骨干人才培养，完善技术转移转化体系。深化高校和科研院所的科研评价分类考核办法，设立技术转移管理服务职称序列，将科技成果转化、技术转移的业绩纳入科研人员评价体系。进一步加强技术转移人才培训和学历教育，重点加强对技术转移骨干人才的培养，提高从业人员业务水平和能力。建立技术转移专项职务发明奖励报酬及工资总额管理制度，为技术转移骨干人才提供激励保障制度，鼓励退休专业技术人员从事技术转移服务。

二是加强对科技创新人才的培训。通过推动校企联合办学合作模式，构建产学研一体化教学模式，将"双创"理念融入高等教育教学中，提升学生的创新创业能力，并进一步强化职业教育，重点加强科技创新服务人才的培养，提高各层次各环节间从业人员的整体业务素质和服务能力，实现科技创新产业全链条健康发展。

三是健全面向国际顶尖人才的组织管理体系和服务保障机制。深化职称制度改革，健全国际顶尖人才在部门间的流转机制，加快推进国际化人才社区建设，为国际顶尖人才提供出入境、就医、金融服务等方面的绿色通道，更好地吸引全球顶尖的创新人才。

第十一章 怀柔科学城建设发展的影响因素研究[①]

内容概要：在创新驱动发展、科技竞争日益激烈的今天，科学城的布局和建设已经成为一个国家科技创新战略的重要组成部分。本章分析了影响科学城建设与发展的3个一级指标、12个二级指标的分析体系，并对9个国际一流科学城发展的影响因素进行了文献对比分析，在实地调研怀柔科学城建设的基础上，对怀柔科学城建设与发展的影响因素做了分析。结论是，不同类型的科学城在发展建设的不同阶段其影响因素不同，但都存在创新要素的不断集聚、制度文化的逐步优化及基础环境的不断完善的特点和发展趋势。

党的十九大提出我国2050年要建成世界科技强国。要实现这一目标，就要建设出自己的科学城。纵观全球，每个世界科技强国都有自己引以为傲的科学城，如美国有硅谷、日本有筑波科学城、英国有剑桥科技园、法国有格勒诺布尔科学中心等。北京以建设具有全球影响力的全国科技创新中心为战略定位，其重要任务就是打造世界级的"三城一区"，其中，怀柔科学城重点建设一批大科学装置群，创新运行机制，搭建大型科技服务平台。本章分析怀柔科学城建设的影响因素，并遴选若干国际科学城进行文献对比分析，旨在推动怀柔科学城持续高质量发展。

第一节 科学城的概念界定及其影响因素分析

一、科学城及其影响因素的概念界定

目前针对科学城的界定并不明确，从功能上看，目前国际一流的科学城主要有两类，一类是以发展高技术及产业为主的科学城，如美国的斯坦福研究园、北卡三角研究园，韩国大德研究园，英国伦敦科技城；另一类是开展基础科学研究，并配备大科学

[①] 本章由北京科学学研究中心课题组完成，课题组成员包括王海芸、刘梅英等。

装置的科学城，如英国哈维尔科学与创新园、日本筑波科学城、法国格勒诺布尔科学中心等。从主导模式上看，科学城的发展有不同的主导模式，主要包括大学主导的科技园区模式及政府主导的两类发展模式。例如，剑桥科技园是典型的大学主导模式，主要体现在大学独特优势的发挥，剑桥科技园是以剑桥大学为中心发展起来的；筑波科学城则是政府主导模式的典范，政府设立规划、设立管理机制和统筹协调机制，并采取立法及出台政策的方式加大其规划落实等。本章认为，科学城是在一定地理范围内聚集较多创新主体和各类创新要素，围绕基础研究领域，开展有针对性的原始创新活动，并持续打造良好的体制机制及创新环境，持续产出国际水平的高质量成果，形成原始创新的承载地。

本章以科学城的不同功能和不同主导机构为主要依据，选择了若干国际一流科学城来分析其影响因素，这些科学城发展历史都未超过一百年，都拥有诺贝尔奖等顶尖科学成果，且隶属历史上曾经作为世界科学中心的国家，未来发展趋势较好，见表11-1。

表11-1 国际一流科学城建设发展的启示

序号	类型	国家科学中心	经验借鉴及启示（影响因素的分析依据）
1	综合型；政府主导	英国剑桥科技园	（1）有12万居民，1 500家高科技公司，其中17家是独角兽企业 （2）剑桥大学是科技园的核心机构，拥有大批的国际一流教授 （3）拥有107项诺贝尔奖成果 （4）与周边的中小企业合作频繁，创新网络发达 （5）全球范围内寻找适合的合作伙伴，合作共赢
2	基础型；政府主导	英国哈维尔科学与创新园	（1）大科学基础设施众多 （2）多学科应用研究中心 （3）拥有牛津大学、剑桥大学、伦敦大学学院、曼彻斯特大学等在内的大学群 （4）管理机制相对完备
3	基础型；政府主导	日本筑波科学城	（1）政府在科学城建设中起到了关键作用，制定了规划，有明确的发展目标；并且积极推动落实 （2）首相办公室下面设立"科学城推进本部"来管理，该部由国土厅长担任主席，成员包括科技厅、环境厅、厚生省、文部省、农林水产部，以及邮电、劳工、通产、建设等有关中央政府各部门的副部长。科技立法很及时，确保了科学城的长远发展 （3）大科学装置都隶属高校和研究机构 （4）人文设施及娱乐设施少，导致人才流失回东京
4	基础型；政府主导	法国格勒诺布尔科学中心	（1）微电子、计算机科学、流体力学、材料科学、化学、造纸工程和核研究等领域发展较好，是欧洲最重要的科学和技术中心之一 （2）从事基础研究工作的人就高达10 000人 （3）有世界上先进的大科学装置
5	产业型；政府主导，市场参与	法国索菲亚科技园	（1）由于地处保护区，只能发展高端、高附加值且环保的产业。明确有三个中心：信息-电子中心，制药-生物-化学中心，能源中心 （2）战略发展愿景清晰 （3）由地方政府管理，采用联合协会管理体制 （4）建立技术转移机制，加强产学研互动
6	综合型，偏产业；市场主导	美国硅谷	（1）风险投资全球最活跃，美国几乎50%的风险投资基金都在硅谷 （2）有着全球最顶尖人才及团队，硅谷地区共有8所大学、9所专科学院和33所技工学校，著名的有斯坦福大学 （3）政府在硅谷发展初期有较好的引导作用；斯坦福大学成功地开创了一种新的硅谷发展模式，即大学-科研-产业三位一体的模式 （4）良好齐全的法律环境 （5）适于创新的文化，如宽容失败、弹性工作时间、宽容挑战权威等

续表

序号	类型	国家科学中心	经验借鉴及启示（影响因素的分析依据）
7	综合型；市场主导	美国北卡三角研究园	（1）该园为私人、非营利性的"三角研究基金会"所拥有，其开发、招商与管理由"三角研究基金会"负责；"三角研究基金会"下附设有一个营利性辅助公司"三角服务中心有限公司" （2）大量的非营利组织很活跃 （3）拥有完善的航空服务、完善的基础设施和商务服务网络、大型信息传播中心 （4）拥有组织网络化、服务专业化、运作市场化的中介服务体系
8	产业型；政府主导	德国慕尼黑科技园	（1）由慕尼黑市政府和慕尼黑商会共同投资成立 （2）政府在政策环境、资金支持、产业导向方面给予支持 （3）积极主动地进行对外交流，通过多主体参与、多方式打造，构建外部联系网络
9	综合型；市场主导	特拉维夫	（1）各类科技创新组织扁平化管理 （2）鼓励创新的文化 （3）发展战略明确，既为创新，也为军事发展、保家卫国

资料来源：依据相关资料整理而成

二、影响因素的指标体系构建

本部分将对影响因素进行不同维度的归类分析，同时围绕北京怀柔科学城要建设百年科学城的目标，构建本章的分析思路框架。从组织生态视角看，科学城建设的影响因素主要包含三个层面，分别是创新要素层、制度文化层、基础环境层，并依据专家意见赋予一级指标权重，见表11-2。

表11-2 科学城发展的影响因素三层次表

序号	一级指标	权重	二级指标 影响因素
1	创新要素层	40%	相对明确的学科方向
			大装备及大科学基础设施、大数据平台
			顶尖人才及团队
			产学研合作网络、合作伙伴
			各类资金（风险投资和引导基金等）
2	制度文化层	30%	较为明确的战略定位
			管理机制和统筹协调机制
			创新政策、法律条例
			创新文化
3	基础环境层	30%	地理环境
			交通环境
			配套服务（智慧城市、人文、生态等）

注：表中的要素权重系专家讨论得出

第二节　怀柔科学城建设与发展的影响因素分析

2016年9月18日，国务院颁布了《国务院关于印发北京加强全国科技创新中心建设总体方案的通知》，其中提到"三城一区"作为全国科技创新中心建设的主平台，要着力推进三大科技城建设，建立与国际接轨的管理运行新机制，推动央地科技资源融合创新发展。其中，怀柔科学城将重点建设高能同步辐射光源、极端条件实验装置、地球系统数值模拟装置等大科学装置群，创新运行机制，搭建大型科技服务平台。2017年6月，北京市委书记蔡奇到怀柔科学城考察时指出，怀柔科学城要建设的是一个科学城，不是科技园[①]。"城"的关键是配套服务功能，并提出了建设百年科学城的目标。百年科学城建设和打造世界级原始创新承载区的发展目标的提出，不仅是落实国家创新驱动战略的重大部署，也是北京全国科创中心建设中的核心任务之一。

一、创新要素层

聚焦了科学方向，建立学科交叉平台。怀柔科学城在大科学设施搞基础研究方面目前重点聚焦了五大科学方向：物质科学、空间科学、地球系统科学、生命科学和智能科学，正准备开展高水平的研究和前沿技术的研究，也正在围绕这五个方向建立一批学科交叉研究平台开展高水平研究。

五大科学装置都已开工建设，与之匹配的14家前沿交叉研究平台也正在建设中。为支持大科学装置在怀柔科学城加快落地，北京市投入巨资专门布局支持这些前沿交叉研究平台在科学城落地，此外还有10多个重大科教基础设施也在陆续建设过程中。

有一定的顶尖人才储备，但国际顶尖科学家及其团队依然缺乏。怀柔科学城内各类人才聚集，高层次领军人才有来自空间科学领域的吴季院士、纳米领域的王中林院士及中国科学院物理所所长方忠、中国科学院院长白春礼等多人，但围绕五个学科方向的国际顶尖科学家及其团队依然缺乏，有必要采取多元化方式、实施国际通行的人才机制进行培养和引进。

产学研合作的国际创新网络有必要构建，还缺少国际合作伙伴。怀柔科学城尚在建设过程中，有必要构建产学研合作的国际创新网络，目前中国科学院大学是怀柔科学城内为数不多的核心大学，仍缺乏国家实验室的布局，还需要聚集一批产学研机构、非营利组织、协会社会团体等，联合开展创新学术活动，并与国际科学城开展长期合作。

各类资金较多，但愿投、敢投基础研究的资金较少。目前市财政设立了北京科技创新引导基金300亿元，部分拟投基础研究，但在放大社会资本跟投方面还有待市场去检

[①] 北京市与中科院领导到怀柔科学城调研. http://bj.people.com.cn/n2/2017/0611/c82837-30309966.html，2017-06-11.

验；从全国看，北京风险投资发展最迅速，但目前国内风险投资与硅谷最大的不同在于很少投前端和基础研究，而科学城长期发展需要耐心资本的积极涌入。

二、制度文化层

有较为明确的战略定位，但应有适当空间留白。目前《怀柔科学城总体城市设计方案》已出台，其中已经适当留白一些空间，比例在10%~20%，以应对未来科技创新高速发展带来的不确定性。

已出台一系列支持科学城发展的创新政策，但缺乏针对性的立法条例。政策制定周期相对较短，不同年度可以灵活调整。但长期看，科技立法对于怀柔科学城建设百年科学城的影响深远。目前，北京科技领域条例不多，有《北京市技术市场管理条例》《中关村国家自主创新示范区条例》等，它们正在北京市促进科技成果转化条例的立法论证，但缺乏关于科创中心及"三城一区"的相关条例。

区域协调发展机制和各机构管理机制尚需完善，各机构的管理机制尚待完善。目前怀柔科学城的管理机构有十余个，尚缺乏高效协同。怀柔科学城地跨怀柔和密云两个城区，要充分协调好两城区的资源和利益，促进科学城形成有机发展的整体；国家、中国科学院、北京市、怀柔区和密云区等不同层级政府投入了大量建设资金，下一步怀柔科学城的管理机构应如何更好地体现各方需求，需要深入研究；怀柔科学城、中关村国家自主创新示范区怀柔园、怀柔区的管理机构也要协调好，才能确保怀柔科学城的可持续发展。

创新文化氛围还有待加强，创新文化的形成是一个长周期的过程。随着全球科技创新竞争的加剧，社会各界对于创新也有一定共识，创新文化在国际化发展中也会遇到不同程度的碰撞和迭代，因此创新文化氛围还需大力营造。

三、基础环境层

地理环境优越。怀柔科学城地处怀柔雁栖湖旁边，空气清新、风景秀丽，适宜做科研。未来将构建大尺度的城市绿色空间，完善全域游憩体系，让市民更方便亲近山水。未来，怀柔新城公园绿地500米服务半径覆盖率将达100%，市级和区级绿道将达120千米。

交通整体便利。怀柔区距离北京市区约1小时路程，交通便利，距离机场近，但未来还需进一步提高交通网线的密度，增加便利性。怀柔科学城正在构建轨道交通体系和对外干线公路等，其中正在建设的高铁京沈客专预计2020年建成通车，在怀柔科学城设有怀柔南站、密云东站，将方便怀柔科学城同"三城一区"之间的交通联系。

智慧城市建设任重道远。未来虚拟与现实高度拟合，百年科学城的建设应该更有前瞻性，因此基于大数据平台建设的智慧城市建设应相对完善，尤其是具有丰富文化、娱乐、生态、健康、环保特点的设施及环境建设更具必要性。

第三节 研究建议

一、在创新要素层面，应多元化吸引创新要素集聚，群策群力建设科学城

科学城应大力汇聚一批具有顶尖水平的科学家、科技领军人才及创新创业团队。强化高端引进与自主培养相结合，着力形成人才领先发展的格局。一是着重引进 4 种类型的领军人才和原始创新团队，即全球顶级实验技术科学家、全球顶级战略性科学家、双聘终身岗位科学家、全球顶级行业科学家及其团队；二是以大科学装置为主线，依托中国科学院优势创新单元，协同全国创新资源，建立一批科学家工作室；三是为科学家量身定做工作岗位，提供长周期稳定支持，给予其充分自主权，可考虑试点基础研究经费包干制。

尽快将怀柔科学城纳入第二批国际人才社区试点中。建议试行如下政策：网络远端安全管理政策、针对关键科技领域个人所得税 15%~25% 的优惠政策、允许外籍科学家担任新型科研机构事业单位法定代表人、支持外籍科学家领衔或参与国家和北京市重大科技计划、提升对外籍科学家的社会保障水平、引进高质量国际学校统筹协调外籍科学家子女入学就读、加强外籍科学家住房保障提供、优化怀柔科学城国际软环境，打造"类海外"生活环境。

加快国家实验室的整体布局。有效整合科学城内大科学设施和科教资源，构建以国家实验室为核心的北京怀柔综合性国家科学中心管理运行体系。在运行管理上，明确国家实验室的国有国营或国有民营的运行模式；明确现有科研院所或高校与国家实验室之间的人员隶属关系；建立资源共享制度，向国内外同行开放；形成人才开放流动机制，人才聘用国际化；创建国家实验室评估评价机制，探索不同的评价激励方式等，更大程度上释放科研人员的科研探索自主权，进行更大范围的追求科学兴趣、探索未知的研发创新等。

充分发挥大学的人才优势和引领创新作用。一是进一步加快中国科学院大学整体搬迁至怀柔科学城；二是加大与中国科学院大学、北京大学、清华大学、北京航空航天大学等国内知名高校及国际一流高校的合作力度，通过共建国家科技创新中心、国家实验室等方式，以国家重大项目合作为依托，联合相关研究领域的上下游企业，及时进行成果转化及产业化。

发挥中国科学院等院所的战略性平台作用，构建面向产业前沿突破的创新生态。一是支持中国科学院等科研院所开放灵活的科研组织体系，实现分散资源的高效整合与优

化配置，促进参与者之间的开放式聚合与深度对接，形成以国家实验室为核心的有效科研管理运行体系；二是支持中国科学院等科研院所承担突破关键共性技术的主要战略任务；三是科研院所要以高水平研发设施和权责清晰的合作规则，探索重大技术突破的组织模式创新。

二、在制度文化层面，发挥好立法、政策和管理机制的作用

加强与国家部委对接和加大院市合作力度。一是充分利用综合性国家科学中心理事会平台等多种渠道，加强与科技部、国家发展和改革委员会等部委的深入对接沟通，形成常态化、多频次的沟通机制；二是在大科学装置建设和运营方面，应坚持"主力出征，地方支前"，充分发挥科学院的主力军作用，北京市要积极做好各方面配合工作；在推动创新成果落地转化方面，北京市应积极发挥主体作用，优化院市合作机制，加强中国科学院北京专项办和怀柔科学城管委会的协同联动，全面对接中科院优质资源，促进全方位深度合作。

研究制定怀柔科学城创新发展支持政策，形成政策特区。建议对怀柔科学城的管理体制、开发建设、投融资、人才服务、住房保障、财政支持、产业发展、重大基础研究课题经费使用、土地利用、密云区和怀柔区的跨区合作及税收和收益分配等重大问题出台相关支持政策，提出体制机制创新和政策创新的思路和举措，为建成世界级原始创新承载区提供政策保障。

三、在基础环境层面，全力打造怀柔科学城的创新发展环境

为国际高端人才引进营造良好的国际化环境。怀柔城市建设要与国际接轨，从满足国际人才发展需求的角度出发，为其营造"进得来、留得下、干得好、融得进"的国际化宜居环境。一是增加公共场所的英文标识，首先在道路、门牌及交通等的公共设施上增加英文标识；二是消除语言障碍，提高公共服务人员的英语水平，为海外高端人才生活出行等提供方便。

营造宜居舒适的生活环境。一是优化城市交通结构，实现与北京主城区便捷、快速的高频通行，快速积聚高端科研人才，建议将相应地铁线外延至怀柔科学城；二是积极推动市级优质教育资源在怀柔科学城布局，不断提升怀柔科学城的吸引力和承载力；提升怀柔区初高中的师资力量，相关重点中学可面向全市招收部分高水平的住宿生；三是建立科技人才长期居住、短期交流居住等分类分层次住房保障体系。

第十二章 北京市颠覆性创新规制策略研究[①]

内容概要： 颠覆性创新在推动经济社会发展的同时也可能带来一些负面问题，本章在对颠覆性创新的概念进行辨析的基础上，分析规制颠覆性创新的必要性及规制者面临的挑战，借鉴国外规制颠覆性创新的经验教训，对北京市如何规制颠覆性创新提出应对建议。

近年来，面对全球新一轮科技革命和产业变革的孕育兴起，全球发达国家和新兴经济体纷纷制定战略规划，加快推动科技创新，发展新兴产业。中国高度重视发展新经济、培育新动能，提出实施创新驱动发展战略，增强自主创新能力，力图分"三步走"实现从科技大国向世界科技强国的宏伟跨越。北京也正谋求加快实现从全国科技创新中心向具有全球影响力的科技创新中心转变的战略目标，而实现这一跨越性转变的突破口就是大力发展颠覆性创新。随着颠覆性创新不断增多，新产业、新业态、新模式不断涌现，北京作为全国科技创新中心，在新时代可以推动发展颠覆性创新以实现跨越式发展，但是新经济对未来经济社会发展带来的挑战也不容忽视。颠覆性创新可能会加剧经济发展失衡，扩大收入分配差距，并带来其他新的社会问题。例如，近几年，人工智能、大数据、转基因、物联网等新兴技术对全球的产业竞争带来了颠覆性的变化，但也对伦理、法律、规制带来巨大挑战。不应对这些挑战，除了会扼杀新产业和新模式外，也会导致难以想象的社会风险。对此，必须加强研究，未雨绸缪。

第一节 什么是颠覆性创新

自2014年国务院发出"大众创业、万众创新"的号召以来，"创新"成为中国当下最流行的词之一。而"颠覆性创新"一词也被用作创新的代名词遭到"爆炒"。一些颠覆性创新的产生、应用及产业化，的确不但大大改变了产业格局，还使一些产业被彻底颠覆。例如，卡片式数码相机行业被拍照功能越来越强大的智能手机所颠覆，而电子商务的迅猛发展也使得传统的商超举步维艰。为什么这些成熟企业和行业遭到颠覆？颠覆性创新的影响力如此之大，以至于中国"政产学研资介用"各界谈创新必谈"颠覆

[①] 本章由中国科学技术发展战略研究院、首都科技发展战略研究院联合课题组完成，课题组成员包括陈志、张亮亮。

性",创业者做了一点点较国内业界不同的事情,往往就自诩做出了颠覆性创新,大大小小的创业者总喜欢把"颠覆性"挂在嘴边,不过很多人并未真正理解这个词的内涵。

颠覆性创新最早由创新咨询公司 Innosight 的创始人、哈佛商学院教授克里斯坦森在 1997 年出版的《创新者的窘境:当新技术导致大企业失败》中提出。克里斯坦森通过对硬盘行业的调查发现,那些注重满足远离主流市场的客户或新兴市场的需求的新兴小企业却能打败在位的顶级大企业,从而获得成功。既有的创新理论都无法解释在位的大企业面临的这一窘境,这使得克里斯坦森深思既有的创新理论,并将创新分为延续性创新和颠覆性创新,开创了颠覆性创新理论,以弥补之前的创新理论不能解释颠覆性现象的不足,从新的角度解释创新。

现有研究主要从两个维度对颠覆性创新进行分类。一种分类方法是根据新技术对主流市场的颠覆方式,将颠覆性创新分为低端市场颠覆性创新和新市场颠覆性创新。克里斯坦森和雷纳在 2003 年出版的《创新者的解答》中提出,企业实施创新可以有三种策略:一是为能够带来高边际利润的消费者提供相对于现存产品来说新的改进产品;二是为那些处于低端市场又不得不为其不需要的技术性能买单的消费者提供现有产品的低廉的替代品;三是开发新的市场,寻找并不在当前市场消费的"非消费者",并为其提供产品和服务。第一种策略即延续性创新策略,第二种即低端市场颠覆性创新策略,第三种即新市场颠覆性创新策略。另一种分类方法是根据新产品的提供方式进行分类,包括颠覆性的技术创新和商业模式创新。颠覆性技术创新是基于颠覆性技术的创新。例如,对于传统的服务器市场、数据中心市场来说,云计算技术就是一种颠覆性技术创新。同样,对于 PC(personal computer,个人计算机)互联网巨头来说,移动互联网技术也是一种颠覆性技术创新。而颠覆性商业模式创新则是指新进入企业通过商业模式的变革颠覆在位的领先企业。相对于传统实体商店的销售模式来说,网络购物模式是一种颠覆性的商业模式创新。例如,淘宝网和亚马逊的独到之处是比实体店购物更简单、更便宜、更便捷的消费体验。但应注意到,细究起来,许多颠覆性创新实际上是颠覆性技术和商业模式共同作用的结果。

克里斯坦森的创立的"颠覆性创新理论"运用基于环境和基于成本约束的分析方法,通过大量案例从而从根本上阐释了在动态创新过程中新进企业逐步实现部分替代甚至完全替代在位企业的原因,由此引起理论界的轰动,颠覆性创新也随之成为国内外创新研究热点。在中国政府大力推动创业创新的形势下,虽然基于颠覆性创新的产品的最初性能比不上主流市场产品,但颠覆性创新另辟蹊径满足部分用户的偏好,并且进入市场的门槛较低,研发成本及产品价格具有优势,能够较快地收获细分市场份额并取得收益,寻求颠覆性创新,被众多企业的决策层视为最佳选择。

第二节 为什么要规制颠覆性创新

颠覆性创新固然能够推动产业变革、经济转型,但也可能伴随着经济发展失衡、收入分配差距扩大等负面问题，并对伦理、公共安全等带来巨大挑战，这就需要在发展新产业和新模式的过程中对其加以适当规制，以规制促进其有序发展。关于现代意义的规制，不同学科和不同经济学家有不同解释，美国著名规制经济学家、西北大学教授丹尼尔·史普博认为，从规制本身来看，规制是由行政机构制定并执行的、直接干预市场机制或间接改变企业和消费者供需决策的一般规制或特殊行为，而从规制过程来看，规制是由被规制市场中的消费者和企业、消费者偏好和企业技术、可利用战略及规则组合来界定的一种博弈[①]。我们从国内外规制实践中可以看到这一定义的普适性，规制实质上是消费者、企业和规制机构之间讨价还价的过程。

从规制必要性或规制内容看，一般而言，可以分为两类，第一类是对垄断行为的规制。包括对自然垄断和经济垄断行为的规制。其中电力、自来水和天然气的供应业以及铁路运输和航空运输等自然垄断产业是实施规制最久的领域，而经济垄断虽然是自由竞争导致的，但反过来又破坏了自由竞争，两种垄断均会使产品和服务的价格和数量偏离市场均衡，损害公共利益，造成社会福利净损失。第二类是对外部性行为的规制。外部性可分为正外部性和负外部性两大类。其中，对于负外部性行为的规制主要是指对于污染环境行为和滥用公共资源行为，需要采用污染税、资源税等手段，将整个社会为被规制者承担的成本转化为其私人成本。对于正外部性行为的规制主要是针对纯公共物品和准公共物品，如对于基础教育、基础研究、产业共性技术创新等进行补贴激励或直接向社会提供。但规制颠覆性创新的原因更加复杂，主要有以下三方面。

一是新技术的特点是不充分信息会导致安全、人身伤害等问题。即内部性问题，由于市场中的信息不可能完全对称，消费者对于产品及服务质量方面的信息处于弱势地位，一方面可能买到假冒伪劣商品，另一方面可能在消费儿童玩具、食品或医疗服务时，身体健康甚至生命安全遭受威胁。此外，不仅是消费者，规制者甚至生产者本身对产品也很难拥有完全充分的信息，如转基因食品对人体可能造成的伤害问题。

二是一些颠覆性创新会带来巨大的超额利润，会导致原有产业的激烈震荡，引发经济不公平、社会动荡。例如，优步、滴滴等网约车对现有出租车行业的巨大冲击。2014年，滴滴打车和快的打车掀起补贴大战，2015年宣布两家合并以后又与优步展开补贴大战，到2016年8月，滴滴又收购优步中国。通过补贴大战，滴滴、快的和优步等三家主要网约车企业迅速扩大了市场份额，挤垮了许多打车软件，最终形成滴滴一家独大的局面，同时也对传统出租车行业造成巨大冲击。基于网络技术的网约车能够对消费者的用车要求做出快速准确反应，从而在市场份额争夺中有着天然优势。同时，由于在新政实施前，网约车并非营运车辆，在税收、保险等方面运营成本较低，与传统出租车相比更是具有显著优势。网约车对传统出租车的巨大冲击不仅在我国，也在其他国家引发了巨大争议。巴黎、柏林、马德里等一些大城市都曾发生多起游行示威行动，以抗议网约车引发行业震荡。各个国家和城市也都面临着相似的监管困局，采取了不同的规制手段，一些城市还出现了规制政策的反复。

[①] 史普博 D. 管制与市场. 余晖，何帆，钱家骏，等译. 上海：上海三联书店，1999：2, 45, 47.

三是颠覆性创新往往会引发文化、社会伦理和认知等层面的巨大争议，如大数据带来的隐私问题。当前，各式各样的网站、移动客户端及网络自媒体为收集数据提供了便捷，然而这些数据均囊括了大量个人隐私信息，如社交联系、消费习惯、家庭住址、子女教育、健康状况等，而且，即使在数据交易与应用前对数据进行脱敏处理，但从技术角度看，看似不泄密的数据也可以通过信息挖掘转化为能够辨识的个人隐私信息。再者，经过处理加工后的数据的所有权属于加工者还是原始所有者？所谓的大数据精准营销通常未经用户许可，这种营销行为是否合法？此类数据的泄露不仅会使个人陷于易受电话购物侵扰甚至被诈骗的境地，而且即使是针对正常交易后的数据进行直接分析与应用，也容易导致社会歧视问题。前述一系列的争议导致当前大量数据处于闲置状态，已成为大数据行业的发展瓶颈，急需加以适当规制。

第三节　颠覆性创新给规制者带来的挑战

一、什么时候介入

规制机构面对颠覆性创新的不充分信息，早期有多种选择，或者不作为，或者直接加以明确规制。但是这两个极端都有缺陷：不规制风险很大；管得太死，会扼杀创新。从历史经验看，更加合适的方式是在早期采取公告、领导讲话、约谈等方式进行比较软性的约束（美国统称为"威胁"，threats），即规制性行政指导，而不是直接颁布效力更高的法律文件来规制。以大数据为例，目前，美国已经对出售数据的企业施以重典治理，欧盟也已经颁布了严格的数据保护法案。那么，对于正在新兴的中国大数据行业，规制将何时介入？是继续任由大数据应用在现行法律法规下打擦边球，还是尽快对其实施规制，既可保障公民隐私不受侵犯，又不至于扼杀大数据产业的发展和创新？

二、干预的形式

规制工具多种多样。在美国，约束力从大到小，有法案（act）、规则（rule）、规章（regulation）、判例（adjudication）、指导（guidance）等，还有一些非正式的规制"威胁"。这些政策工具的收益和成本明显不同，如规则更加权威、有效时间长，弊端是决策耗时长，美国卫生和公众服务部的一个规则制定平均耗时817天。因此，美国很多部门更愿意采取"威胁"、指导等约束力稍差的工具来应对颠覆性创新。

三、如何在时间上对规制做出安排

在不同的阶段，应该采取什么样的规制？每个阶段的规制工具是暂时的，还是持续时间较长？对于上述问题，规制机构应有正式或者大概的时间表。

第四节 国外规制颠覆性创新的得与失

从近30年的具体实践看，发达国家的政府规制机构对颠覆性创新越来越敏感，具体操作有得有失。

一、在颠覆性创新的早期，应着手研究规制对策，最好是放松规制，甚至是善意的忽视

对颠覆性创新的规制不宜过早，因为早期规制一般都会落后于日新月异的技术进步，过严、过早的规制会极大提高创新和新兴产业的成本，也不利于今后建立统一监管标准。例如，美国联邦通信委员会在互联网刚萌芽的时候，就预感到计算机可能会和通信融合，1966年就开始了名为Computer Ⅰ的研究，即研究计算机能否基于传统的电话网运行，或者复制电话网的功能。研究的结果是美国联邦通信委员会对互联网的善意忽视。即使在20世纪80年代和90年代前期互联网加速发展时期，美国联邦通信委员会仍然采取了放任的态度。最终等其变得比较成熟后，才在2000年前后就互联网内容包括网络版权颁布了系列法案，2010年美国联邦通信委员会颁布了网络中立法案进行系统规制。

二、在颠覆性创新的快速发展期，一般以非正式或者引导性政策为先，但必须在适当的时候变成更具约束力的正式规章制度

美国很多规制机构非常喜欢"威胁"及指导。1985年由软件控制的放射治疗仪器开始出售，标志着医疗设备正式走向信息化。但随后两年中这些设备事故频发，重要原因是软件缺陷。美国食品药品监督管理局在展开责任调查和追究的同时，总体态度是放任的，只有时任主席Frank Young通过若干公开讲话进行"威胁"。1987年美国食品药品

监督管理局出台首个医疗设备软件的政策草案,解释哪些软件将被规制。1989年,该草案进行了修订。但令人遗憾的是,草案最终没有完成,2005年甚至没做任何解释就撤销了这一草案。美国食品药品监督管理局只能依赖指导这一约束性较差的工具来监督医疗设备软件,规章很少。这导致软件造成的医疗事故仍然高发,最后在2009~2011年由于《时代周刊》的曝光而引发全美关注。

三、推动颠覆性创新成为具有战略意义的新兴产业,需发展和规制并行,"破"和"立"并重

典型例子是大数据,以美国为代表的发达国家从发展战略、行动计划、规制框架进行了完整布局。2012年3月,白宫发布《大数据研究和发展计划》,成立"大数据高级指导小组"。2013年11月,白宫推出"数据-知识-行动"计划,进一步细化发展路径。美国国防部先进项目研究局、国家科学基金会纷纷推出各自的大数据行动。在规制层面,主要关切消费者隐私保护。2012年2月,美国宣布推动《消费者隐私权利法案》的立法程序,该法案不仅明确规定数据所有权属于用户(即线上/线下服务的使用者),而且规定了数据使用上需对用户透明及安全性等更多细节。2016年4月,欧盟出台了号称全世界史上最严格的数据保护法案——《通用数据保护条例》。从研究者的角度出发,研究大数据的前提是大数据的开放共享。然而,由于数据共享极易导致个人隐私保护问题,数据拥有者或者管理者往往不敢或不愿共享数据,从而导致理论界有研究技术但缺乏数据,一定程度上影响了大数据行业的创新与发展。

第五节 北京市规制颠覆性创新的建议

在北京市大力加强原始创新和自主创新,建设具有全球影响力的科技创新中心的大背景下,随着以人工智能为代表的新一代信息技术等北京市优势领域的战略前沿技术蓬勃发展,将有越来越多的领域出现颠覆性创新,但目前针对颠覆性创新的规制研究还不够系统、不成规模,规制工具也仅限于准入等简单形式。对此,主要有以下建议。

一是发挥首都功能,前瞻性引领颠覆性创新规制研究。作为首都和全国科技创新中心,北京在颠覆性创新规制方面,应服务国家战略、体现前瞻引领,彰显首都特色,针对人工智能、无人驾驶、大数据等具有显著优势和产业基础的颠覆性创新,就其对产业形态和竞争格局、法律规范、社会伦理等产生的影响,强化专题研究,并做出规制预案。

二是在颠覆性创新的早期以放松规制为总体方针,到其快速发展期,应根据颠覆性创新的不同特点和不同的规制必要性,分类进行干预。第一,针对无人驾驶汽车这类颠

覆性创新，规制理由是技术不成熟，产品和服务具有不充分信息，导致的伤害、责任问题比较突出，所以对它的规制更多的是运用创新政策，完善统一的研发、使用和认证标准，保障安全性，对交通法规进行修改，破与立并重，推动其进一步发展。第二，针对优步专车这类颠覆性创新，规制理由是所谓的"共享革命"背后的超额利润（即所谓的"经济租"），需要具体分析，采取适合的规制取向。在专车的创新中，消费者、服务提供者、中介平台分享了创新收益，所以传统规制理由的经济不公平不复存在，不应过度限制其发展。进一步地，它冲击的出租车产业也是被规制的产业，但是出租车产业规制的两大理由已经被弱化：一是道路的稀缺性，专车并没有增加车辆的供给。二是出租车的弱社会公共性，优步等专车软件通过提高价格，或者对接"坏单"的司机予以补偿，实际上优化了出租车的公共服务功能。所以对于专车这类创新产业，应该加强其安全、责任等方面的规制，同时对出租车市场进行改革。

　　三是对不同的规制工具应通过政策示范，加强评估、动态调整、监督和处罚，使其更好地适应新兴产业的发展需要。早期过度规制会增加产业成本，而过于软化的规制又会导致巨大的风险，监管者应适时进行政策示范，不断调整，更加细微地校准和规范新技术。特别对一些指导性的、约束力稍弱的政策文件，要充分意识到它的不可执行性或者弱执行性，在技术基本成熟后尽快出台更加具有效力的规章、法律等政策工具。

专题探索篇

第十三章 面向创新创业的公共空间精细化设计与管理研究[①]

内容概要：为创新创业人才的集聚、互动提供高品质的公共交流空间是中关村科学城规划中的一项重要内容。当前，各类创新主体的空间发展需求较大，但以服务创新创业为导向的公共空间精细化设计与管理存在明显短板。为进一步推动中关村科学城创新公共空间的品质提升、人居环境改善、创新服务功能完善、创新形象塑造，中关村国家自主创新示范区核心区发展研究中心联合清华大学建筑学院对中关村科学城重要节点地区的公共空间环境进行初步梳理，结合国内外案例，从空间场所营造和精细化设计层面提出相关政策建议。

第一节 现有空间资源潜力及其存在的突出问题

中关村科学城建设，主要依赖存量空间资源更新。其中，公共空间规划与利用受到现状条件及周边用地功能布局的制约，具有任务多线、主体多元、机制复杂等特点，需要对现状情况及未来需求进行充分摸底。本章采用基于"大数据空间意象分析+创新实体需求调查+公共空间现象学实证调查"相结合的方法对中关村科学城公共空间展开详尽调查。"大数据空间意象分析"以4万条与中关村科学城相关的点评及微博数据为基础，通过词频分析，整理使用者在中关村科学城重要节点公共空间的时空行为及城市意象。"创新实体需求调查"依托对中关村创业大街和中关村西区的创新企业团体、个人的问卷调查，归纳整理出公共空间的文化形象、地区识别性、绿化空间、交通评价、环境设施等因子的品质等级。"公共空间现象学实证调查"对中关村大街及中关村创业大街六个节点分工作日早晚高峰、周末三个时段进行实地踏勘，获取公共空间资源品质评价的第一手资料，梳理重要街道及公共广场的人群集聚、绿化、人流集散、车流、机动车和共享单车停车等情况。

[①] 本章由中关村国家自主创新示范区核心区发展研究中心、清华大学建筑学院联合课题组完成。

一、现有公共空间资源潜力

中关村大街主轴沿线的公共空间资源较为丰富，根据功能和类型可分为交通型街道、商业型街道、生活型街道、广场型公共空间、道路交叉口空间五大类。中关村大街主轴沿线及中关村创业大街的大数据词频意象显示"创业""创新""发展""希望""科技""咖啡""清华""北大""链接""企业"等用词成为中关村科学城的热门词语，展示中关村科学城空间意象的主导方向应继续围绕创新创业进行场所识别和文化精神内核的提升。通过现象学调查研究，中关村科学城的有效公共空间分为广场、绿地、街道三大类，其中创新创业人群集聚度最高的场所集中在中关村西区、中关村创业大街和中关村大街沿线地铁交通枢纽地带。原因是创新群体集聚与科创企业空间分布紧密相关，同时与交通枢纽及前导广场相关。因此对创新空间的品质提升和氛围营造应集中在这三个重点区域进行。创新实体需求调查显示，中关村创业大街最具创新特色，中关村西区和创业大街兼具设计感和时代感，步行环境宜人，交通环境安全。

二、现有公共空间主要问题

一是空间的交通性功能比重大，为创新人群互动和交往提供的有效场所不足。机动车流、共享单车无序停放等对正常步行空间和公共广场的人群交往造成干扰；公共交往的场所营造不足，据使用者反馈，中关村创业大街和中关村西区均亟待引入更多创新创业特色的展览设施和场所设计。二是街道广场、家具小品、市政设施布局缺乏统筹。硬质铺装较多，供日常使用休憩的场所配置不够，使用者反馈，有必要增加座椅设施和人性化设施，以吸引更多人群前来公共广场交流活动。三是绿化空间和舒适度缺乏。对比中关村大街和中关村西区，中关村创业大街的绿化景观不足，亟待增加绿化种植，营造绿荫场所。四是创新形象度和文化识别性有待提升。绝大多数受访者表示，中关村大街的创新空间识别性不强，空间形象力较为不足，难以体现科技园区的时代感和创新空间氛围。

第二节 加快推动公共空间精细化设计的四个转变

针对上述问题，中关村科学城公共空间精细化设计要力争在规划、设计、管理和评价等方面实现"四个转变"。

第十三章 面向创新创业的公共空间精细化设计与管理研究

一、规划从"重视机动车通行"向"重视人的交流和生活方式"转变

当前城市空间规划、建设、管理中,"以车为本"的思想还没有根本转变。尤其是道路工程的设计规范和实践仍以提高机动车通行效率作为主要考量。城市交通也好,公共空间也好,其本质是为人服务,只有在观念和实践中真正实现从"以车为本"到"以人为本"的转变,更加注重人群的交流和生活方式,保证足够的真正创造交流和生活空间,才能让城市更好地服务支撑创新。

二、设计从"工程性设计"向"整体空间环境设计"转变

生硬的工程性设计手法,从市政角度出发的规定,过多强调公共空间的工程属性,而忽略整体景观和空间环境。工程设计不应该仅仅在红线内部做文章,还必须充分尊重周围的建筑、风貌条件及活动需求。应该突破既有的工程性设计的思维,突出公共空间的人文特征,对市政设施、景观环境、周边建筑、历史风貌等要素进行有机整合,提高整体空间的环境品质。

三、管理从"边界红线管控"向"开放空间管控"转变

在属于建筑前导空间的公共广场中,往往同时兼具用地红线、道路红线,公共空间权属划分较多,空间要素的管理分属不同部门,造成设计缺乏统筹性,不利于提高公共空间利用效率。各自红线管理对保障各自功能需求、发展建设发挥了积极作用,但在新的发展要求下,这些不应该成为提升城市空间品质的"隐形障碍"。要实现城市整体风貌的塑造,需要对红线内外进行统筹,对管控的范畴和内容进行拓展,将关注对象从各自的地盘拓展到整体空间环境上来。

四、评价从"强调绿化比例和交通效能"向"提升识别性和归属感"转变

绿化比例一直是城市公共空间中用来评价绿化性能的重要标准,而交通效能则常常

作为评价道路的核心指标。但是城市公共空间不仅仅只有千篇一律的绿化，街道也不仅仅只有交通功能，需要重视其公共场所的功能、促进城市空间活力的功能，提升环境品质等综合认知的功能。体验城市生命力，促进消费，增强城市交往和社会活动，提升识别性，增强人们的归属感，重视城市空间作为城市文化记忆载体，提高社区生活质量、增强地区活力和促进经济繁荣的作用。

第三节 践行安全、活力、绿色、智慧的"创新公共空间"新理念

"创新公共空间"的主体是公共空间，"新"体现在创新人群需要的安全、活力、绿色、智慧四个层面，"创"体现在对公共空间从道路交通设施、公共服务设施、沿街活动空间、活动广场及绿化公园等若干类型空间要素的精细化设计策略上。

一、安全先行，构建便捷宜人的交通体系

通过交通有序、步骑有道、视觉开阔、人群有效集散等措施，保障交通安全顺畅，提升满意度，提高步行和骑行优先权，有助于街道和广场上人群互动和交往。

二、活力优先，营造精彩纷呈的交往场所

通过功能复合、界面整合、形象风貌塑造、标识打造等方式，梳理中关村科学城创新创业的高科技空间地标形象，展示科技城区创新发展的活力氛围。

三、绿色引领，打造韧性生态蓝绿空间

集成资源、推广绿色出行和生态种植，结合综合绿化和雨洪管理等低影响开发手段，推动环保、智慧的新材料、新技术的应用，打造中关村科学城成为绿色先行的海绵城市示范园区。

四、智慧提升，监管智能共享创新平台

充分发挥中关村科学城作为创新引领新高地的技术优势，通过设施智合、监控智管、环境智理、空间智享等，整合大数据管理城市设施和公共空间，达到效率提升、设施优化、环境改善等综合目的。

第四节　加强中关村科学城公共空间精细化设计管理的几点建议

公共空间精细化设计的实施和落实需要政府部门、周边沿线业主、设计师、企业和公众的共同参与和鼎力协作。公共空间设计的实践过程，也是精细化设计不断完善的过程。只有各方牢牢坚持"以人为本"的共同价值理念，不断创新和完善管理机制，形成良好的制度保障和舆论氛围，才能不断推动城市公共空间面向创新创业的转型发展。

一、突出公共空间更新推动中关村科学城提质增效的鲜明目标导向

中关村科学城现状用地比例高、布局片段化，城市公共空间与人群活动的联系更为紧密，其精细化设计是基于建成环境的既有问题进行的空间组织重构。要抓机遇空间的功能织补，在存量盘活的过程中，逐步实现中关村科学城功能的完善，以局部突破实现整体协调发展。要借助优势空间与一般空间的优化提升，推动设施水平、环境风貌、产业培育全面升级，从而达到城市提质的目的。要以新型产城融合单元强化、重构园区与城市之间的联系，最终实现产城互促的核心目标。

二、搭建多层次公共空间城市设计协商平台

立足中关村科学城公共空间资源，充分发挥城市设计易于沟通的优势，搭建不同层次的沟通协商平台，实现城市设计从蓝图到平台的转型。宏观层面要形成共识，以争取资源、获得支持。中观层面要优化策略，面向专业管理部门，结合多元发展目标，从市政、园林、交通、景观风貌等方面优化策略方向，与各职能部门的专项工作有效对接，

共同磋商宏观目标与专项工作的协调与统一。微观层面注重设计，主要面向专项实施主体、产权主体。通过对典型公共空间机遇地块更新、重要交通节点、道路环境整治等进行设计研究，打造试点示范项目。

三、分时序实施指引与分主体任务分解相结合

公共空间内涵提升工作具有任务类型繁多、实施部门和主体多样、工作过程交叉的特点，涉及园林、市政市容、交通、规划等多个部门。要结合实施部门和主体的特点，进行具体任务的分解，让规划设计更有针对性和指导性。要根据现有公共空间更新的重要性、紧迫性和难易程度，制订分阶段实施的行动计划，有计划、有步骤地逐步推进地区公共空间的发展更新。

第十四章 数字经济助力京津冀地区协同发展[①]

内容概要： 数字经济因其本身信息化所具有的快捷性、外部性、直接性而被人们所熟知。数字经济的发展日益成为企业、地区乃至国家发展的重要战略举措，其重要性不言而喻。自 2015 年中共中央政治局会议审议通过《京津冀协同发展规划纲要》以来，京津冀协同发展已经走过了 5 年的实质发展期。数字经济的重要战略举措对于京津冀的发展意义重大，针对京津冀的未来发展，本章基于我国数字经济的发展历程和京津冀地区的数字经济发展现状，研究探索数字经济环境下京津冀协同发展的新途径。

数字经济是指以使用数字化的知识和信息作为关键生产要素、以现代信息网络作为重要载体、以信息通信技术的有效使用作为效率提升和经济结构优化的重要推动力的一系列经济活动。随着大数据、云计算、物联网、人工智能等技术的日益成熟，新一代信息科技已成为推动全球产业变革的核心力量，而数字经济正成为世界经济转型升级的重要驱动力。2016 年在杭州 G20 峰会上通过的《二十国集团数字经济发展与合作倡议》是全球首个由多国领导人共同签署的数字经济文件。大力发展数字经济已成为全球共识。

第一节 数字经济发展历程

1994 年，互联网时代正式在中国拉开帷幕，我国数字经济发展开始萌芽。新浪、网易及 BAT（百度、阿里巴巴、腾讯）等互联网巨头均在这一阶段先后创立或者实现飞跃式发展。该阶段，我国数字经济经历了从模仿到自主创新，从单一模式向多元服务的转变。

2003~2012 年，中国的数字经济进入高速发展状态。"淘宝网""支付宝""腾讯QQ""微博"等手机应用的出现从根本上变革了传统购物、支付及社交方式。2006 年网络零售额突破 1 千亿元大关，2012 年突破 1 万亿元大关，其间增速一直保持在 50%以上。同年，腾讯 QQ 注册用户过亿[②]。

2013 年前后，中国的数字经济进入平稳发展阶段，"互联网+"时代随即开启。传

[①] 本章由首都科技发展战略研究院课题组完成，课题组成员包括白英、刘杨等。
[②] 数据储存业态简析——数据存储未来的蓝海. http://www.sohu.com/a/297952470_100274816, 2019-02-27.

统行业如实体销售、洗衣、家政等业务都借力互联网开启便捷新时代。

2017年12月，习近平总书记在中共中央政治局第二次集体学习时指出，要"加快发展数字经济，推动实体经济和数字经济融合发展，推动互联网、大数据、人工智能同实体经济深度融合"①。

当前，数字经济已经成为中国落实国家重大战略的关键力量，对实施供给侧改革、创新驱动发展战略具有重要意义。

第二节 京津冀地区数字经济发展现状

在数字经济高速发展的时代背景下，京津冀地区也在紧抓机遇，争取尽快实现实体经济与数字经济的紧密融合，构建京津冀地区数字经济新生态。《中国数字经济发展与就业白皮书（2018年）》显示，2017年京津冀地区数字经济规模达到30 305亿元，占该地区生产总值比重为36.7%，高于全国平均水平3.8个百分点，同比增长17.4%，显著高于本地区生产总值增速；而从数字经济占生产总值比重看，珠三角第一，比重已达到40.8%，京津冀次之，为36.7%。

中国数字经济的蓬勃发展给劳动力市场带来了颠覆性的改变，天津和河北地区数字人才缺口的问题日渐突出。2017年我国数字经济领域就业人数达到1.71亿人，占当年总就业人数的比重已达到22.1%，但高素质的数字化人才、跨界人才远不能满足数字经济融合产业的发展需求。

京津冀地区正在积极响应国家号召，落实数字经济国家战略，创新经济增长驱动力，河北省以"数字经济引领未来"为主题举办了2018国际数字经济博览会，旨在实现数字经济方面的京津冀联动，形成以北京为创新核心、天津为综合支撑、河北做承接转化的大数据产业一体化格局。2018年5月18日，"中国·廊坊数字经济大会"在京津冀地区大数据创新应用中心召开，旨在探讨京津冀地区如何搭上"数字经济"的快车，实现经济高质量、高效增长。

第三节 京津冀地区数字经济发展面临的挑战

当下，数字经济已经上升至国家战略高度，中央及各级省市纷纷出台配套激励措施，以鼓励数字产业发展。京津冀地区也在紧随时代趋势，大力发展数字经济并将其作为经济发展的核心驱动力。但是，目前京津冀地区的数字经济基础较薄弱，仍然面临诸多挑战。

---

① 习近平主持中共中央政治局第二次集体学习并讲话. http://www.gov.cn/xinwen/2017-12/09/content_5245520.htm，2017-12-09.

一是数字经济发展不均衡。新华三集团数字经济研究中心发布的《中国城市数字经济指数白皮书（2018）》显示，2018年数字经济排行分别为北京第3，天津第18，石家庄第26，指数分别为87.9，69.6，64.4。北京地区在政务数据开放、精准化服务及数据驱动融合创新方面均处于"领航者"地位。天津和河北省在理念、技术、资本等资源方面稍处于劣势地位，基础设施并不完善，核心技术创新的能力有待提高。

二是传统行业转型成功率低。新媒体、新零售等商业模式的出现迫使传统行业紧抓"互联网+"趋势，实现产业数字化。在数字经济的冲击下，传统实体业纷纷尝试以收购小互联网公司和创业项目的方式实现转型。一部分企业由于不了解数字经济的运作模式和发展规律，从而走向末路。还有一部分本身不适合互联网经济的实体业盲目跟风，最终走向转型失败。

三是缺乏新的市场秩序。随着数字经济的发展，传统市场规范和秩序的弊端逐渐暴露。线上线下融合，实体业和互联网的融合使得市场运行更为错综复杂。一系列负面影响如网络诈骗、大数据"杀熟"、个人隐私信息泄露等问题限制了数字经济的发展。在新的市场秩序下，如何完善数字经济的盈利模式，在国际市场率先建立数字经济原则成为京津冀地区协同发展的新难题。

四是缺乏适应数字经济模式的复合人才。数字经济融合了人工智能、物联网、大数据等更新迭代速度更快的知识领域。专业性强、职业化水平高、学习速度快的人才需求是当前数字经济发展的巨大障碍。根据LinkedIn中国的数据，中国数字人才分布最多的十大城市分别为上海、北京、深圳、广州、杭州、成都、苏州、南京、武汉和西安，主要集中在长三角和珠三角地区。在京津冀地区，同时具备知识、技能和应用的高级人才缺口较大。

第四节 京津冀地区发展数字经济新途径

促进实体经济与数字经济智能融合。互联网的普及提高了数字经济覆盖率，加深了各行各业数字化程度，是实现京津冀地区数字经济快速发展的必经之路，尤其是制造业。随着人工智能、机器人技术、3D/4D（four dimensional，四维）技术的发展，制造业不再是高能耗、高污染、高消耗及需要大量手工劳动力的产业。人机共融的智能制造模式、智能材料与3D打印结合形成的4D打印技术等新一代信息科技将推动工业品由大批量集中式生产向定制化分布式生产转变。

对于京津地区，"三高"（高污染、高耗能、高耗水）产业逐步退出不意味着舍弃工业。京津冀地区必须努力推动第四次产业革命的核心技术转化为数字经济的支撑、智慧城市建设的手段，尽快提高以各类机器人、无人驾驶系统、智能语音系统、3D/4D打印、虚拟现实/增强现实、智能医疗系统、智能家居等人工智能引领的智能产业集群的数字化、网络化、智能化水平，使得数字经济成为从"中国制造"到"中国智造"的制造业发展模式转型的引擎，成为推动互联网、大数据、人工智能同实体经济深度融合的新动能。

建立数字经济市场新秩序。互联网作为数字经济的主要载体,其安全监管应该受到高度重视。《2017 年我国互联网网络安全态势综述》报告显示,2017 年境内外约 2.4 万个 IP(internet protocol,网际互连协议)地址对我国境内 2.9 万余个网站植入后门;2017 年全年发现超过 245 万起(较上年增长了 178.4%)境外针对我国联网工控系统和设备的恶意事件,我国境内 4 772 个联网工控系统或设备型号、参数等数据信息遭泄露,涉及西门子、摩莎、施耐德等多达 25 家国内外知名厂商的产品和应用。

构建以信用为基础的数字经济市场监管体系,合理划分权责边界,强化企业的社会责任,完善社会监督举报机制,逐步形成政府、企业及行业组织和公众共同参与、有效协同的治理机制,为数字经济的发展保驾护航。

探索和创建文化艺术产业数字化。当代文化艺术产业不再是传统意义上的服务业。智能化和数字化将推动文化与科学技术、金融、旅游的深度融合。大力发展新兴文化业态,包括促进艺术与制造业融合,扩大和引导文化消费等,将数字化创新扩展至文化、交易、旅游、休闲等广阔领域,助力文化艺术产业的中国特色进一步发展。

构建京津冀地区联动产业链。实现旅游、会展、交易会、养生、休闲、体育赛事等产业联动发展,形成高附加值的产业链,有助于大力推动京津冀地区数字经济的蓬勃发展。以北京为例,2016 年北京接待旅游总人数达 2.85 亿人次,增长 4.6%;2015 年外省游客在北京的消费额近 4 千亿元;而北京冬奥会将带动整个张北地区发展。以来势正猛的体育经济为例,其在全国各地掀起了各种赛事,助推体育-旅游-智能的融合发展,带动文旅、商旅、城旅与相关技术的融合,不仅丰富了市民体育文化活动,宣传了城市形象,还带动了区域经济、社会、旅游等相关产业的发展,契合健康、快乐和消费的升级,成为朝阳产业。

弥补人才缺口,培育数字化人才。目前国内形成了数字经济发展浪潮,然而相关基础研究比较薄弱。究其原因,一是投资、研究及实施重点均着力于能够尽快落地运营并产生经济效益的技术之应用,相对忽视基础研究和对"下一代"技术的开发及应用;二是相关人才短缺,特别是能够承担相关的基础科学研究和原创性技术开发的人才;三是对人才的理念落后,重视相关的硬技术人才,不重视软技术人才,特别是具有多学科背景的复合人才。因此,建立吸引、激励、保护创新型人才的机制将对京津冀地区的数字经济发展具有重大意义。

努力构建适应数字经济的治理模式。世界银行的研究指出,5G 网络技术、设备和平台技术、人工智能、机器人、区块链和绿色技术是数字经济时代中国的新增长驱动力,将为高技术产业提供更丰富的核心技术。

京津冀协同发展,旨在建设以首都为核心的世界级城市群,带动环渤海地区协同发展。在推动京津冀地区数字经济发展进程中,应转变观念,超前制定数字经济发展战略,将发展数字经济作为京津冀协同发展的新纽带,作为调整并优化京津冀地区产业结构的契机及增强经济的新驱动力。

第十五章 "四区联动"创新基层治理体系
——以北京市学院路街道为例[①]

内容概要: 基层治理体系和治理能力现代化是国家治理体系和治理能力现代化的基础。当前基层治理面临诸多挑战和难题,为了破解基层治理难题,学院路街道结合大院大所聚集的区域特点,发挥组织优势,通过底层设计完善基层治理体系,推动街区、校区、园区、社区融合互动。探索创新"党建引领、四区联动、多元参与、协同治理"的治理模式,通过"城市体检、资源发现、街区规划、空间整理、社区营造、关系重塑"等一系列路径举措,重塑组织空间、关系空间、制度空间和生活空间,形成"一体双向三维多平台"的地区柔性关系网络,推动构建新型城市形态,形成基层治理新格局。

十九届四中全会提出,"完善党委领导、政府负责、民主协商、社会协同、公众参与、法治保障、科技支撑的社会治理体系,建设人人有责、人人尽责、人人享有的社会治理共同体"[②]。固本强基,落地生根,基层治理是国家治理的基石,街道是社会治理的基础单元,是社会治理体系中承上启下的核心枢纽,做好街道层面的治理,对于推进社会治理体系和治理能力现代化具有十分重要的意义。唯有党建引领基层治理,把党的政治优势、组织优势、制度优势转化为治理优势,积极协调调动各方面的力量有序参与到基层社会治理中来,才能最大限度凝聚各方共识,整合和调动各方资源,汇聚成磅礴力量,实现共商共建共治共享。

2019年2月北京市出台的《关于加强新时代街道工作的意见》提出"统筹推进街道改革、街区更新、社区治理,实现党对基层治理的领导全面加强,党建引领基层治理体系更加完善"的工作目标。在这一制度背景下,学院路街道结合地区特点开展理论研究和实践探索,以党建为引领,突破机制壁垒,拓宽发展格局,重塑关系网络,探索创新基层治理体系。

[①] 本章由北京市海淀区学院路街道办事处、首都科技发展战略研究院课题组完成,作者冯志明。
[②] 中共十九届四中全会在京举行. 人民日报, 2019-11-01.

第一节　大院壁垒，协作失灵：学院路街道基层治理的困境挑战

位于海淀区东部的学院路街道，高校云集、资源丰富、人才荟萃，被誉为科教圣地。8.49 平方千米的区域内云集了 10 所高等院校、11 个科研院所、11 所中小学，另外还有 8 837 家各类企事业单位、37 家上市公司、29 个社区、23 万常住人口。学府气息、科技氛围、国际特色，大量特质的科教文化资源令人神往。

然而，随着快速城镇化和首都发展转型升级，对照海淀区"两新两高"的发展战略，地区仍然存在"不充分、不平衡、不匹配、不协调"的问题，信息不畅、共享不足、活力不够、创新乏力。主要表现为四个方面。

一是形成"大院孤岛"，信息不畅通联动不协调。由于学院路街道大院大所权属不同上级单位，存在专业和领域界限，形成了多年难以打破的围墙壁垒，缺乏有效的组织、统筹和协调，导致信息不对称，各自为政，原子化、碎片化发展，难以形成良性互动和街道整体发展态势。

二是资源整合利用不够，发展水平不平衡。坐拥丰厚的科教资源、人才资源、文化资源、空间资源，但缺乏整合创新机制，导致资源闲置和浪费，单位间创新要素不流动，跨领域综合利用不足。边角空间、灰色空间、地下空间资源尚未得到充分挖掘和利用，不能及时将资源转化为满足需求的服务供给，存在"舍近求远""墙内开花墙外香"等现象，没有形成整体竞争优势。

三是缺乏有效参与渠道，介入地区事务不充分。辖区单位、社区居民、社会团体等治理主体缺乏有效的参与机制，参与街道治理和公共事务渠道和平台不足，导致整体缺乏活力。甚至形成"政府出力，居民不在场，政府买单，居民不买账"的局面，满意度很难提升。无法形成共建共治共享。

四是文化融合不够，与区域发展需求不匹配。单位间以及单位与社区之间有文化壁垒和交往鸿沟，欠缺联系的渠道和理由，多年的"浅交往"和"弱关系"导致组织松散，缺乏协作议事的推动力。有时候主体责任和社会责任履行不主动，没有地区共有价值观念，缺乏地区发展目标愿景，达成共识难，之间鲜有合作项目，社会组织不活跃，自治能力差，没有形成健康的区域发展生态。

以上"四重挑战"带来了诸多发展难题，成为学院路街道基层治理面临的难点和痛点。特别是在"后大院"时代，城市功能短板更加凸显，便民服务设施布局不均衡，基础设施有待升级，文化与科技融合度不高，整体空间环境和社会环境需要提升。其深层次的原因是存在治理体制机制障碍，基层治理体系急需完善，组织动员、统筹协调能力急需提高，治理目标、治理主体、治理结构、治理方式、治理路径急需调整和优化。因此，如何以党建为引领，促进地区共治共建共享，提升基层治理的现代化水平，成为学

院路街道应重点关注并着力解决的关键问题。打铁还需自身硬，2019年初，按照全市街道工作会部署，学院路街道启动了大部制改革，切实提升统筹协调能力、服务能力、管理能力和动员能力，通过内部组织架构改革，为基层治理创新提供组织保障，努力构建简约高效的街道管理体系。

第二节 党建引领，四区联动：学院路街道基层治理的机制创新

实现基层治理创新就要提升街道的跨界行动能力、跨部门整合能力和跨领域协调联动能力，实现从过去的单向思维到系统思维转变，从运动思维到生态思维转变。为了切实解决地区单位缺乏深度连接机制、议事结果难以落地、社会居民参与不足等问题，学院路街道以党建为引领，抓住"吹哨报到"改革的契机，充分发挥基层党组织的战斗堡垒作用，"找到最大公约数，画好最大同心圆，打造党建共同体"，调动各方面的积极性和主动性，成立了"两层级多平台"的地区党建工作协调委员会，突破地区单位体制壁垒，打破传统组织边界，有机联结辖区各领域党组织，通过"一库三清单"资源共享平台盘活辖区资源，完善上下贯通、左右协调、前后衔接、多方联动的工作机制，倡导建立新型合作伙伴关系，形成"一体双向三维多平台"柔性关系网络。

一、成立地区党建工作协调委员会，打造区域党建共同体

（一）"两层级多平台"做好党建工作协调委员会

学院路街道党工委充分发挥总揽全局、协调各方的作用。2017年，学院路街道在海淀区率先成立党建协调委员会，由海淀区区长任党建协调委员会主任。随后，29个社区分别成立社区层面的党建协调委员会，确立协同规范、扩大深度连接，打造多个党建平台。建立了"两层级"议事规则、"两表"议题征集制度、联络员制度、突发事项应急响应制度等配套制度，逐步完善了"两层级多平台"的区域化党建模式。两年多时间里，通过两层级党建协调委员会统筹推动辖区发展，把基层党建优势、组织优势转化为基层治理优势，重点协商解决辖区基层党建、城市管理、公共服务、社区建设中具有地区性、社会性、群众性、公益性的重大事项，实现共商地区发展、共抓基层党建、共育先进文化、共同服务群众、共建美好家园的社会治理目标。这种纵横联动体系提高了街道党建工作的穿透力，促进了社区治理横向协作与纵向联动的有机结合。

（二）"一体双向三维多平台"做精党建工作协调委员会

"一体"是指党建共同体，也是治理共同体、责任共同体、利益共同体和发展共同体，淡化体制、隶属、级别观念，改变原来"见面式""慰问式""寒暄式"的走访，开展深度互动合作，推动把单位间的"弱关系"变成"强关系"；"双向"指的不仅是初级层面的单向服务，而且还基于互利共赢的深度互动合作，追求责任共担、成果共享；"三维"是指在党的建设、环境治理、街区规划、园区建设、空间利用、人才服务等全方位合作共建，不仅是街道与单位的合作，也包含单位间的合作；"多平台"是指构建各项协商参与平台，提高合作靶向性、精准性，解决效率的问题，包括项目发布对接清单、城事设计节、"校地警"和"学地警"联盟、名家大讲堂、学院路论坛等参与平台。初步形成了区域统筹、部门协同、上下联动、共建共享的党建工作新格局。

（三）"一库三清单"做实党建工作协调委员会

本着"不求所有、但求所用"原则，打破行政隶属壁垒，以开放包容的心态整合辖区资源，互通有无、取长补短，打造"一库三清单"。"一库"指"学院路发展智库"；"资源清单"是挖掘地区单位各自优势，按照可开放、可集约、可共享的标准，将辖区内场所阵地、活动设施、文体基地、硬件软件等各类资源汇总共享；"需求清单"是坚持问题导向，通过会议、座谈、走访等形式，围绕社区治理、环境整治、教育医疗、产业发展、扶贫帮困、文化交往等内容，征集地区单位意见建议，全面了解掌握群众需求，梳理汇总形成；"项目清单"是街道和地区单位，围绕双方或多方需求，通过会议洽谈等方式进行有效对接，通过项目化运作方式，推进项目实施，实现优势互补、互利共赢。根据地区高校、科研院所集中，文化底蕴深厚和人文气息浓郁的特点，倡导"经验共享、问题共解、整体联动、互促共进"，凝聚高校院所、非公企业等各领域人才，对地区建设发展的热点和难点进行研讨交流、参谋建议，力求集思广益、群策群力，就近用家门口的资源解决好家门口的事（图 15-1）。目前，智库专家已达 130 人，成为支持地区发展的思想库、智囊团，已开展了"点靓学院路"系列活动 20 余场。

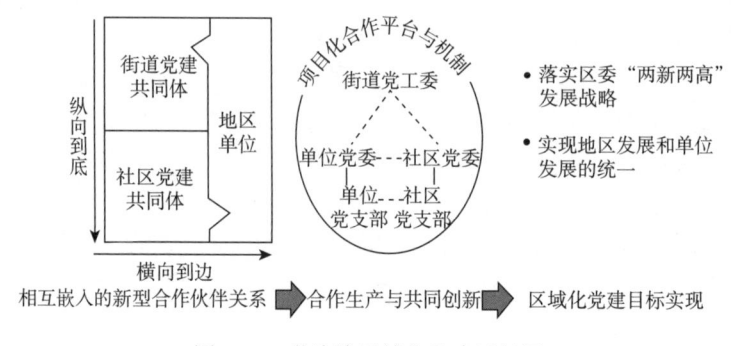

图 15-1 学院路区域化党建运行图

二、创新协同联动机制，构建区域治理共同体

着力构建领导有力、责任明确、要求具体、措施得力的工作机制，推动党建协调工作上下联动、齐抓共管。通过项目化、清单制等互动平台重建街道党组织和单位党组织之间的利益关联，通过合作生产，让资源在共建网络系统内部高效流动和有效配置，形成共治合力。在协调委员会建设层面，完善定期会议制度和联络员制度，以及议事机制、领导机制、责任机制、督导机制和考核评价机制；在签订共建协议的基础上，推动干部交叉任职，人才结对培养，推动地区单位党组织负责人兼任街道、社区党组织"兼职委员"；完善党建活动共联机制，推动地区各级党组织共同开展党员学习教育，共享信息、共享阵地、共享服务；赋予协调委员会对单位党员干部一定的考核权限，探索党员双向述职评议，双向考核激励，双向评价干部机制，完善激励和约束机制。

（一）调整治理单元，形成街区联动机制

北京全市街道工作会重点强调"推行以街区为单元的城市更新模式"，这与学院路街道的探索"大院大所"治理模式不谋而合。根据学院路城市特征和肌理，按照可达性、便利性、安全性，统筹整合辖区内公共服务资源、空间资源及其他资源，把29个社区划分为7个边界清晰的街区，推行街区更新治理模式。以公安"两队一室"改革下沉为契机，做实街区工作站，建立实体化"吹哨报到"平台，做居民身边的"12345"，设置"四站一室"，"功能嵌入式"街区治理平台，对居民各类需求、问题和矛盾采取"一口受理、颜色分拣"分级分类响应处置。目的是激活基层治理"神经末梢"，打通服务群众抓落实的"最后100米"，促进服务管理关口前移，做到"小事不出小区、大事不出街区"，实现从静态管理到动态管理，从被动受理到主动治理。

（二）打破系统界限，优化资源整合机制

为实现资源共享，提高协同效率，突破体制机制限制，将由自上而下的行政动员机制转变为上下联动左右协调的统筹机制，大力发现挖掘、开放共享、整合利用资源。例如，利用北京科技大学马克思主义学院党建研究优势，承担地区"党建规划师"任务，深入开展"两新党建"调研，建立党建引领模型，指导规范社区特色服务项目，提高党组织服务群众经费使用的精准性；开放共享地区单位的党建资源、红色空间和网络平台，将其作为党校培训和实践基地，实现"一校多址"；通过驻区单位引进周边外部资源，把清华大学城市品牌实验室的专家纳入智库，实施地区城市品牌和文化发展规划，

塑造"科创之源、学府智城"区域品牌形象，助推国际人才社区建设。

（三）拓宽沟通渠道，建立诉求响应机制

靠创新机制打破原有体制障碍，坚持民有所呼、我有所应，畅通治理主体意见和建议反映渠道，广泛开展"倾听"活动，探索身边诉、清单诉、会议诉和活动诉"四诉"机制，着力推进民主制度化、规范化、程序化，提高联动运行效率，使学院路街道的治理举措更科学、有效、系统。运用"街乡吹哨、部门报到"机制做好"接诉即办"，提高响应率和满意度，解决大量疑难问题，破解行政条块分割的封闭性，打通垂直管理的局限性，提高解决问题的精准性，提升上下互动的有效性。

（四）搭建协商平台，完善多元参与机制

当前，学院路街道正从以政府主导的"规建管"提升城市品质，过渡到以组织体制创新、文化与科技融合、激发社会参与活力来提升城市品质。学院路街道搭建多层次协商平台、多形式协商平台和重点事项会商平台。探索楼栋、小区、社区、街道多级协商机制，如健翔园社区成立"4+N"社区议事协商委员会，制定"健翔十二条"议事规则，推行"五步循环法"。针对地区单位和社区推出了重点事项会商机制，实施了"发现学院路""点靓学院路""贡献学院路""共享学院路"系列活动，通过底层设计扩大参与，激发创新活力，完善治理体系，焕新城市形态。

（五）探索协作模式，健全共建共享机制

倡导诉求共商、责任共担、空间共建、成果共享，学院路街道与各个单位签订了《"地区鸣笛 家家出力"战略合作意向书》。建立机制推动各单位履行主体责任，承担公共义务，参与公益活动。在前期梳理的基础上，以免费或抵偿的方式开放各自特色资源，如党建空间、会议空间、活动场地、文化体育设施等，使街区、校区、园区和社区资源共享，界限模糊。广泛开展闲置土地和空间共建，提升公共文化空间，拓展交往和活动阵地。推动联合共治，解决长期以来的责任划分不清的问题，如与北京科技大学合作各出资150万元，实现校园探头的更换和覆盖，与中国农业大学合作各出资200多万元完成了智慧门禁项目。

三、构建新型合作伙伴关系，形成区域发展共同体

在党建引领下，在各项机制的推动作用下，街区、校区、园区和社区不相来往的现状被打破。过去因为陌生而隔阂，现在是因为熟悉增加了信任，争议减少了，共同语言

多了，交集多了，文体活动、合作项目越来越多。而交通畅达、环境优美、文化繁荣、产业健康、生活便利、关系和谐成为大家的新共识，其中学院路街道、六所大学和派出所联合成立"校地警"联盟，在安全方面强化信息共享、力量联动，打破各校单打独斗的局面，提升相互联系的紧密性；北京语言大学与街道深度合作共同举办国际文化节，为建设国际人才社区贡献力量；北京科技大学和中国矿业大学积极承担地区适老化电梯建设、老年餐桌服务，切实提高了校区和社区生活的便利性。使四区相互融合，相互促进，建立了街道、社区与单位相互之间的新型合作伙伴关系和柔性关系网络，实现政府治理、社会协同、居民自治良性互动。从某种意义上来说，形成了区域发展共同体。

第三节 聚力更新，融合共生：学院路街道基层治理的实践探索

一、以街区规划为依托，提升街道品质

秉承"精治、共治、法治"的要求，聘请清华同衡规划设计院作为街区责任规划师持续开展街区更新，推动街区规划与单位需求、地区发展融合。实施多角度的"城市体检"，查找问题，科学诊断，在此基础上对街道进行了画像；编制了街道层面的空间规划、人文资源与需求清单、慢行系统提升策略与"城市织补"计划；开展多项公众咨询，不断扩大社会参与，特别是在规划中引入了人文、社会、历史、科技等跨界元素（如认知体系、城市表情、城市温度等），得到了地区单位和居民的认可。不但优化了方案，还构筑了地区团结，提升了群众满意度；持续进行城市修补和生态修复，在四区范围内进行系统的"空间整理"，针对闲置空间、灰色空间、城市边角地等存量资源长期得不到利用的难题，开展"城市针灸"，激活存量空间弥补城市功能短板；边规划边推动落实，利用马家沟拆迁甩项的低效土地，建设逸成体育公园，既提高了群众安全感，也提高了获得感，完成了京张铁路遗址公园启动区建设，在成功举办国际设计周"约会五道口"城市更新荟系列活动基础上推进"焕新五道口"城市更新行动，通过街区规划不断织补城市功能，优化城市结构，提升城市品质。

二、以校区参与为平台，凝聚创新人才

依托校区的设计和创新资源举办"城事设计节"，将四区联动起来，共同参与街区更新。2018年以"发现学院路"为主题，来自高校和社会的87组、240人报名参加设计节，内容涉及环境改造、园林绿化、文化提升、城市家具、便民服务、手绘地图、城市

情绪等。2019 年，以"共想学院路"为主题，北京林业大学、北京语言大学、北京科技大学、石油附小、中关村学院、方塘智库、知乎科技，以及各个社区、社会组织、网络媒体等诸多单位踊跃参加设计节，"城事设计节"已经成为调动地区高校院所和社会各方面规划、设计力量，广泛参与城市建设和发展的知名品牌活动。学院路地区拥有 59 名院士、22 个国家重点实验室，各方面的专家学者、专业人才不计其数，被誉为中关村科教之源。学院路街道以各校区人才智力资源为依托开展了国际人才社区建设，提升五道口、成府路等重要节点的文化品位，进行软硬件更新，开辟国际交往活动空间，开展国际化活动，搭建人才引进激励和政策服务平台，吸引、凝聚各类国际化人才。

三、以园区转型为契机，优化营商环境

学院路地区高科技企业众多，产学研一体化发展迅猛。各大园区和各个商业楼宇都努力创新转型提升。学院路街道从规划、腾退、设计、招商层面就开始全面介入，提供陪伴式服务，全力优化营商环境，提升园区品质，推动融合共生。建立街道领导带队走访制度，摸排园区企业基本情况，健全服务需求，完善基本数据，做好空间台账；加强政务服务中心管理规范化建设，提高办事效率和服务水平；引导 768 创意产业园、中国电科太极信息技术产业园、北京机电研究所等园区及驻园企业做好产业定位和结构调整；协助高新技术企业解读国家政策，申请国家级、市级及中关村海淀园各项奖励；成立实体化综合执法平台，将公安、工商、交通、食药、卫生、房管等职能部门纳入联动执法体系，帮助园区开展拆违、环境整治、化解矛盾等工作。会同中国电子科技集团公司第十五研究所拆除违建上千平方米，清理北侧 10 个集装箱，打开园区北门，并对整治贯通后的背街小巷进行整体环境提升，种植花草绿植、布设健身器材、增设停车设施，不断提升园区和社区的整体环境秩序。

四、以社区营造为路径，打造生态体系

通过党建引领、文化带动和内在活力激发提升社区治理水平，精准做好民生保障。将街区规划向社区延伸，聘请社区营造师，实现"双师联动"的治理局面。以复杂的老旧小区二里庄社区为试点，完善社区单位、物业、专家、社会组织等多元参与治理结构，构建具有活力和效率的多元参与社区治理体系。引进社会组织，成立"二里庄社区营造工作坊"，孵化培育社区社会组织 30 多个，以专业社会组织作为枢纽引擎，在尊重社区原有生态现状的基础上提高参与式精细化服务水平，形成"149N"模式，即构建"一个"社区生态体系，以精治、法治、共治、礼治的"四治"为手段，实现共驻、共商、共议、共建、共谋、共治、共享、共融、共生的"九共"生态，打造"N 项"品牌，建构合作社群、共享空间、规范自治的共享美好生活社区。制订"社区营造三年行动计

划"，完成彩绘文化墙，对社区服务中心和街心花园进行改造，推进社区微更新，提升社区公共空间品质，共建"美团社区实验室"，与清华大学美术学院"社区设计"联合工作坊，打造党群服务中心和新时代文明实践中心。此外，与石油大院内七家单位达成发展共识，召开"吹哨报到"恳谈会，签订《石油大院共治共享公约》，拆违治脏治乱，促进互相开放空间和活动资源，腾退两千多平方米作为公共空间，建设新老建筑共生、职工居民共生、文化共生的"共生大院"，详见图15-2。

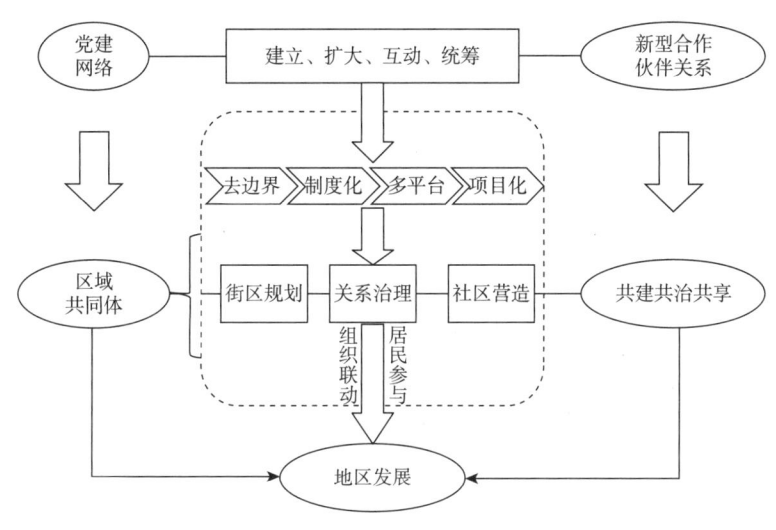

图 15-2 学院路街道基层治理思路

第四节 重塑网络，协同发展：学院路街道基层治理的主要经验

由一元治理到多元合作，由单一受益到多向共赢，由自上而下到自上而下与自下而上、横向联动相结合，由单纯依靠"硬"举措到同时兼顾"软"办法。从经验性意义上，学院路街道探索构建街道治理共同体，形成了较为稳定系统的治理实践，这一实践实际上是围绕"四个空间"展开的。

一、以党建引领黏合"组织空间"

经典社会学理论指出，一个社会的秩序、整合与团结不会无缘无故地发生。在传统社会，整合可以透过血缘、亲缘、地缘等先赋性因素实现，在现代社会，原子化程度越来越高，要实现社会团结，更多的是依赖组织的力量。在学院路街道，将治理主体凝聚起来的组织是多样化的。学院路街道组织系统基本可以分为教育组织、单位组织、社区组织，各类系统之间，壁垒还是比较坚固的，各组织既没有能力，也没有动力来改变现状，在这种情况下，党组织在组织整合方面的关键性优势作用就凸显了出来。学院路街道以党建引领为先导无疑是明智之举，推动了跨组织互动，黏合了组织空间，收到较好的效果。

二、以机制优化耦合"制度空间"

着力提高基层治理效能和效率，降低治理成本，加强系统治理，需要构建系统完备、科学规范、运行有效的制度体系，优化完善各项机制，提升各种能力，耦合"制度空间"。学院路街道坚持党的集中统一领导，统筹协调，以系统思维、战略思维、创新思维、合作思维为准绳，做实做精区域化大党建和党建协调委员制度，以"党建"带"社建"，提升地区组织力；创新协同联动机制，调整治理单元，形成街区联动机制、打破系统界限、优化资源整合机制、搭建协商平台、完善多元参与机制、探索协作模式，健全共建共享机制。构建新型合作伙伴关系，形成区域发展共同体；改革调整街道科室设置，优化社区治理结构，厘清社区居委会、物业、居民、辖区单位职责，引进专业社会组织，提升社区治理专业化能力。通过"看得见摸得着"的生动实践强化街道组织动员能力，提升互动博弈能力、预警纠偏能力、平衡整合能力。

三、以网络重塑整合"关系空间"

在城镇化和社区治理体制双重变迁的背景下，关系割裂、"交往孤岛"问题日益凸显。具有中国特色的多元合作治理需要"型塑"新型社会关系或街区关系，探索街道治理共同体的规律。不同于滕尼斯的共同体概念，街道治理共同体是地区治理主体关系的融合共同体，是共建的过程共同体，是结果的共享共同体。从主体上看，学院路街道通过固根基、扬优势、补短板、强弱项，通过制度化实践，不仅可以优化党群关系、政社关系、条块关系、街区关系，还可以优化各主体与空间环境关系，扩大各方参与，构筑地区团结，激发内在活力；从过程来看，学院路街道遵循网络发展的生命周期，从建立、扩大、互动到统筹，持续深耕，提高关系网络的有效性；从结果来看，通过需求清单方式，通过参与式治理，打造熟人社会，促进网络内组织之间的互动，使网络逐渐进入一个结构合理、供给与需求平衡、服务稳定、良性互动、合作共赢的阶段。增强了相互间的"社会约束"，发现和引领社区精英（新乡贤）回归社区、融入街区、贡献地区。学院路街道致力于恢复秩序，引导社会心态，缓解社会张力，实现区域复兴，让社区进入一个有机生态、区域治理共同体的理想状态。

四、以城市更新融合"生活空间"

组织空间、关系空间和制度空间的重构，归根到底要落实到人们的生活之中，落实到人民群众对美好生活向往的生活空间和生活场域。生活空间和场域既是客观环境空间，也是主观感受空间，是人际交往空间和互动空间，是生活品质提升、生活情趣绽放的空间。以城市更新融合生活空间，让老百姓过上好日子，不断提升老百姓的生活品质，是基层治理创新的落脚点和出发点。学院路街道力求提供更精准的公共服务，满足地区人民群众多样化、高质量的需求，还要发挥人民群众和其他治理主体的主观能动性，促进居民和其他相关治理主体的参与，最大限度地激发基层活力。学院路街道治理体系注重通过城市双修，构建新型城市形态，既是面向今天的更新，更是面向未来的更新，基本形成了有活力的校区、有创意的园区、有品质的街区、有温度的社区。

第十六章 北京应大力发展创业经济[①]

内容概要：改革开放政策使中国具备了发展创业经济的条件，随着创业活动的日益活跃，一大批创业企业完成了大量的技术创新、实现了大批科技成果的转化应用、创造了无数的就业机会，创业已经成为经济和社会变革的重要推动力量。发展创业经济，是中国转变经济发展方式、提升产业结构的必然选择。本章分别从确定发展创业经济的城市战略、建设创业型社会、培育和扶持中间组织、发挥政府独特的组织优势、有效弥补市场不足等几个方面提出了观点和建议，以期为北京创业经济的发展提供参考和借鉴。

创业经济作为一个概念，是 1984 年由管理大师彼得·德鲁克提出的，他认为，自 1970 年以来，"出现在美国的创业经济已成为事实"。随着改革开放进程的加快，大批创业企业完成了技术创新，实现了科技成果的转化与应用，与此同时，也创造了无数的就业机会，创业已经成为推动经济和社会变革的重要力量。自 2014 年国家领导人提出"大众创业、万众创新"开始，每天全国有 1.8 万户企业开业，以当年阿里巴巴实现史上最大首次公开募股为标志，中国已进入了创业经济时代。而北京是全国发展创业经济最有优势的地区之一，其创业和创新文化的底蕴、活跃的创业主体、丰富的技术创业题材，以及正在加快建设中的具有全球影响力的全国科技创业中心，都是发展创业经济的有利条件。

第一节　确定发展创业经济的城市战略

对发展创业经济的战略意义应当有全面深刻的认识。发展创业经济，是中国转变经济发展方式、提升产业结构的必然选择。在产业结构上，要由低附加值、低技术产业向高附加值、高技术产业延伸，新一代的创业者，多以知识产品、技术产品、信息产品、创意产品为主导来创造新的企业、新的产业；在产业链条的环节上，当前的"中国制造"多处于微笑曲线的底端，要在新技术开发、技术转移、产品设计、市场营销等高增值环节占有一席之地，除需要现有企业拓展业务领域外，还需要有大量新创的高科技企

[①] 本章由首都科技发展战略研究院课题组完成，作者颜振军。

业。另外，由于当代科学研究、技术开发、工程设计具有个性化、跨界融合的特点和趋势，新创企业和中小企业成为科技创新的主要力量，而发展创业经济又是提高我国自主创新能力的必要前提。

实现这样的国家战略目标，北京责无旁贷。同时，发展创业经济是建设科技创新中心的应有之意——技术创新需要技术创业来完成一个闭环。改革开放40多年来，草根创业、技术创业成为北京地区实现科技创新成果产业化的重要途径。从近年对创业者的调查来看，创业企业的创始人中，企业高管（38.4%）、企业技术人员（22.2%）占了大多数，31~40岁年龄段的创业者比例最高（49.8%），具有5年及以上工作经验的比例达57%，83%的人是连续创业者。扶持这样的一大批创业者，将为北京的创新和经济发展提供强劲动力。

确立发展创业经济的战略，将是北京在"九五"期间提出"首都经济"之后，再次明确首都经济发展的全面战略，其对指导北京的经济社会发展、引领支撑全国的经济转型，具有十分重要的意义。

第二节　建设创业型社会

创业的经济发展有赖于成熟的创业型社会。创业型社会，既意味着创业在实现社会目标上有重要的作用，又意味着社会对创业有更积极的态度。

建设创业型社会，需要完善信用体系，降低创业和企业成长的交易成本。这个问题早就引起了重视，但一直进展不快。2015年初，北京出台了《北京市人民政府关于加快社会信用体系建设的实施意见》，以继续推进此问题的解决。建议首先要加大统筹协调的力度（目前看，由经济和信息化部门牵头，恐难胜任），真正打破政府相关部门、国有机构间的利益藩篱，尽快建立起信用体系；其次，要向公众、机构公开信息，让社会信用体系真正用起来、活起来；再次，改掉只顾建、不顾管的老毛病，安排必要的财力、人力和组织力量，保证信用系统的正常维护和适时升级；最后，这个事情单靠政府一家难以完成，要实现政府、市场、社会的协同运作。

建设创业型社会，需要良好的创新创业教育和适宜的文化环境。创新和创业的思维、方法、技能和企业家精神，应当"渗透"到教育的"血液"之中，并在课程设置、教师配置、经费保障等方面得到落实。当前大学的创业教育，要避免两个极端。一是避免创业课程的"大跃进"，创造条件、稳步推进，不要为开课而开课；二是避免仅仅片面地大力鼓动大学生创业，须知创业不易。同时，要继续加强创新文化建设，努力弘扬和营造勇于探索、敢于创新、宽容失败的创新精神和创业环境，让那些创业者成为"网红"。

第三节　加强鼓励创新创业的制度创新

只有通过制度创新鼓励、规范和保障创新活动，才能够激发创新活力、提高创新能力，形成创新活力竞相迸发、创新精神充分展现、创新成果大量涌现的生动局面。制度问题的核心是解决科技创新中要素的分配关系问题，就是资本和科技人员的创造性劳动如何分享科技成果和产业化利益。重视资本的价值，也不应该忽略劳动者本身的价值创造。资本是死的，人是活的，资本只有跟人的创造性劳动结合才能增值。遵循自主创新的规律，合理确定人的知识创新与资金、装备及土地等要素配置的关系，确立人的知识创新在创新活动中的主导和能动作用，降低知识创新的社会成本。解决好在科技创新活动中资本和人的劳动之间的利益分享问题，调动科技企业和科技人员创新的积极性。解决不同主体的利益分配问题，形成协调、共赢的机制，满足不同主体的利益诉求。

完善对人力资本的激励。人才是创新的核心要素，需营造尊重人才、人尽其才的社会环境。研究制定人才建设和发展规划，以及人才引进、培养、激励、流动、评价等各个方面的制度。支持企业引进人才、聚集人才，建立和完善高校、院所和企业对科技人才的联合培养机制。

确立激励创新的利益导向。激发科研人员科技成果转化和产业化的积极性，使其研发成果能够与产业相结合，并能参与科技成果产业化的利益分配。增强科技人员在企业、大学、科研院所合理流动的动力，畅通流动渠道。建立科学合理的人才考评机制，大学和研究机构应当鼓励和支持有条件的科技人员从事科技成果转化工作，政府有关部门要对企业的科技人员在职称评定等方面，打破部门和所有制限制，给予政策倾斜。完善针对高层次人才和企业骨干人员在创业扶持、户口进京、购买和租赁住房、子女入学等方面的优惠政策，并加以落实。

知识产权制度，是影响创新动力能力活力的重要因素。应当健全知识产权制度，加强知识产权的创造、运用、管理和保护，合理确定知识产权创造者的权益，保护知识产权人的权利。建议考虑大胆创新，在北京出台最激进的知识产权政策，规定对于职务发明成果的产业化，创新团队或负责人可以拥有全部的权益。

第四节　培育和扶持中间组织

一个生态系统的生成和发育，除了保持生物多样性之外，一些关键主体的状况也至关重要。对于首都创新创业生态系统来说，当前的关键主体之一，就是介于研究开发机构、大学、新创企业、中小企业、行业龙头企业之间的一批中间组织。

要大力发展创新创业服务业。从首都资源服务全国市场的高度，采取政策激励、环境保障、监督管理等手段，大力培育和发展行业协会、技术联盟、专业实验室管理公司等社会中间组织，构建创新服务体系，孕育和催生创新服务业态。帮助社会中间组织在企业与大学、科研院所之间建立基于市场机制的协作关系，提高社会中间组织的社会公信力。推进科技企业孵化器、大学科技园及科技中介机构的发展，通过制定相关扶持政策，充分发挥其在聚集人才、孵化企业、转化成果、创业就业等方面的积极作用，帮助其提升专业化服务水平和市场化服务能力。

让首都科技创新平台发挥更大作用。立足于满足首都经济社会发展的科技需求，着眼于在全球范围内优化配置创新资源，完善首都科技创新平台建设格局。加快组织创新，进一步打破首都创新资源部门分割，资金、人才、装备等要素固化，产学研用脱节的状态，着力建设好政府服务平台、科技项目平台和中间试验平台。要利用平台集聚资金、土地、技术、人才等各种创新要素，在纵向上打通科研、应用、生产等各个创新环节，在横向上整合高等院校、科研院所、国有企业、民营企业、社会服务机构等不同隶属关系、不同所有制的创新资源。

提升创业孵化的质量和绩效。北京的创业孵化事业一直走在全国前列，在创业经济时代，北京科技企业孵化器的建设和发展，要坚持高标准、高质量，提升创业孵化绩效。一是重点发展专业孵化器，鼓励每一个孵化器聚焦于一个特定细分产业或技术领域，构建细、深、长的生态链。二是支持和帮助科研院所建设一批专业孵化器，其重点是产品熟化和产业化，中国科学院的那些研究所，许多都应当有若干个专业孵化器。三是支持和帮助大学建设好相关的孵化器。北京这么多好高校，但像清华大学、北京航空航天大学、北京理工大学这样的好孵化器太少，还有很多高校没建孵化器。四是鼓励大企业创办孵化器。央企、转制院所、民营大企业，天生是作孵化器的"坯子"。但目前国有企业有点压力但动力基本没有，所有大企业基本没认识到孵化器对自身发展的价值。五是鼓励支持北京的机构做全国全世界的生意。这包括建设服务于全国全世界的创业孵化行业平台，包括行研、信息、链接、咨询、培训，这个市场很大，需要多个机构多个平台，这件事唯有在北京才能做得好。还包括开展创业孵化产业的整合，分产业或分领域的孵化器及相关资源的并购整合，这件事情，在上海深圳等其他地方都可以做，当然北京更好。

但是，在当前状况下，这样一些中间组织的发育还不充分，除了出台政策、采取必要的措施激发这些市场和社会的力量之外，政府还要补救市场失灵，在创新生态系统中充当"关键少数"的角色。

第五节　发挥政府独特的组织优势，有效弥补市场不足

首都地区的创新要素极其发达，研究开发机构、优质的高校、科技人员、科技型中小企业、大型高科技企业等实力强大且高度密集，这样的条件在全世界都是凤毛麟角。但是，由于宏观和微观体制的限制及市场经济发育不足，要素之间的有机连接不充分，

互动、融合、协同效应并不明显,市场的作用还不足以解决这些问题;作为市场单元的这些创新主体,各自为战、自顾不暇,一些共性的、通用的资源供给严重匮乏。因此,在这样一个历史阶段,政府需要有所作为。

其一,组织行业研究。"大院大所"改制之后,行业趋势判断、行业宏观信息获取、行业共性技术及关键技术研发等成为行业的短板。政府可以利用财政资金,自行组织或者委托开展国内外行业信息的整理与运用,组织绘制关键领域的技术路线图,以符合市场规则的方式与龙头企业合作开发行业关键技术和共性技术。行业研究,特别是战略新兴产业若干细分领域的行业技术性研究,是北京的优势。换言之,若北京都不做,国家的产业技术乃至产业发展,显然缺乏核心竞争力,难免长久地受制于人。

其二,开展行业促进。以往北京市在行业促进方面积累了很多经验,如科学技术委员会对软件行业、生物医药行业的促进,经济和信息化委员会对集成电路产业的促进等,都是卓有成效的。未来,应当继续发挥政府及其所属机构的组织优势,在高端产业及一些产业的高端环节,投入财力、人力、组织资源,力争取得一些突破。

其三,发展科学产业。科学产业即"基于科学的产业"。改革开放40多年来,我国经济发展的成就之一,就是在不少"基于技术的产业"领域对发达国家的成功赶超,诸如在家电、船舶、常规机械制造等领域的成功追赶。但在基于科学的产业,诸如基础电子器件、生物技术、化学制药、新的功能材料等领域,我们却难以追赶发达国家,发达国家相对于我国一直保持着较为稳定、强劲的竞争优势。尽管我国在政策、投资、研发、新技术产业化等方面都进行了诸多努力,但仍然很难缩短与发达国家的差距。从国际经验看,后发国家在"基于科学的产业"领域要赶超发达国家同行,必然面对着诸多难以克服的困难。例如,日本在电子、汽车等产业领域成功地赶超了美国等领先者,但却在生物工程、化学制药、计算机软件等"基于科学的产业"领域长期落后于美国和欧洲。其中一个根本的原因,就在于基于科学的产业的创新及发展有其独特的现象和规律,特别是基于科学的产业的创新及发展更多地依赖于科学上新的发现,而科学上新的发现又依赖于以往的基础研究的积累、恰当的领域选题和较多的研发投入。

当前,核能和其他新能源(诸如太阳能、生物能等)、计算机技术(高速化、网络化、人性化等)、生物技术(制药、医疗等)、太空技术(航空航天等)、脑科学、虚拟现实技术等的大发展,可能是第三次工业革命的裂变阶段。这一阶段一个可以预期的特征是,基于科学的产业的创新与发展有可能得到各国高度的重视。中国作为正在快速发展的新兴国家,自然应在这一方面有所作为,将基于科学产业的创新活跃兴盛作为中国追赶发达国家的战略性契机和途径,北京在这方面,应当承担起应有的责任。

其四,利用政府资源,缓解创新主体资金短缺的难题。当前形势下,受市场主导的资金,主要投入房地产等领域,贪婪地追求快速的、远超平均利润率的高额回报,而产业化早期的科技项目,由于高风险、难把握、周期长,往往无人问津,市场失灵非常显著。北京市在2013年开始启动一支"前孵化"基金,专门扶持早期创新项目,是一个非常好的设计。建议在目前成立的创新基金基础上,加大力度、稳定持续实施,并注意与市场投资主体的密切合作。同时,利用财政资金牵引,组建一批产业投资银行,专业化地扶持一批新兴产业的生长。

其五，为中小科技企业和相关创新主体的国际化拓展背书。随着全球化的推进，越来越多的国内企业和其他主体在探索开拓海外市场，但苦于人力、资本和信用资源不足。北京市政府及其相关部门，可以借鉴一些外国地方政府的做法，主动地带领合乎一定标准的创新机构走出去，用政府信用为这些机构背书，使它们降低成本、节省时间、少走弯路。同时，可以借鉴德国政府在北京、上海、太仓等地建立"德国中心"的做法，在中关村企业迫切需要开拓市场的一些海外城市，设立"北京中心"，为企业提供信息、法律、文化、人力等方面的协助。

第十七章 中国创业孵化事业保持强劲发展态势[①]

内容概要： 为展现中国创业孵化发展全貌，科学技术部火炬高技术产业开发中心和首都科技发展战略研究院联合编著了《中国创业孵化发展报告（2019）》。该报告旨在提供全国（不含港澳台地区）和各地区科技企业孵化器和众创空间客观、翔实的数据及简洁的分析解读，全方位地揭示全国及各地区创业孵化发展状况。研究显示，中国创业孵化事业保持强劲发展态势，为培育经济发展新动能，促进实体经济转型升级，建设现代化经济体系提供了有力支撑。

2018年，我国"大众创业，万众创新"经历了深化、升级的过程。创业孵化事业不断向更大范围、更高层次、更深程度发展，已形成了主体多元、类型多样、业态丰富的发展格局。创业孵化已成为推动科技和经济结合的重要力量，为培育经济发展新动能，促进实体经济转型升级，建设现代化经济体系提供了有力支撑。

第一节 创业孵化事业保持强劲发展态势

截至2018年底，全国创业孵化机构[②]总数达到11 808家，其中，科技企业孵化器（以下简称孵化器）为4 849家，同比增加19.2%；众创空间共计6 959家，同比增长21.3%。全国在孵企业和团队62.0万家，其中，孵化器在孵科技型创业企业20.6万家，同比增长17.7%；众创空间服务的初创企业和创业团队41.4万家，与上一年基本持平[③]。

2018年，创业孵化机构运营收入为646.2亿元，其中孵化器总收入463.3亿元，众创空间总收入182.9亿元；运营成本为515.7亿元，其中孵化器运营成本为341.5亿元，众创空间运营成本为174.2亿元。在孵企业和团队科技含量进一步提升，其中，在孵企业拥有有效知识产权超过65.6万件，其中发明专利10.6万件。全国创业孵化机构从业人员

[①] 本章由科学技术部火炬高技术产业开发中心、首都科技发展战略研究院课题组联合完成，课题组成员包括颜振军、孙启新、刘杨等。
[②] 创业孵化机构指纳入火炬统计的科技企业孵化器和众创空间。
[③] 本章研究数据均来源于《中国创业孵化发展报告（2019）》。

达到 21.8 万人，其中孵化器从业人员总计 7.3 万人，众创空间从业人员 14.5 万人。创业带动就业作用进一步发挥，在孵企业和创业团队人员数达到 395 万人，其中吸纳应届毕业大学生 46.1 万人。

第二节　科技企业孵化器持续快速发展

2018 年，党中央、国务院加快推进结构调整和动能转换，迫切需要创新创业更好地发挥关键作用。中国科技企业孵化器持续向高质量、高水平迈进，成为传统企业转型升级和新兴企业快速成长的重要手段和选择。当前，孵化服务精细化和专业化程度在逐步增强，在孵企业的科技含量和质量在同步提升，科技企业孵化器总体呈现出"各类主体全面参与，科技含量不断突显，服务注重结果导向，孵化产出质量更高"的发展态势，为实现实体经济转型升级，推动经济高质量发展提供了重要支撑。

一、创业孵化与多主体深度融合，开辟企业发展新路径

科技企业孵化器成为产业转型切入点。2018 年，超过 50%的省、市反映本地区的传统企业及新兴企业试图借力于科技企业孵化器，以实现传统产业转型升级，抢占新兴市场的目标。以传统企业为例，湖北省武汉市爱帝集团通过建立"一个品牌、两大园区、八大平台"体系，打造具有开放式、全生态、产业化的创业孵化体系，探索出由传统服装产业向时尚产业转型的新路径。以新兴企业为例，安徽华米科技通过打造华米硬客公园，专注于培养和投资智能硬件领域创业项目，集聚了 40 余家创业企业和团队，"抱团"式迅速占领新兴市场。江苏南京甄视智能科技有限公司联合山西大数据产业研究院及上海交通大学等单位，通过投建人工智能产业孵化器，孵化培育人工智能关联产业及在孵企业，在细分领域对其主体形成有力延伸和补充，增强市场竞争力。

创业孵化与研发机构深度融合发展。随着科技成果转化体制机制的不断创新和创业理念的深入人心，科研人员对科研成果的追求不再仅止步于研究层面，而是更进一步地开拓新局面，努力实现科研与产业结合，将理论指导实践落到实处。得益于灵活变通的体制，新型研发机构有能力实现基础研究、应用开发、产业化、企业孵化等各环节联动，从而产生极强的产业带动力，得到地方政府的高度重视。《广东省科学技术厅关于新型研发机构管理的暂行办法》的出台给予了广东省新型研发机构巨大鼓励和动力。2018 年广东省共计 219 家新型研发机构拥有有效发明专利 1.1 万件，其中成果转化及技术服务收入达到 620 亿元。江苏省以市场化为导向，坚持促进新型研发机构以混合所有制建设运营；以股权激励为核心，明确支持人才团队持大股，催生了南京膜科学技术研究所、劳德（南京）国际转化医学研究院、南京奇偶创想人工智能研究院等百余家新型研发机构，成为地方经济发展新的增长点。陕西省在全省范围内推广以中国科学院西安

光学精密机械研究所和西北有色金属研究院为代表的"一院一所"模式，积极发挥科教资源和龙头企业优势，支持中国电子科技集团公司第二十研究所、第三十九研究所，以及中联西北工程设计研究院等多家院所和中国兵器工业集团、陕西煤业化工集团、中国西电集团等企业打造专业孵化器。

二、有针对性、专业化的孵化服务成为新亮点

整合各类资源，提供有效服务。2018 年，在组织活动、开展培训的基础上，孵化服务创新发展，立足于企业的实际需求，整合孵化器的各类资源，提供更加有效、切实的服务。2018 年，孵化器开展创新创业活动的场次同比下降 15.86%，创业导师对接企业的数量同比上涨 34.45%，表明孵化器对在孵企业的服务正在由"重场次"向"重效果"方向转变。上海漕河泾新区技术开发区科技创业中心通过盘活开发区内 83 家国际 500 强企业，聚焦人工智能技术、智能物件、大数据与智能分析、信息安全等技术，以"精准融资"和"场景落地"为双核心，构建"媒体+法律+财税+人力"服务体系，累计培育科技企业 400 余家，成活率超过 90%。黑龙江省哈尔滨创业投资集团整合旗下 7 家孵化器和 4 家基金公司，打造"孵化+投资+增值"一站式服务，累计完成项目投资 26 项，投资总额 7 010 万元，带动机构跟投 2 亿元。

三、高度重视自主研发，优质企业争相涌现

孵化器高度重视研发，科技含量不断提升。在孵企业普遍加大研发投入。2018 年全国在孵企业研发投入强度达 8.7%，研发总支出 726.6 亿元，同比增长 23.4%。全国在孵企业知识产权申请数量 26.8 万件，同比增长 40.4%；拥有有效知识产权数 44 万件，其中发明专利 8.5 万件；在孵企业总数 20.5 万家，其中获得国家高新技术企业认定的达 1.3 万家，科技型中小企业近 6 万家。平均每家在孵企业的当年知识产权申请数达 1.3 件，同比增长 19.27%。同时，各省、市政府同步出台激励政策。湖南省支持企业研发财政奖补政策，首次兑现奖补资金 3.71 亿元，带动企业新增研发经费投入约 93 亿元，引导比 1∶24。第七届中国创新创业大赛参赛企业 3.1 万家，平均研发投入强度超过 8%，通过大赛不断聚集各类创新资源。

孵化器培育出一批优质企业，创新成果受到广泛认可。青岛留学人员服务中心成功孵化出海通机器人公司，推出具有全部自主知识产权的移动机器人电控软件平台、多模式导航系统及系统控制平台，填补国内该领域空白。广东工业大学研究院"高清晰图像和海量信息传输芯片设计"项目团队，专门从事集成电路芯片设计开发，所开发的产品被世界一流公司高度认可。青岛工研院孵化的融智生物科技公司，研发出国内首个大分子检测分析质谱仪并成功将其推向市场。目前，该项目已经获得高达 2 亿

元的第三轮融资，企业估值超 10 亿元。厦门海沧生物科技公司孵化的艾德生物，专注于肿瘤精准医疗诊断，其研发的肿瘤伴随诊断试剂成功在全球 50 多个国家和地区得到广泛应用。

四、在孵企业营利能力增强，专业孵化器蓬勃发展

在孵企业营利能力稳步提升。2018年，平均每家在孵企业收入为404.94万元，同比增长 12.29%；平均每家在孵企业当年获得风险投资额 30.58 万元，同比增长 11.73%。专注于智能汽车领域的蔚来汽车由腾讯众创空间孵化，2018 年 9 月在美国纽约证券交易所成功上市，市值超过 60 亿美元。

专业孵化器蓬勃发展。2018 年，全国共计 4 849 家孵化器，其中专业孵化器 1 429 家，数量较 2017 年增加 224 家，增幅达 18.6%。然而，2018 年专业孵化器数量占所有孵化器的比重不到 30%，较 2017 年略有下降。究其原因，其一是专业孵化器的技术门槛相对较高，技术与服务管理知识兼备的高级人才的稀缺导致了专业孵化器的运营和管理困难；其二是专业孵化器的回报周期相对较长，专业孵化器项目周期长、前期资金成本投入高的特点导致专业孵化器占比一直较低。因此，专业孵化器的发展还需要进一步的政策引导和激励。

五、孵化器构建局部良好创新创业生态，促进区域协调发展

京津冀创新创业资源逐步协同。2018 年，京津冀共有众创空间和孵化器 1 243 家，占全国总数的 10.5%。河北省积极推动优秀孵化品牌落户，柴火创客空间北方中心落地石家庄，雄安新区首个"双创"项目雄安绿地双创中心挂牌开业，全国首个人工智能汽车双创基地落户保定满城区。紧抓 2022 年冬奥会的契机，张家口冰天雪地孵化器、冰雪装备产业园区等冰雪产业孵化器迅速发展。

粤港澳大湾区引领高水平创新创业。2018 年，粤港澳大湾区新增专业孵化器比例超 50%。粤港澳创新创业基础雄厚，拥有 1 680 家孵化载体，占全国总数 14.2%。以广东省为例，2018 年广东省培育了大量专注于生物医药、机器人与智能制造等领域的专业孵化器。支持粤港澳地区的孵化器加强合作交流，鼓励发展粤港澳青年创业基地，能够促进粤港澳大湾区协同发展。

长三角创新创业呈阶梯发展。2018 年，长三角共有众创空间和孵化器 2 601 家，占全国总数的 22%，是我国创业孵化载体最集中的区域。同时，长三角城市群的创新创业已经初步具备阶梯发展、联动发展的基本格局：既有创孵发展水平很强的城市，如上海、无锡、苏州、杭州；也有具备一定创孵基础的发展中城市，如常州、宁波、合肥等；还有创孵发展较为一般，发展潜力较大的城市。

六、孵化器持续推进国际化发展，国际合作潜力巨大

孵化器成为国际合作新的落脚点。随着"一带一路"倡议的开展和改革开放的深度实施，众多海外企业投资中国的孵化器，中国的"双创"企业也有机会走出去。例如，海南自贸区探索国际离岸孵化。目前，海南省国际离岸创新创业示范基地起步区已入驻团队 15 家。海南生态软件园建设"中国（海南）－东盟创新创业园"，已经吸引新加坡、马来西亚、柬埔寨等东盟国家各类科技项目 12 个。

孵化器领域的国际合作仍处于初步开拓阶段，未来具有巨大潜力。围绕建设需求，协助对接国内外创业孵化相关资源，支持国际离岸创新创业示范区建设，助力产业结构升级，同步对接长江经济带发展需要，能够大力推动相关地区孵化器等创业孵化载体的"聚变式"发展，辐射带动周边地区发展。

第三节 众创空间保持良好发展势头

众创空间的发展势头依然强劲。2018 年，全国众创空间的发展呈现出"以科技为引领、向高质量发展"的态势，在培育科技型企业、活跃社会创新氛围、促进经济转型升级等方面发挥了积极作用。

一、数量保持稳健增长，性质呈现多元化

各地区众创空间数量增长迅猛。2018 年，各省、市积极出台鼓励创新创业的政策，助力众创空间在数量上实现增长，同时也提升质量。2018 年，全国众创空间共计 6 959 家，同比增长 21.3%；提供创业工位 122.44 万个，同比增长 16.08%。从绝对数量来看，广东省众创空间总数位列全国第一，共有 716 家，占全国总数的 10.3%。从增长速度来看，河北省增长最快，新增众创空间 135 家，增幅 37.7%。从区域分布来看，京津冀、粤港澳、长三角占全国众创空间总数的 38.6%。

众创空间性质呈现多元化。从运营主体性质角度出发，2018 年，民营性质的众创空间占比 66.2%；国有性质的众创空间占比 11.5%；事业性质的众创空间占比 10.2%。同时，由高校科研院所成立的众创空间 863 家，占比 12.4%，高校科研院所是发展众创空间的中坚力量。全国的众创空间上市（挂牌）企业 621 家。此外，由投资机构直接建立的众创空间 532 家，"投资+孵化"成为众创空间发展的重要模式。当前，民营性质的众创空间逐步成为众创空间发展的主力军；国有性质的众创空间有效激发了大企业的创新

能力；事业性质众创空间虽然数量较少，但仍在发挥正面、积极作用；高校科研院所成立的众创空间在推动科研成果向实际效益转化方面发挥了重要作用。

二、高度重视技术创新，众创空间"强身健体"

在孵企业知识产权数量增加较快，创新能力不断提升。2018 年，全国众创空间常驻企业和团队拥有有效知识产权数量达到 21.6 万件，同比增长 41.8%；拥有发明专利数量 3.95 万件，同比增长 18.3%；全国众创空间初创团队和企业拥有千人计划 3 083 人，留学人员 2.45 万人，为企业技术创新提供了强大动力。以上数据表明众创空间内在孵企业高度重视技术创新，科技型创业企业逐步成为入驻企业的重要组成部分。

众创空间经历了"瘦身"的过程，吸纳在孵团队、企业和就业人数有所下降。2018 年，全国众创空间服务的创业团队和企业 41.4 万个；吸纳就业人员 151.4 万人，同比下降 12.7%；平均每个众创空间常驻团队和企业 30.36 个，比上年度入驻率下降 17.3%。但是，高层次创业群体呈现增长趋势。2018 年，众创空间内大学生创业、留学归国人员创业、科技人员创业、大企业高管离职创业、外籍人士创业等团队和企业数量共计 18.7 万个，同比增长 16.5%。其中，大学生创业团队和企业的数量突破 10 万个，同比增长 12.7%。新型研发机构、大企业创新中心、科技资源开放平台齐头并进，寒武纪、旷视科技、商汤科技等一批科技型企业茁壮成长，科技型中小企业入库 13 万家，高新技术企业已达 18.1 万家。

三、管理体制逐步完善，服务活动水平不断提升

建立备案众创空间淘汰机制，形成优胜劣汰的发展氛围。2018 年科技部对 42 家国家备案众创空间取消资格，各省同步建立省级众创空间淘汰机制。另外，优秀众创空间培育体系进一步完善。面向全国推出的寻找 100 家特色空间活动，使得品牌化、特色化众创空间脱颖而出。上海市建立"专业化、国际化、品牌化"培育体系，形成了以宝武集团、中国科学院上海微系统与信息技术研究所为代表的专业化众创空间，以"莘泽""苏河汇"为代表的品牌化众创空间。

全国众创空间质量精准化提升。2018 年，全国众创空间举办创新创业活动累计达到 12.4 万次，同比下降 18.3%；开展创业教育培训 10.6 万场，基本与上年持平。从服务活动总量来看，2018 年服务场次有所下滑，说明众创空间更重视创业孵化的实际效果。从服务人员、创业导师、参与数量角度出发，当年众创空间总体质量有大幅提升。2018 年，众创空间内服务人员数量超过 15 万人，同比增长 43%；全国众创空间共吸纳 14.1 万名创业导师，同比增长 16.2%；开展的国际交流活动达 9 206 场，同比增长 8.2%。澳门创业孵化中心进入国家备案众创空间，促进港澳与内地创新资源的进一步对接。

四、创业项目获得资本青睐，政策持续予以支持

民间资本成为创业者的主要投资来源。2018 年，1.75 万个服务团队和企业获得的投资总额达到 764.7 亿元人民币，其中获得民间社会资本投资 670.5 亿元，占投资总额的 87.7%；获得众创空间自身投资约 65.08 亿元，占投资总额的 8.5%。相较于 2017 年，民间社会资本投资占比上升 3.4 个百分点。

全国众创空间运营收入保持增长。2018 年，全国众创空间运营收入 190.5 亿元。从总收入来源构成来看，服务收入占比 37.6%，成为众创空间第一收入来源，并且已经连续 3 年超过房租物业收入。从运营成本来看，2018 年，全国众创空间运营成本急剧上升，达到 227.9 亿元，增长 59.6%。其中，人员费用、场地费用共计 119.8 亿元，成为运营成本中最大支出。

五、融合现有优势资源，为城市发展保驾护航

原有空间改造升级，促进城市转型过渡。北京市利用腾退闲置土地改造升级建设众创空间，将首钢老厂区、北京电机厂、3501 服装厂等腾退空间改造成众创空间，优化了市区经济结构；浙江省宁波市构建新材料科技城、国际海洋生态科技城，打造江北膜幻动力小镇、宁海智能汽车小镇等双创载体；江苏省建设高标准众创社区，全省备案试点 50 家众创社区，集聚了全省 46% 的科技创业载体和 15% 的高新技术企业，为区域经济转型升级和高质量发展提供了有力支撑。

专业化众创空间与企业、院所合作，提升创新能力。各地积极与高校、院所合作，联合建立专业化众创空间。武汉市实施"高校众创空间全覆盖工程"，鼓励在汉高校、科研院所建设专业化众创空间。陕西省西电集团成立电气研究院，打造智能输配电领域专业化众创空间，促进企业创新发展。2018 年，专业化众创空间继续高质量提升，在农业领域和扶贫方面发挥重要作用，专业化和精品化成为创新创业载体的重要方向。

第十八章 北京城市品牌发展与展望——以 2018 年度 CBDI 指标评测为例[①]

内容概要：城市营销与品牌化建设是城市发展的策略性战场，也是城市治理体系和治理能力现代化的重要领域。中国城市营销与品牌化进程和城市化加速发展的进程同步，在提升城市竞争力、优化城市宜居环境、促进区域协调发展乃至支撑国家形象方面都发挥了积极作用。本章以 2018 年度 CBDI 指标评测为例，来对北京市的城市品牌发展进行聚焦观察，并据此提出若干展望和建议。

近些年来，有关城市品牌价值评估及发展绩效评估也开始成为研究的热点。其中，CBDI 是目前国内较具代表性的城市品牌评价指数体系。该指数是中国社会科学院城市营销发展报告课题组提出的城市品牌发展绩效评价指数[②]。该指数包括城市文化品牌、旅游品牌、投资品牌、宜居品牌和传播品牌等 5 个一级指标、20 个二级指标、59 个三级指标和近百个数据项目，每年度对内地及港澳地区的 288 个城市的品牌发展情况进行持续的测评。通过指数评价，从城市品牌化的角度来观察新型城镇化的进展情况，并揭示样本城市在城市品牌建设进程中的优劣得失。此外，该指数体系还扩展为省域品牌和城市群品牌的指数测评，以进一步观察城市品牌和区域品牌的互动状况，具有较高的参考价值。

第一节 北京城市品牌连年夺冠，但宜居环境存在不足

2018 年度 CBDI 的前 10 强品牌分别是北京、上海、香港、杭州、成都、广州、深圳、重庆、南京和天津（表 18-1），这 10 个城市也分别是京津冀城市群、长三角城市群、粤港澳大湾区和成渝城市群的核心城市，是中国城市品牌发展的领导阵营，也展现出城市群品牌与核心城市品牌互为支撑、共同发展的特征。

[①] 本章由中国社会科学院财经战略研究院课题组完成，课题组成员包括刘彦平等。
[②] 本章数据援引自刘彦平. 中国城市营销发展报告（2018）：创新驱动高质量发展. 北京：中国社会科学出版社，2019.

表 18-1 2018 年度 CBDI 前 10 位得分与排名

城市	CBDI总分	排名	文化品牌指数	排名	旅游品牌指数	排名	投资品牌指数	排名	宜居品牌指数	排名	传播品牌指数	排名
北京	0.753	1	0.787	1	0.791	1	0.705	1	0.594	2	0.889	1
上海	0.659	2	0.681	2	0.689	3	0.634	4	0.564	3	0.728	2
香港	0.610	3	0.575	4	0.534	15	0.675	2	0.607	1	0.658	3
杭州	0.568	4	0.560	5	0.643	4	0.533	6	0.516	5	0.587	6
成都	0.560	5	0.584	3	0.633	5	0.481	11	0.502	7	0.599	5
广州	0.556	6	0.542	9	0.608	7	0.551	5	0.506	6	0.574	7
深圳	0.555	7	0.495	13	0.526	16	0.642	3	0.541	4	0.570	8
重庆	0.547	8	0.554	7	0.741	2	0.478	12	0.476	12	0.488	13
南京	0.536	9	0.558	6	0.539	13	0.495	9	0.482	10	0.607	4
天津	0.525	10	0.547	8	0.611	6	0.502	8	0.487	8	0.477	14

在 2018 年度的 CBDI 榜单中，北京名列全国之冠，这已经是北京连续三年成为中国最强城市品牌，并保持着较为明显的优势，与此同时，北京城市品牌建设也存在着一些不足。如图 18-1 所示，北京城市品牌发展指数及文化品牌、旅游品牌和传播品牌 3 个分项指标得分超过 0.7，并对其他城市品牌保持 0.1 左右的优势。投资品牌得分同样超过 0.7，但尚未与其他城市拉开差距。投资品牌自经济中高速转型以来，一直是 5 个分项指标中增长乏力的项目。通过大力优化营商环境、构建高精尖经济结构、落地积分落户政策，北京切实强化了企业的市场主体地位，最大限度为企业特别是中小微企业松绑减负，有力推动投资品牌在逆境中保持强势。宜居品牌得分 0.594，是北京 CBDI 中唯一没有取得最高分的指标，落后于香港。背后的原因在于民生质量和生态环境两项二级指标。一方面，民生质量指标得分仅为 0.46，排名全国第 20 位。虽然北京的医疗和教育资源丰富，但成本过于高昂，再加上房价在经历政策调控下降后重回上涨并完成反超，民生质量缺乏提升拉动力；另一方面，生态环境指标得分为 0.57，全国排名第 11 位。北京近年来着力生态建设，消除域内污染产业，狠抓雾霾治理，取得了一定成效，但单位生产总值温室气体排放量居高不下、绿色发展提高有限，导致生态环境落后于北京发展的需要。宜居品牌与其他分项指标的差距较大，破坏了北京城市品牌的战略均衡性。

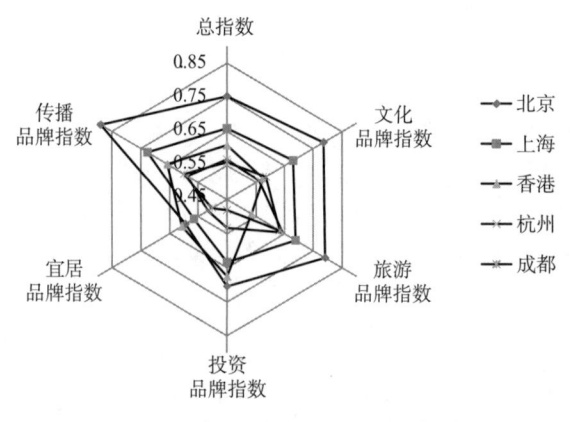

图 18-1 CBDI 排名 1~5 位城市的指标得分情况

第二节　京津冀城市群品牌发展强劲，但核心城市带动作用有待提升

2018年度，中国城市群品牌发展指数（China urban agglomeration brand development index，ABDI）的排名及对比如图18-2所示。

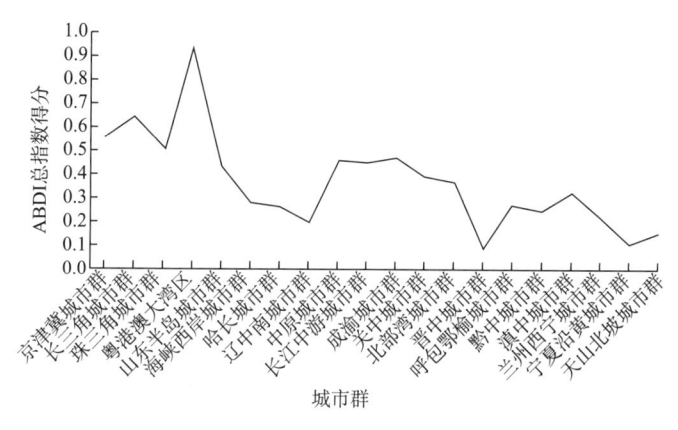

图18-2　2018年中国20个城市群的ABDI排名对比图

京津冀城市群ABDI总分为0.557，处于全国领先水平。一方面，从城市群品牌结构角度来看，京津冀城市群的旅游、文化品牌指数相对突出，其值分别为0.766和0.710，传播品牌、宜居品牌指数次之，其值分别为0.520和0.437，投资品牌指数最低（0.354）。另一方面，从全国排名来看，京津冀城市群ABDI位居全国第3，就ABDI构成指标而言，5个指标均处于全国第3的位置（图18-3）。由此可以看出，尽管京津冀城市群提出时间不长，成熟度不及珠三角城市群，但在京津冀协同发展战略的全方位推动下，其品牌建设逐见成效，仅次于粤港澳大湾区和长三角城市群。

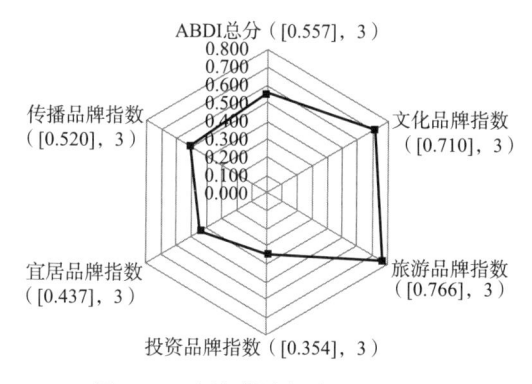

图18-3　京津冀城市群ABDI表现
括号内数值分别表示指数值与全国排名

此外，纳入京津冀城市群测评的样本城市有10个。在总体层面，从京津冀城市群内CBDI均值来看，城市旅游品牌指数均值显著更高，为0.480；而城市投资品牌指数均值最低，为0.339；其余指数均值则略高于投资品牌指数均值（图18-4）。这与城市群层面的指标得分分布有一定差异，表明城市品牌总体发展轨迹与城市群品牌发展轨迹并不全然相同，城市品牌带动城市群品牌发展的作用有待强化。

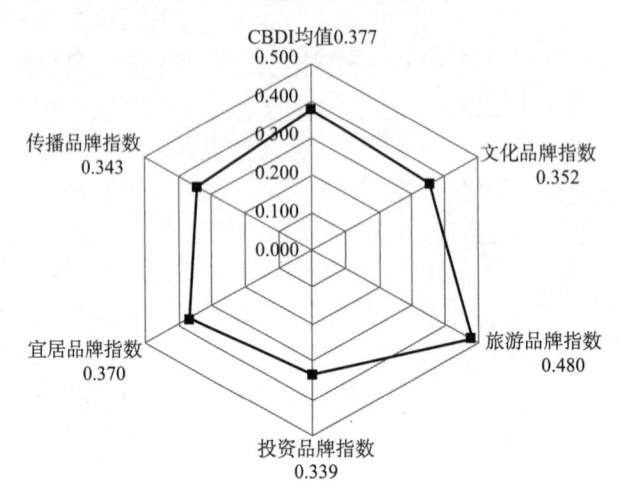

图 18-4 京津冀城市群内 CBDI 均值表现

另外，从具体城市角度来看，如表 18-2 所示，北京和天津成为京津冀城市群的两大核心引擎，城市品牌发展指数位居全国 10 强之列。石家庄、保定、唐山、张家口和秦皇岛的品牌表现次之，进入全国 100 强，排名分别为 32、55、64、88 和 90。承德、廊坊和沧州的 CBDI 总分排在 100 名以后，城市品牌建设有待加强。基于丰富的历史人文和自然资源，北京、天津、石家庄与保定进入文化品牌、旅游品牌和投资品牌 50 强；而传播品牌前 50 名只有北京、天津和石家庄；仅有北京和天津进入宜居品牌 50 强；唐山在投资品牌上表现相对突出，位居全国第 48 名。

表 18-2 京津冀 CBDI 及一级指标排名

城市群内排名	城市	CBDI 总分	全国排名	文化品牌指数排名	旅游品牌指数排名	投资品牌指数排名	宜居品牌指数排名	传播品牌指数排名
1	北京	0.753	1	1	1	1	2	1
2	天津	0.525	10	8	6	8	8	14
3	石家庄	0.382	32	47	23	35	68	31
4	保定	0.353	55	42	50	42	117	57
5	唐山	0.328	64	87	62	48	103	64
6	张家口	0.297	88	111	66	112	94	106
7	秦皇岛	0.296	90	84	70	79	89	174
8	承德	0.287	101	58	58	137	118	208
9	廊坊	0.283	106	106	82	68	158	183
10	沧州	0.265	136	126	165	102	144	158

第十八章　北京城市品牌发展与展望——以 2018 年度 CBDI 指标评测为例

根据相关规划，京津冀城市群致力于建成以首都为核心的世界级城市群。然而当前京津双核的辐射效应不够，次级城市的经济实力较弱，城市之间产业协同发展落后于珠三角和长三角地区。未来，京津冀城市群应进一步发挥核心城市的辐射作用、强化京津联动，带动河北产业转型升级。此外，河北除了将雄安、保定作为重要支点和引擎以外，还可以借助张家口筹办冬奥会之机推动冀北发展，并且以石家庄和唐山为中心城市带动冀中南和冀东地区发展，从而更好地分担北京产业和人口压力，缩小河北与京津的落差，促进生态和投资环境的改善，提升京津冀城市群整体品牌形象。

第三节　"双创"升级下的北京城市品牌：优势凸显，但改进仍有空间

在《中国城市营销发展报告（2018）》中，通过在 CBDI 指标体系中筛选出与创新创业较为直接的相关要素指标，包括文化开放性、文化活力、要素质量、经济基础、创新创业潜力、人居口碑等二级指标中的 17 个三级指标，来测算创新创业要素指标的贡献值和贡献率，并对全国 289 个城市的创新创业要素指标贡献值和贡献率进行了测算和排序。根据测算结果可知，包括北京、上海、深圳在内的一线城市及沿海城市，创新创业要素指标贡献值普遍排名较高。而东北、西北和西南地区的城市排名则相对较低。CBDI 全国排名第 1 的北京，其创新创业要素指标贡献值为 0.228，排名也位列全国第 1。如果将此数值按贡献率测算，则北京的创新创业要素对 CBDI 的贡献率排名仅为全国第 6，深圳排第 1。北京作为全国科技创新中心城市，应该发挥更多的示范和带动作用。未来应通过出台更多有利于"双创"的政策，持续改善创新创业生态系统，进一步提升北京对创新创业人才和资金的吸引力。打造"双创"升级版应成为北京进一步提升城市品牌的重要手段之一。

第四节　北京城市品牌的未来展望与发展建议

基于上述指数分析，结合北京城市营销与品牌发展的特征，本文提出如下发展展望与建议。

一、回归使命，聚焦战略杠杆

城市营销与品牌化的核心任务是推动实现地方发展战略的目标和任务。换句话说，

城市营销与品牌化就是地区战略的营销语言与品牌化表达。脱离地区战略使命的城市营销往往是低效的，甚至会成为无源之水、无本之木。一段时间以来，追求知名度和眼球效应成为城市营销的重要诉求。不少城市热衷于制定 Logo（商标/徽标）、口号，攀比"网红"效应，这原本无可厚非，但上述营销努力是否立足于城市发展战略的需要，是否能够有效助推城市转型发展，确实是一个不得不察的关键问题。一切城市营销资源和投入，都是宝贵的公共财富，应该加以认真地统筹和运用。城市营销与品牌化应该尽快回归到其服务地方战略的轨道上来，以追求更好的营销效益，提升地方治理效能。未来北京应进一步围绕四个中心愿景和目标，加大相关产品和载体建设力度，让城市品牌获得更多实质性的定位支撑。

二、共享共建，扩大营销参与

近年来，以短视频为代表的城市网络营销如火如荼，极大带动了普通市民和网友的参与，城市品牌的共享共建局面实现了较大的跃升。然而，这种公众参与的场景、范围和程序还有较大的局限，在城市营销议题设定、城市品牌界定、城市产品开发、营销活动协力等方面，还较少见到共享和参与的案例。未来北京的城市营销与品牌化应与城市及社区治理的民主化同步，注重运用社交媒体乃至区块链等新技术和新应用，来更好地实现市民和利益相关者参与到城市营销的讨论、监督和决策环节中来，以更好地发动市民和网友的营销主体积极性，体现城市品牌的公共价值内涵。

三、治理发力，提升营销能力

城市营销治理体系和治理能力建设是城市品牌发展的关键所在。值得欣慰的是，越来越多的城市开始注重城市营销的政府职能与治理体系建设。例如，北京市延庆区就成立了延庆城市品牌管理委员会，由区委书记和区长任双首长，各主要职能部门、乡镇和企业负责人作为委员会委员，同时制定了若干管理规范和运行机制安排，在冬奥会和世园会大背景下，拉开了延庆城市营销和品牌化的专业化序幕。此外，文旅部门、投资促进部门以及博物馆、文化馆、园区等的营销热情和主体意识也极大高涨，加快构建城市营销核心职能部门协调下的治理体系建设，正在成为城市营销与品牌化能力竞争的制高点之一。

四、讲好故事，深化公共外交

在逆全球化风动的时代，中国致力于推动全球化进一步发展，积极构建新型全球治理体系和人类命运共同体，此过程中既面临机遇，也面临诸多困难和挑战。随着中美贸易摩擦的加剧，国际环境的不确定性也随之增加。城市是国际经贸文化交流合作和公共外交的重要主体，特别是在"一带一路"中扮演着最为活跃的角色。在新时代、新形势下，如何更加深入地研究海外受众和合作对象的文化价值与发展需求，如何通过真诚务实的公共外交，来讲好城市故事和中国故事，化解误解和敌意，增加共识和友谊，进而营销城市、打造城市品牌，是北京作为中国首都、首善之城的重要使命。培养国际化城市营销和公共外交人才，加强专题研究，提升国际营销的策略规划和实施水平，应该是北京未来工作的重点。

五、文化活化，丰盈城市之魂

文化是城市之魂，是城市品牌的核心。近年来，各城市日益重视文化开发和文化建设，以期走出"千城一面"的误区。更多的城市则寄望通过文化知识产权的开发，来打造地区新的吸引力和增长点。然而，大多数文化振兴和开发的努力，仅仅停留在文化遗存、表象和形式的开发、保护和利用层面，对文化价值活化的认识和努力还远远不够。事实上，文化是地区活力和吸引力的源头活水，是地区特色价值的基因密码。文化价值的标榜、文化体验的场景、文化知识产权的开发，都应该受到这种源头活水的滋养，这种基因密码的展开才是地区文化、城市文化活化的真正含义。文化活化是城市品牌识别形成的源泉，是城市品牌竞争优势的重要来源，因而也是城市营销和品牌化的核心路径，值得北京投入更多的努力。

六、形象监管，推动品牌增值

近年来，依托大数据技术手段，城市舆情监测和舆情分析变得日趋成熟，为城市形象管理特别是危机预警提供了更多的支撑。然而，对于城市品牌形象的专业化监测与管理，尚未提上议事日程。城市品牌形象监测维度和指标的设计，以及监测指标体系的不断优化，是城市品牌规划的核心内容。城市品牌形象的监测与管理是未来我国城市要着力加强的一项重要工作。一方面，监测和评估是对城市营销和品牌化绩效的一种评价，通过分析和反馈，有助于不断改进营销工作的效率和针对性。另一方面，城市品牌形象的监测还利于更好地发掘城市品牌形象的资源、机遇和新的价值点。总之，城市品牌是城市最重要的无形资产。未来北京城市品牌形象的监测、维护和管理，应该纳入公共资产管理的范畴来严肃对待。

经验借鉴篇

第十九章 国际科技创新战略跟踪研究[1]

内容概要：当前，科技创新和产业变革日益成为新的制高点，成为决定全球格局和各国地位的关键性力量。因此，世界主要国家都高度重视科技创新战略部署，密集出台政策措施，大力投资研发和重大科技计划，旨在依靠科技创新谋求经济增长和社会发展新动力。本章梳理和总结出了主要国家科技创新战略和重大规划的共性规律和趋势，并希望为北京市科技创新政策的制定提供有益借鉴。

第一节 主要国家科技创新战略与政策制定呈现全新趋势

制定并执行中长期的科技创新战略或综合性科技规划是一国决策部门促进科技与创新发展的关键工具。研究发现，在近年来主要国家和地区出台的科技创新战略及重大规划中，科技发展仍是其重要但已非唯一方向，解决经济和社会问题成为新增的方向。培育新产业、创造新就业，就应对社会挑战提出具体的政策指导原则和目标，是当前各国科技创新战略的重要内容，日本和韩国的科学技术基本计划、德国的高技术战略、欧盟的框架计划等，无不体现了这一特点。

以德国最新出台的《高技术战略2025》（2018年9月）为例，德国政府针对德国研究与创新政策的未来发展方向确定了三大行动领域，第一个就是"解决社会挑战"，下设六大主题：健康和护理，可持续、能源和气候，交通工具，城市和乡村，安全，经济和工业 4.0。其最终目标是努力寻找能够提高生活质量、保护生存基础、保障德国经济在全球主要市场占据竞争优势的系统化解决方案。

另外，研究发现，当前以经济社会重大使命为导向[2]的新型研发管理政策正在以欧盟为代表的主要国家和地区兴起。这是因为创新既有速度也有方向，使命导向提供了一种控制和引导研究和创新力量的方式，不仅可以刺激经济活动和经济增长，还可以找到创新的解决方案来应对最紧迫的挑战。欧盟把"使命导向"政策作为新一期研究与创新框架计划"地平线欧洲"的着力点之一，提出这一新型研发管理方式将改变欧盟以往纵向主题过于宽泛、资助项目量大分散、筒仓效应明显的局面，其中首个标准即"具有广

---

[1] 本章由中国科学技术信息研究所课题组完成，课题组成员主要包括张翼燕、张丽娟等。
[2] Henri Ergas 把科技政策分为使命导向和技术扩散导向两类。其中，使命导向能创造市场。

泛社会意义"。澳大利亚在《澳大利亚 2030——创新促进繁荣》中也提出应启动一系列"国家使命"项目以应对重大挑战，潜在项目包括基因组学与精准医疗项目、恢复珊瑚礁——保卫大堡礁 2030 项目、氢能城市项目。

第二节 "创新原则"成为科技创新管理规制改革的重要方向

要解决现实世界的社会、经济和政策问题，完成社会使命，不但需要研究与创新，也需要其他政策行动共同配合。欧洲为此提出了"创新原则"，要求各项法规制度和政策的制定都以"创新"为原则，即都应对创新推动、创新壁垒清除和市场创建具有重要意义。

在新产品、新服务和新商业模式的创造过程中，创新的速度十分重要，但由于没有先例，创新产品和创新服务的审批周期通常会很长，这可能会导致错过最佳发展时机。为有效解决这一矛盾，许多国家都推出了"试验"模式，让创新在特定的范围内即时开展，既提高了创新的速度，又将风险控制在了一定范围内。对于发现的问题，可以迅速应对并推出必要的政策措施。

目前，英国、澳大利亚、新加坡、韩国、泰国等国都实行了"监管沙盒"[①]制度。这一制度由英国首创，以实验的方式，创造一个安全区域，对参与实验的创新产品和创新服务适当放松监管，激发其创新活力。监管沙盒的适用范围，通常为金融科技，但已有国家将适用范围扩展到更广泛的颠覆性创新领域。另外，法国于2016年开展了"法国试点"活动，旨在收集并改进各类创新主体和决策部门认为现有的不合理的法律和行政规定。德国于 2017 年在能源部门实施"现实试验室"制度，旨在在有限的时间和空间内，获得法律保障的试验区域内，在现实条件下测试能源数字化转型相关的新技术、服务、流程和商业模式，同时承诺项目过程中的经济损失可申请获得全部补偿，消除参与者的后顾之忧。

第三节 大型科研基础设施备受重视

基础研究是科技长期发展的根基，是原始创新能力的重要体现。特别是在新一轮创新浪潮蓬勃展开的背景下，科学与技术之间的距离正在缩小，创新正在回到基础科学这一根本问题上来，基础研究的重要性更加凸显。

---

① 沙盒为计算机用语，指通过限制应用程序的代码访问权限，为一些来源不可信、具备破坏力或无法判定其意图的程序提供试验环境。沙盒测试通常在真实数据环境下进行，但预设有安全隔离措施，不会对真实的系统和数据带来影响。

首先，各国都努力增加或稳定基础研究投入。就投入总量而言，美英法日俄等主要国家的基础研究投入在2008年全球金融危机后略有下降或停滞，2012年前后再次恢复增长。而韩国一直处于稳定增长状态。就投入强度而言，自20世纪80年代以来上述各国均在10%以上，基本处于10%~25%，其中法国最高，一直超过20%。美国过去20年基础研究投入强度一直保持在18%左右，日本保持在15%左右，韩国从1995年的12.5%增长到了现在的18%。

其次，大型科研基础设施是基础研究发展的关键支持，能够统筹科技优势资源，集中力量为当今世界面临的重大科学难题和经济社会挑战提供解决方案。因此，美国、欧盟、日本、澳大利亚和俄罗斯等高度重视大型科研基础设施的建设和共享共用。以俄罗斯为例，普京特别指出，得益于大型科研基础设施（特别是国际大科学项目）建设，俄罗斯基础科学将进入全新发展阶段，这些研发基础设施将成为未来俄罗斯技术进展的依靠，帮助俄罗斯研究团队和高技术企业在现代医药、新材料和微电子领域获得绝对竞争优势。当前，俄罗斯正积极牵头建设国际大科学装置，允许并积极吸引国外科研单位和科学家参与，包括"IGNITOR"强磁场托卡马克装置、高通量中子束流反应堆项目、基于超强激光的极端光场研究中心项目、"魅陶子"工厂正负电子对撞机项目、第四代特种同步辐射光源项目和"NICA"基于超导重离子加速器的离子对撞机项目。

第四节　支持高风险高回报的颠覆性技术成为共识

颠覆性技术创新具有高风险高回报特点，一旦取得成功，就能促成"技术突袭"，改变"游戏规则"，为实现"弯道超车"带来机遇，促使经济社会和国家安全产生重大变革，因而备受各国和产业界高度关注。纵观各国发展历程，颠覆性技术既是把握科技和产业变革的重要抓手，也是塑造国际竞争优势的重要途径。因此，成立颠覆性创新机构大力支持颠覆性突破性技术研发成为主要国家的共同选择。

美国是最先支持颠覆性技术发展的国家。1958年组建了独立于三军的国防部高级研究计划局，专门从事颠覆性军事技术研发支持工作，取得了举世瞩目的成就。近年来，美国政府还仿效该计划局模式，在先进能源、情报、教育和国土安全领域，依法设立了颠覆性技术专业化机构，加强相应领域的颠覆性创新。美国在颠覆性技术领域取得的巨大成就引起了其他国家的关注，其他国家纷纷效仿并设立了本国旨在推动颠覆性技术研究的计划或专业化机构。

2012年，俄罗斯在国防领域成立了先期研究基金会，旨在捕获新兴前沿技术机遇，促进军事颠覆性技术的诞生和发展。2013年，日本政府开始实施"颠覆性技术创新计划"（ImPACT），推进对产业和社会发展具有巨大影响力的颠覆性技术的突破，日本对ImPACT支持力度较大，其经费规模占到全部科技计划经费的4%左右。2017年，欧盟推出欧洲创新理事会试点，旨在支持具有绝佳创意和国际扩张雄心的顶尖的创新者、企业家、中小企业和研究人员开展颠覆性、突破性创新，以创造新市场，促进欧洲就业与繁荣。2018 年,法国新设颠覆性创新基金——创新与工业基金,重点支持人工智能、纳米技术、机器人、系统互联、生物技术、数字技术、自动驾驶汽车、新一代电池等领域的初创企业和创新项目。同年,德国提出要设立跨越式创新资助机构支持颠覆性创新,旨在将科学、研究和企业中的创新想法成功转化为德国的产品、服务和就业岗位,赋予创新专家更多的行动自由。

第五节 PPP 模式成为推动产业共性技术开发的重要政策工具

近年来,在战略性、长期性、高风险、跨学科、大范围、利益相关方多元化的科技和产业创新领域,PPP 模式在许多国家兴起。它们通常由政府推动,通常配合再工业化、绿色增长、竞争力等方面的国家和产业创新政策,通常涉及广泛的参与者网络和长期的大笔投资。应用 PPP 模式一方面能够吸引社会资本参与研发与创新,提高政府投资的效率;另一方面还能够通过政府"公共"目标和私营部门"经济"目标的整合,使研发成果准确找到合适的"用户",最大限度地解决"科技"与"经济"脱节的问题。

例如,美国"国家制造业创新网络"计划高度重视公私合作,通过政府投入撬动私营部门资金投入,其框架内的每个制造业创新研究所都要求按照 1∶1 的比例配备公私部门投入。欧盟在"地平线 2020"计划中提出两个利用 PPP 模式的专项计划,分别为联合技术计划和契约型公私合作计划,旨在在欧洲产业竞争力的关键领域保证欧盟技术的全球领先。俄罗斯设立"国家技术计划",目的在于发展未来 15~20 年将决定世界经济和俄罗斯经济的具有广阔前景的新兴高技术市场,俄罗斯政府视其为未来公私合作领域的一项长期计划,旨在保证企业界、研究与教育界及政府管理机构等各方的利益。另外,德国、法国、日本、韩国都设有 PPP 专项计划支持产业共性技术研发。

第六节 中小企业创新与成长被视为国家实体经济健康发展的重要一环

企业是创新的主体,其创新能力是一个国家竞争力的重要体现。中小企业是创新最为活跃的一个群体,也是最先采用新技术的一个群体,中小企业的灵活性和能动性使得整个创新生态系统更具生命力。一个国家产业的健康发展,离不开中小企业的支撑。为此,各国政府加大了对中小企业的扶持力度,促进创新资源向中小企业流动,以支持雄心勃勃且具高增长潜力、高影响力的创新型中小企业成长,其主要举措体现在四个方面。

一是高度重视提升中小企业的研发能力。主要措施包括：针对科技型初创企业和中小企业直接提供技术种子资金，主要瞄准创新含量高、研究风险大的前沿研究、产业共性技术研究和突破性技术研究；通过税收优惠政策激励中小企业投资创新。二是加强中小企业与产学研各界的合作。主要措施包括：促进科研界与中小企业加强合作，使研发成果快速转化；通过创新券撬动创新服务；持续资助产学合作专项；加强对接与网络化活动。三是大力倡导创新创业。主要措施包括：出台多种措施，鼓励创业，特别是要树立起一种容忍失败的文化，让创业者在"诚实失败"的基础上仍有勇气和能力进行二次创业；简化创业程序，减少创业者面临的困难；支持众筹、创客和公众广泛参与，充分挖掘创新创业者的聪明才智；注重教育与培训，使创新创业者具备必要的技能。四是加速中小企业国际化。主要措施包括：促进中小企业与国际伙伴进行研发合作；促进中小企业海外出口计划，协助其进军外国市场；设立海外桥头堡，开展离岸孵化加速工作，强化海外知识产权援助。

第七节　国际科技创新对北京市的启示

当前，北京市正在开展全国科技创新中心建设，世界主要国家和地区在科技创新战略及政策领域的共性趋势和重大部署值得注意和借鉴。

一、探索将"重大使命导向的新型研发管理方式"纳入新一期中长期科技发展规划

当前，北京市正在实施的《北京市中长期科学和技术发展规划纲要（2008—2020年）》即将到期，建议在新一期规划纲要的研究和制定中探索引入发达国家和地区正在广泛兴起的"重大使命导向的新型研发管理方式"，以通过科技创新应对当前北京市及全国正在面临的重大经济社会挑战，如气候变化、雾霾治理、交通拥堵、人体健康（抗击癌症和精准医疗）、安全（灾难应对）等问题。

二、试行"监管沙盒"等新型监管制度，推动新产品、新服务和新商业模式创造

当前，技术和创新正以人们无法想象的速度快速涌现，以信息通信技术为代表的新一代技术正加速改变或颠覆传统的生产和服务模式。为了不错过新涌现的创新产品和服

务的发展时机，发达国家已经陆续推出了"试验"模式，特别是"监管沙盒"制度，既确保创新在特定的范围内即时开展，又将风险控制在一定的范围内。例如，澳大利亚政府在金融科技领域实施"监管沙盒"制度，在测试新产品和新服务的过程中不设置预先规定，帮助企业识别其产品在不受现有监管措施约束的情况下能否正常工作以及是否会对客户产生影响。

目前，北京市于 2018 年 10 月 22 日出台了《北京市促进金融科技发展规划（2018年-2022年）》，并于 2019 年 2 月正式成立首个国家新一代人工智能创新发展试验区，建议研究北京市在金融科技（如区块链）和人工智能（如自动驾驶汽车）发展中试行"监管沙盒"制度及其他新型监管制度的可能性。

三、集聚资源进行重大科学难题攻关，实现基础和前沿领域重大突破

当前，最新的和最令人兴奋的突破性创新都有一个共同点，即都离不开基础科学。像区块链、基因编辑、量子计算和自动驾驶等新兴技术本质上是高度科学化的，科学与技术之间的距离正在缩小，因此创新也日益回归到基础科学这一根本问题上来。

2016 年，北京市基础研究投入占全社会研发投入的占比为 13.8%，远高于国家的 5.2%，并接近发达国家普遍水平（15%~20%）。为此，北京市未来应继续稳定或进一步加大基础研究投入力度，并采用各种机制提高基础研究效率。建议北京市借鉴欧盟未来新兴技术旗舰计划，补充并完善"北京市重大科技专项"，加大对未来经济社会发展具有战略性和变革性意义的基础研究项目的支持。同时，建议北京市结合怀柔科学城进一步发展成为综合性国家科学中心的定位，整合优势资源，提出并主导建设一批国际大科学计划和大科学工程，对重大科学难题进行攻关，不断提升北京市乃至我国在全球科技竞争中的影响力和话语权。

四、借鉴主要国家颠覆性创新机构运行经验，完善北京市新型研发机构治理模式

近年来，北京市相继成立了北京市量子信息科学研究院、北京脑科学与类脑研究中心、全球健康药物研发中心、北京市石墨烯研究院、北京智源人工智能研究院等一批新型研发机构，旨在在运行管理机制、财政资金支持与使用、评价与审计、知识产权和固定资产管理等方面实现新突破。北京市政府于 2018 年出台的《北京市支持建设世界一流新型研发机构实施办法（试行）》中提出，新型研发机构要打破传统科研机构的体制机制和管理模式，采取与国际接轨的治理模式和市场化运作机制，探索科技创新

治理新方式；要突出"放管服"改革，进一步简政放权，赋予新型研发机构更大的科研自主权。

本章认为，主要国家颠覆性创新机构的相关运行经验十分值得借鉴，特别是其扁平化的管理模式和项目经理制度。在主要国家颠覆性创新机构实行扁平化管理模式中，局长应具备技术才能和领导才能，努力建立并维护敢于授权放权的文化，充分放权于从事项目管理的素质极高的项目经理，十分重视主动式项目管理，并大力构建"小核心、大网络"。而项目经理在专项研究计划的设立、相应项目遴选等方面权限很大，能够根据机构使命在遴选项目时敢于冒险，项目遴选不采用传统的同行评审制。因此，北京市新型研发机构治理过程中既要遴选一批能力出众的所长领导机构发展，又要赋予基层科研团队领导和人员更大的权力，使其能够自主确定研究课题、自主选聘科研团队、自主安排科研经费使用等。

五、扩大公私合作模式应用，打通产学研创新链条，推动北京市高精尖产业发展

当前，北京市政府正在建设十大高精尖产业，包括新一代信息技术、集成电路、医疗健康、智能装备、节能环保、新能源智能汽车、新材料、人工智能、软件和信息服务以及科技服务业。在某些领域，北京市已经对公私合作模式进行了初步尝试，如北京市科学技术委员会代表北京市政府与盖茨基金会合作成立了国内科技领域首个 PPP 模式项目，即全球健康药物研发中心，二者按 1∶1 比例出资，五年内共将投入 10 亿元人民币，以致力发展杰出的生物医药研究与开发能力，建设新药研发和转化的创新平台，为解决发展中国家面临的突出疾病挑战做出贡献。

根据国际经验，PPP 模式采用的是多维的工程化目标，涵盖研发、生产、市场的整个创新过程，能大幅提升研发成果商业化效率，特别是对产业共性技术的发展具有重大的推动意义，因此建议北京市遴选部分关键产业积极推广公私合作模式。

跟踪研究发现，近年来世界主要发达国家从资源、环保等角度出发，都高度重视氢能技术和产业的发展。仅 2017 年 10 月至 2019 年 3 月，就有日本、韩国、英国、法国、澳大利亚和欧盟等国家和地区集中出台了一系列有关氢能发展的国家战略规划或大型项目。同时，北京市在《北京市中长期科学和技术发展规划纲要（2008—2020 年）》中将"氢能和燃料电池技术"列为 107 个重点技术方向之一，在未来科学城的布局中也提出要建设氢能技术协同创新平台，可见北京市已经捕捉到发展氢能技术和产业的重要意义。研究建议，北京市应紧跟国际步伐，启动氢能技术和产业领域的公私合作计划，特别是加快氢燃料电池汽车的研发和推广，以应对日益严峻的环境挑战。

六、加快出台支持措施并改善营商环境，促进中小企业和初创企业快速成长

自 2018 年以来，习近平总书记多次强调中小企业的重要性，提出创新创造创业离不开中小企业，国家要为民营企业、中小企业发展创造更好的条件。北京市高端要素高度集中，是"大众创业、万众创新"的前沿阵地，因此应不断加大对中小企业和初创企业的支持力度。

一是营造更加优越的创新创业环境，特别是加强对再创业企业的支持。研究发现，在新产业革命进程中，越是创新型和技术型企业，在面临巨大成功机遇的同时，失败的风险就越大。但有些企业尽管失败，却拥有优秀的实力，所以为这类企业提供东山再起的机会是深化双创的重要手段。当前，我国创新创业的总体形势并不乐观，有数据显示，创业公司的失败率高达 90%。虽然北京市出台了许多创业扶持政策，但并没有针对创业失败企业的支持政策，所以建议北京市出台有关政策。同时，建议对以"创新创意"和"诚实失败"为双原则选择再创业的企业给予支持。在众多失败的创业公司中到底选择哪些给予支持，是非常重要的问题。建议设立两个工作组，一个负责"诚实失败"审查，一个负责"创新创意"价值审查，对于通过的企业加以再扶持，并将审查机制与企业主要人员的诚信体系挂钩。

二是推动中小企业国际化战略。当前，北京市正大力推进开放创新。因此，建议顺势推出中小企业国际化战略，以提升其在国际市场上的竞争力。建议设立海外创新中心，根据企业走出去的战略布局，在全球科技创新中心城市设立海外创新中心，如美国波士顿、英国伦敦、日本东京、以色列特拉维夫等。

第二十章 国内科技创新动向和发展趋势探析[①]

内容概要：通过系统梳理上海、广东、合肥、武汉、杭州几个国内主要省市在科技创新方面的基本情况、政策动向，以及重大举措，探析国内科技创新新动向和发展趋势。据此，本章认为2019年科技创新工作趋势主要有这几个方面：①加大全面创新改革力度，打造有利于创新的高质量营商环境；②推进科技创新立法工作，提升创新治理法制化水平；③以重大工程和重点项目建设为抓手，加快科技创新中心建设；④积极开展新经济创新创业应用示范，多措并举培育发展新动能。

第一节 上海科技创新工作最新动向

一、上海科技创新工作整体情况

科技投入持续增加，创新产出质量提升。2017年，上海全社会研发投入1 205.21亿元，比2016年增长了14.9%，研发经费投入强度达到3.93%，比全国水平高1.80个百分点；PCT国际专利受理量为2 100件，比上年增长34.6%；国际科技论文收录量47 369篇，比2016年增长10.4%；国际论文被引用数195.8万次，比2016年大幅增长45.9%。产业创新发展支撑能力突出。2017年上海战略性新兴产业制造业增加值2 262.64亿元，比2016年增长8.1%，增速均达到2012年以来新高点；战略性新兴产业增加值占上海市生产总值的比重为16.4%，比2016年提高了1.2个百分点，占比高于全国水平6个百分点；上海企业占据了全国新能源汽车电机、电控超过1/4的市场份额；上海工业机器人产量占全国总产量比例接近50%。[②]

[①] 本章由北京决策咨询中心课题组完成，课题组成员包括王峥、高菲等。
[②] 数据来源于2017年、2018年《上海统计年鉴》。

二、政策动向

服务科技创新中心建设需求，健全科创中心建设政策链。上海颁布并实施了一系列积极开放的科技创新相关政策。其中，政策名称中直接带有"科技创新中心建设"字段的政策就有 7 项。

推进科技与金融的紧密结合，探索科技金融服务创新。上海以全面创新改革试验为契机，在金融支持科技创新发展方向开先行先试，发布一系列政策文件，相关财政金融政策数量占全部政策数量的比例最高。

推动科技创新国际化，提升科技创新开放度。加速外资在沪研发中心融入上海创新体系。2017 年 10 月，发布《上海市人民政府关于进一步支持外资研发中心参与上海具有全球影响力的科技创新中心建设的若干意见》，提出进一步支持外资研发中心参与科技创新中心建设的 16 条措施。

三、重大举措

设立上海推进科技创新中心建设办公室，统筹上海科创中心建设全局性、整体性工作。2018 年 5 月，上海市委、市政府改革调整上海科创中心推进机制和张江管理体制，设立上海推进科技创新中心建设办公室。将原有上海张江综合性国家科学中心办公室、张江高新技术产业开发区管委会、张江高科技园区管委会、自贸区管委会张江管理局四个机构合为一个机构，实行"一套班子、四块牌子"，协调推进上海科创中心建设相关规划政策、重大措施、重大项目、重大活动。

推动张江科学城建设，从"园区"向"城区"转型。2017 年 7 月 29 日，张江科学城建设规划获市政府正式批复，张江科学城的核心支撑作用初步显现，将实现从"园区"到"城区"的转型，与张江综合性国家科学中心形成一体两翼格局。

第二节 广东科技创新工作最新动向

一、广东科技创新工作整体情况

科技综合创新实力显著增强。2017 年，广东全社会研发投入 2 343 亿元，投入总量居全国首位，占地区生产总值比例提高到 2.61%，高于全国平均水平（2.13%）（2018 年，深圳全社会研发投入逾 1 000 亿元）；技术自给率达 72.5%；科技进步贡献率达 58%；有效发明专利量、PCT 国际专利申请量及专利综合实力连续多年居全国首位。创新型经济发展态势良好。2017 年，广东省国家高新技术企业净增 1.3 万多家，存量达 3.3 万家，位居全国第一；先进制造业增加值占规模以上工业比重达 53.2%；工业机器人、新能源汽车、基因检测等新产业新业态迅猛增长，形成了新型显示、高端软件等 7 个产值超千亿元的战略性新兴产业集群；海洋生产总值连续 23 年居全国首位；生物医药产业规模领跑全国；新能源汽车保有量超过 20 万辆，推广应用规模居全国前列；国家级高新区在全国排名中全部实现位次提升，深圳高新区跃居全国第 2 位，广州高新区位列全国第 10 位[①]。

二、政策动向

积极推动科技创新立法工作。广东积极推进科技创新地方立法，加强科技创新法制保障，先后制定了 7 部与科技创新相关的地方性法规，并根据形势发展，不断进行修正、提高法规针对性和操作性，是制度创新的有益尝试。近年，广东修订了《广东省自主创新促进条例》、颁布了《广东省促进科技成果转化条例》，全面推进科技创新法制化进程。在城市层面，深圳利用特区立法权也相继出台多部促进创新的相关条例。

全国首创高新技术企业培育政策。广东先后印发《高新技术企业培育资金管理办法（试行）》《广东省高新技术企业培育工作实施细则》等政策文件，设立 3 年 60 亿元的高新技术企业培育专项资金，着力开展高新技术企业培育工作。建立多层级多部门共同参与的工作体系，建立完善高企认定、培育等工作管理流程，推动创新资源向企业集聚。

从顶层设计全面布局新兴产业发展。为实现国家科学产业创新中心建设目标，2016 年以来，广东已经发布实施 8 项产业发展规划、意见和方案等政策。其中，2018 年成为政策制定发布的高峰期，已经发布 4 项产业规划、行业计划等，分别涉及工业互联网、新能源汽车、人工智能和互联网+医疗健康等产业。广东产业政策的制定充分考虑了产业发展现状以及未来新兴产业发展趋势，通过相关制度安排，对新兴产业的空间布局、资源配置和保障措施等方面做好了规划设计，从而更好地解决目前广东产业发展中面临的主要问题。

三、重大举措

推动广深港澳科技创新走廊建设，加大科技机制体制改革力度。广东印发《广东创新型省份建设试点方案》，科学规划粤港澳大湾区、珠三角自创区、广深港澳科技创新走廊建设，出台《广深科技创新走廊规划》。2018 年 8 月 15 日，粤港澳大湾区建设领导

---

① 数据来源于《广东统计年鉴 2018》。

小组全体会议提出，要建设"广州—深圳—香港—澳门"科技创新走廊，打造大湾区国际科技创新中心。2019 年 1 月，广东发布《关于进一步促进科技创新的若干政策措施》，从推进粤港澳大湾区国际科技创新中心建设、鼓励港澳高校和科研机构承担省科技计划项目等 12 个方面，在全国率先提出一系列突破性政策措施。

深圳加速实施"十大行动计划"，创新平台建设成果突出。以提升源头创新能力和支撑重大科技突破为目标，深圳推出"十大行动计划"。2018 年，深圳全面落实"十大行动计划"：组织开展重大项目技术攻关，筹建 8 个重大科技基础设施，新组建基础研究机构 3 家、制造业创新中心 5 家、海外创新中心 7 家，新设立新型研发机构 11 家和创新载体 195 家。目前已拥有超过 9 所与诺贝尔奖得主合作创办的研发机构，研究方向涵盖生物和医学、新材料和新能源等方面，都与深圳战略性新兴产业的布局高度吻合；国家超级计算深圳中心、大亚湾中微子实验室和国家基因库已建成使用。

第三节　国内其他城市科技创新典型做法

一、合肥：构建综合性国家科学中心"2+8+N+3"创新体系

2017 年 9 月，安徽省委、省政府、中国科学院正式印发了《合肥综合性国家科学中心实施方案（2017-2020 年）》，提出建设国家实验室、重大科技基础设施集群、交叉前沿研究平台、产业创新平台、"双一流"大学和学科"2+8+N+3"多类型、多层次的创新体系。2018 年，合肥大科学装置和重大创新平台建设取得积极进展，国际聚变能联合中心正式成立，聚变堆主机关键系统园区顺利开工，量子创新院、中国科学院大学高新园区全面建设。2018 年 6 月，《合肥滨湖科学城（国家级合肥滨湖新区）总体规划（2018-2035 年）》正式启动招标。2018 年 10 月，合肥滨湖科学城（合肥滨湖新区）正式揭牌。

二、武汉：聚焦光通信和集成电路产业创新，打造新兴产业集群

武汉东湖国家自主创新示范区围绕破解核心技术"卡脖子"问题，大力支持光通信和集成电路领域技术攻关，打造战略性新兴产业集群，成为推动武汉市创新驱动发展、产业转型升级的重要动力源。2017 年、2018 年，武汉连续两年在落实"中国制造 2025"、工业稳增长和转型升级等国家重大政策上，获得国务院表彰激励。2018 年，武汉市出台《武汉东湖高新区加快推动高质量发展的 20 条实施意见》，规划建设"东湖科学城"。目前，东湖自主创新示范区集聚了 1 848 家高科技企业，形成了以光电子信息、生命健康等五大千亿级产业为主导，集成电路和新型显示、数字经济两大新兴领域蓬勃发

展的"5+2"产业体系。

三、杭州：实施"名校名院名所"建设工程，打造高质量创新平台

2017 年，杭州市开始实施"名校名院名所"建设工程。2018 年，西湖大学获批成立，成为我国第一所由社会力量开办、国家重点支持的新型研究型大学；2018 年引进中国科学院大学杭州高等研究院、北京航空航天大学杭州创新研究院、浙江省肯恩创业创新研究院等落户杭州。2018 年，杭州市加快高质量创新平台建设，全面推进城西科创大走廊、城东智造大走廊、之江实验室建设。阿里巴巴达摩院初步建成"4+X"实验室模式；出台《杭州市人民政府办公厅关于加强众创空间建设进一步推进大众创业万众创新的实施意见》《杭州市众创空间认定和管理办法》，修订《杭州市科技企业孵化器认定和管理办法》，加快众创空间专业化和国际化建设——开展众创空间和科技企业孵化器认定工作；在美国建立杭州硅谷协同创新中心。

第四节　国内科技创新工作趋势分析

一、加大全面创新改革力度，打造有利于创新的高质量营商环境

2019 年各省市将落实中央全面深化改革小组会议精神，对标 2020 年要求，继续推进重要领域和关键环节改革，加大科技领域"放管服"改革力度。例如，根据国家政策要求，在科技项目管理和以知识价值为导向的分配等方面，进行更广范围和更大程度的改革与创新，解决最后留下的"硬骨头"。从各省市 2019 年政府工作报告内容看，营商环境改革仍是政府工作的重点任务，各省市将通过对标世界银行营商环境指标，有针对性地在更大范围内推出营商环境改革专项行动。目前各省市 2019 年政府工作报告中都对营商环境建设提出了目标和任务，成都市将 2019 年确立为"国际化营商环境建设年"。

二、推进科技创新立法工作，提升创新治理法制化水平

近年各省市科技创新立法工作内容主要是围绕落实国家上位法展开，集中在技术转移和知识产权领域。随着我国科技体制机制改革的持续推进，各省市对科技创新立法的领域逐渐扩展，转向综合型条例的制定。目前广东、辽宁、山西等省相继出台《自主创

新促进条例》或《科技创新促进条例》，并根据改革发展情况进行修订。目前，广东省人大再次将科技创新立法列为2019年三项重点工作之一；上海市已出台《上海市推进科技创新中心建设条例》。1月，上海市科学技术委员会组织召开了科技创新中心建设立法专题座谈会。

三、以重大工程和重点项目建设为抓手，加快科技创新中心建设

  国家综合性科学中心是科技创新中心建设的重要内容。上海、广东、合肥等省市正在着手布局一批重大科学装置和科技基础设施，打造世界级重大科技基础设施集群，依托国家综合性科学中心平台，开展基础研究和关键核心技术攻关，形成引领全球科学前沿发展的重大成果：上海正在建设全球规模最大、种类最全、综合能力最强的光子大科学设施集群；合肥开工建设合肥超算中心，开展先进光源、大气环境立体探测等项目预研；武汉筹备建设国家实验室，提升脉冲强磁场、生物安全与技术等大科学设施功能；深圳将对标世界一流科学城，高标准建设光明科学城和西丽湖国际科教城。同时，围绕科技创新中心建设任务，各省市都在持续加大引进全球顶级科学家和研究团队的力度，建立具有世界领先水平的前沿领域实验室。高端人才引进的竞争将越来越激烈，各省市人才政策重心开始转向做好人才的"留"和"用"。

四、积极开展新经济创新创业应用示范，多措并举培育发展新动能

  我国正处于经济增长动力转换的攻关期，要保持经济运行平稳，实现高质量发展目标，必须充分发挥科技创新的引领作用，为经济发展持续注入新动能。2019年，各省市将进一步推动和拓展人工智能等新技术新成果的推广应用，如通过推出智慧城市、数字政府等建设应用计划，为新技术、新成果和新业态构建契合度高的应用示范场景；结合城市产业资源特点，重点布局5G、人工智能、新能源、新材料等产业，制订未来产业专项扶持计划，对创新载体、基础研究、技术攻关、产业化、应用示范等新兴产业项目给予扶持，引领新兴产业向高端化、规模化、集群化发展；在新兴产业领域重点培育"隐形冠军""单项冠军"，构建"雁阵式"科技企业梯队，为"科创板"[①]储备优质企业。

[①] 2019年1月23日，中央全面深化改革委员会第六次会议审议通过《在上海证券交易所设立科创板并试点注册制总体实施方案》，"科创板"推进速度快于预期。上海市已经对拟计划在"科创板"上市的企业情况进行了报备，并组织相关培训来推动目标企业提前进行"股改"。

第二十一章 波士顿打造创新街区的独特举措及其对北京的启示①

内容概要：在打造创新街区方面，波士顿市政府有着自己独到的战略和举措。本章通过梳理和分析波士顿打造东部海港创新街区的具体举措及波士顿市政府利用公共创业实现政策创新的经验，从而提出波士顿创新街区建设过程对北京的两方面重要启示：一是打造产业空间与居住空间"自然"交织、富有街区活力与人文特色的创新区域；二是从创新公共资源供给方式入手，开发更多形式新颖、促进创新创业活动及人群交流的各种类型公共空间。

2008年全球金融危机发生后，与大多数美国城市一样，波士顿遭遇了经济衰退带来的高失业率，而地方政府迫切需要寻找能够创造就业、刺激增长和振兴市中心城区的经济发展机会。在此背景下，2010年波士顿市长宣布启动新的城市更新计划，在长木医学区、Kendall广场、128公路走廊之外，开始打造东部海港创新街区，旨在为本地创新经济增添新的支柱。截至2017年，高技术产业已经成为该地区的支柱产业，贡献了30%的就业增长；21%的新增职位集中在创意产业，16%的新增职位集中在生命科学产业和绿色技术产业。

在建设东部海港创新街区的城市更新过程中，波士顿市政府的战略与举措均有独到之处。在战略上，波士顿并不是简单地将新区空间改造为创新企业驻地，而是将其改造为产业空间与居住空间并重、企业经营与居民生活并重的新型"创新街区"，从而实现人才、社区和产业的聚集与持续繁荣。创新街区不同于创新产业开发区，而是"优势制度、领先企业集群、新创企业、孵化器、加速器多要素紧密联结的区域，而且在地理空间上紧凑完备，交通便利，技术发达，居住空间、办公空间和零售空间错落交织"。"创新街区"战略的基本理念是，知识经济中的创新活动很多是社交活动的结果，必须为创新人才的集聚和创新创业活动的涌现创造出多样性的空间与社区。从这一战略理念出发，波士顿市政府在打造创新街区的具体举措及其在此过程中寻求政策创新的方式均有可圈可点之处。

---

① 本章由中国社会科学院工业经济研究所课题组完成，课题组成员包括贺俊、江鸿、李伟、杨超等。

第一节 波士顿打造东部海港创新街区的具体举措

波士顿市政府在推进海港创新街区的主要策略有四：一是促进合作，创建紧密的生态系统，使小企业与提供资本、资源的大企业在街区内交织存在，促进创造性增长；二是提供公共空间，建立丰富的开放空间和场地，便利创业企业和各方主体会面交流；三是创造多样化的办公空间，如开放楼层规划、灵活空间、"非领地型"共享空间等，建立规范以推动跨产业的日常沟通，形成创造性的工作环境；四是营造活跃的"24小时"社区，建设创新人才住房，提供居住工作空间，吸引一流餐厅和文化机构入驻，配套更多更好的服务设施和步行街区。

从规划建设的具体过程来看，土地开发是形成创新街区的关键因素，重点在于开发出居住与出行友好、中小企业友好、创业友好的地理空间，而不只是企业集聚区。波士顿的具体做法如下：首先，非住宅用途的总建筑面积中，20%用于创新空间，包括实验室、小企业孵化器、研究设施、设计与开发设施、共享交通服务等。在启动建设的前四年，新街区内已有8个为新创企业服务的联合办公空间。其次，发展被称为微型公寓的创新单元，并要求开发商遵守标准的经济适用住房分配和补贴标准。最后，强调开放空间，如绿色海滩、广场、公园等。

在创新街区的新建公共空间中，最值得注意的是街区会堂（District Hall），这是波士顿市政府创造的、全球首个多功能的公共创新中心[1]。政府打造这一公共空间的目标，是为了推动多行业的融合与交流，促进跨界的合作创新。为此，政府将这个独特的公共空间以5年1美元的价格委托非营利性的私人运营商运营，并为在会堂举办的活动提供会场补贴，且不向非营利性活动的主办方收费，实际上相当于以近乎免费（或极其低廉）的价格为创新群体提供交流活动的空间。2014年，各界利用街区会堂的空间举办了562场活动[2]，包括编程马拉松、创业企业培训、头脑风暴等；其中，多数活动向大众开放，36%的活动在策划人群和参与人群上是跨部门、跨产业的，实践了市政府设立这一空间的意图。目前，街区会堂已经成为波士顿海港创新街区最重要的地标建筑。

第二节 波士顿市政府利用公共创业实现政策创新

在美国地方政府中，波士顿市政府向来以"公共政策创新者"著称。波士顿海港创

---

[1] Lima A. Boston Redevelopment Authority Research Division: High Tech Industries in Boston 2015. Boston: City of Boston, 2015.

[2] Will P S. The Development of Boston's Innovation District: A Case Study of Cross-Sector Collaboration and Public Entrepreneurship. Massachusetts Institude, 2014.

新街区发展良好的背后,是对海港地区的私有土地开发给予恰当的政策支持,引导私人开发向创新方向发展。从纽约硅巷、伦敦硅环等发达国家典型创新街区的发展过程看,这些街区的转型在最初都是由市场因素,特别是私人开发商对区域的升级改造推动的;只是在转型进入一定阶段后,地方政府才开始介入,出台并实施相关的政策计划。但是,与发达国家典型创新阶段的一般发展路径不同,波士顿东部海港创新街区的土地开发虽然主要由私人出资,但其发展却是完全由地方政府规划的。鉴于创新街区的土地多数由私人所有,因此新区开发的主要经济投入并不由政府或当地居民负担。波士顿市政府将其打造为创新街区的手段,是与私人地产开发商合作,在土地开发过程中注入创新元素。

波士顿市长团队没有采用通常的"委托咨询—确定规划"的方法进行政策决策,而是大胆地在创新街区规划过程中引入公共创业和样板示范的方法,逐步摸索出将私人地产开发为创新街区的公共政策。为此,政府决策团队不是事先制定规划,而是根据规划评价创新街区的开发战略与实施决策。根据公共创业的方法,波士顿市政府在创新街区的开发中基本没有使用税收刺激、资产投资等高成本手段,而是在新区开发过程中与所有利益相关者紧密互动,不断测试并改善创新街区的建设方法。在2010年启动创新街区建设的城市状况汇报演说中,当时的波士顿市市长只描述了对创新街区发展的大致展望;此后几年中,当建设发展超出市政府此前的控制范围,或是利益相关者的反馈显示政府此前的计划存在问题,波士顿市政府会立即改弦更张。随着各方利益相关者参与的公共创业的推进,创新街区的规划才越来越具体、丰富,逐渐成形。

与"规划—实施"的传统政策实行方式相比,公共创业具有两大优势:一是实施效率。由于不是"谋定后动"而是"公共创业",因此创新街区在宣告启动一年内即快速落地,这在极其重视决策程序的西方发达国家非常少见。迄今为止,创新街区的众多关键决策并不是以正式政策或合同的形式存在的。例如,无论是在私人地产商开发的地产中拨出一定比例的廉租"创新单元",还是街区会堂的非营利运营模式,都是基于波士顿市长办公室、波士顿规划发展局和地产开发商、本地公司、非营利性组织之间的非正式协定;政府机构和市场主体、社会组织之间并没有耗费时间商议或签署任何框架协定或战略性文件,也没有为此设立专门的正式团队或运营预算。二是资源效率。除了少数战略性税收刺激政策和市长团队投入的大量时间,波士顿市政府并没有为创新街区项目投入太多公共资源。这种"轻政府资产"的投入方式反而提高了资源投入的速度和灵活性(如避免了漫长的政府预算审核与监督过程),促使并无太多公共资源可供调用的市长团队在联合利益相关者、推动项目进度方面更加主动地发挥自身的创造性。

前文介绍的"街区会堂"就是公共创业的成果,是将 PPP 模式创造性地运用于非营利性公共创新空间的典范。街区会堂由波士顿环球投资者公司(Boston Global Investors)投资建造,是该公司海港广场建设计划的首个项目。波士顿市政府邀请剑桥创新中心(Cambridge Innovation Center)打造社区创新枢纽的概念,该中心还为街区会堂项目提供了建设管理和融资支持,并握有会堂建筑的租赁权,在会堂投入运营后持续提供咨询建议。非营利性组织 Venture Café 基金会则全程参与了会堂建设的规划,并在会堂2013年开幕后负责运营。会堂运营的赞助方十分广泛,包括 The Briar Group、John Hancock、Foley

Hoag、Microsoft、Suburban Integrated Facilities Resources、IdeaPaint、Philips Color Kinetics、Bose、Haworth、Digital Sky、Keryx Biopharmaceuticals 等众多企业。

第三节　波士顿创新街区建设过程对北京的启示

　　北京和许多国内城市将科技产业园区作为吸引和培育新兴产业、推动经济创新发展的重要手段。产业园区高度依赖于事前规划，其本质是"将一大片土地细分后进行开发，供企业同时使用，以利于企业的地理邻近和共享基础设施"。在科技产业园区建设之初，政府或者运营方往往都会推出重磅的税收补贴、低价土地等各种优惠政策，吸引企业入驻。但是，如此营造出的科技产业园区往往会形成一个以产业发展利益为中心的、高度人造的区位环境。当优惠政策利好出尽，或是其他园区推出更具吸引力的优惠政策之时，创新人才或企业可能会弃之而去，造成整个园区丧失可持续发展的活力。

　　在以数字化、智能化为代表的新一轮科技革命和产业革命中，少数顶尖创新人才的集聚对产业发展往往具有决定性影响（如集成电路产业）。建议参考波士顿打造创新街区的做法，改变传统科技产业园区建设模式下"产业集聚带动人才集聚"的思路，提高对社会基础设施质量的关注，形成并落实"以人的需求为核心、通过人才集聚改进居民生活和产业创新"的思路。北京的科技创新政策需要与人口发展政策、市政规划思路更好地结合起来，从"重产业、轻居民"转向"高技术就业与生活服务并重、产业空间与居住空间并重、企业经营与居民生活并重"。就此，波士顿的做法对北京未来的创新发展有两方面的重要启示。

　　一是注意打造产业空间与居住空间"自然"交织、富有街区活力与人文特色的创新区域。北京要打造具有全球影响力的科技创新中心，要吸引全球顶尖的科技创新人才，就必须能够为这些人才提供在全球范围内具有竞争力的工作、生活和娱乐环境。如前所述，美国波士顿、亚特兰大、巴尔的摩、纽约、水牛城、克利夫兰、芝加哥、费城、匹茨堡、波特兰、俄勒冈、罗德岛、圣迭戈、旧金山、西雅图等众多城市都在积极打造创新街区，其重点在于具有"城市特质"，将创新企业、教育机构、创业者、学校、金融机构、消费性服务业等经济活动要素有机整合在同一区域内。在此，把人联系在一起的不仅仅是道路、物理基础设施，还有公共空间、社区交流、文化休闲等社会基础设施，科技人才可以在接近产业空间的同时获得令人满意的基础设施、居住空间和休闲空间。在改造城市空间、升级产业园区的过程中，充分考虑到哪些人群会在此居住、这些人群有什么需求、不同个体的发展机会如何得以融合，使街区的规划与建设与人建立联系，这是北京在打造高科技聚集区过程中需要重点改进的。

　　二是从创新公共资源供给方式入手，开发更多形式新颖、促进创新创业活动及人群交流的各种类型公共空间。首先，借助 PPP 模式进行建设和运营管理，努力打造以公共创新中心为代表的办公型公共空间。在具体开发建设过程中，因地制宜地参考借鉴不同运营模式，如收费的剑桥创新中心模式、免费的微软 NERD（the Microsoft New England

Research and Development Center，新英格兰研发中心）模式、购买第三方服务（政府提供财政补贴）与非营利运营商进行合作的波士顿街区会堂等模式。其次，大力兴建高级别、专业化的共享创新空间，如共享的样品生产车间、实验室乃至科研建筑等，为高技术创业提供切实助力。波士顿已经创造性地设立了面向新创生物科技公司的共享实验室和科研建筑租赁模式，作为其中翘楚的 Lab Central 正在圣迭戈、教堂山和纽约等地推广共享实验室和孵化器的"特许经营"。2017 年，当时全球最大的 Class A 级别的共享生物实验室 ATLATL（大得创同实验室）在上海浦东张江药谷成立。相比之下，北京的共享空间创造大多数还停留在简单的办公室空间共享层次，难以满足生物医药、材料科学等领域内创业企业对高水平实验设施和小型生产设备的迫切需求。

第二十二章 北京与国际创新城市研发投入情况对比分析[①]

内容概要：打造全国科技创新中心是北京的四大城市战略定位之一。本章对北京研发投入现状及其与国际创新城市间的主要差距进行了研究，发现北京研发投入总量明显提升，但研发投入结构有待优化，对基础研究的投入力度和对国际研发资金的吸纳能力相对不足。提出北京应聚焦世界科技创新前沿，优化各研发主体的研发投入结构；创新研发经费使用方式，加大力度确立企业的创新主体地位；围绕重点产业链布局创新链，提高研发投入的精准度；打造国际研发机构聚集区，提高研发外向度。

第一节 创新城市的研究现状

关于创新城市的研究由来已久，不同学者界定创新城市的视角有所不同。从国外研究来看，国外学者关于创新城市的表述有"Creative City"和"Innovative City"两种，二者同样强调变革和革新但侧重点有所不同，前者更加侧重理念、文化等的创新，后者则更加注重技术、人才、制度等的综合变革。以 Landry 和 Blanchini 为代表的学者倡导"Creative City"，提出这些城市往往具有开放性、多样性、包容性强等特征[②]；以 Simmie 为代表的学者则倡导"Innovative City"，指出创新城市的成功主要依靠高质量的知识劳动者和便利的基础设施及通信两种"城市资产"。从国内研究来看，国内学者对创新城市的研究主要始于 21 世纪[③]。创新城市评价课题组和何平对创新城市的定义侧重于科技创新，将创新城市的基本特征归纳为充分的创新资源和创新条件、理想的创新投入水平、有效的企业创新活动、较高的产业创新水平、达到一定规模的创新产出等[④]。2010 年国家发展和改革委员会指出，创新型城市是以实现创新驱动发展为导向，以提升自主创新能力为主线，以体制机制创新为动力，以营造创新友好环境为突破口，健全创

[①] 本章由首都经济贸易大学特大城市经济社会发展研究院课题组完成，课题组成员包括叶堂林、毛若冲等。
[②] Landry C, Blanchini F. The Creative City. London：Comedia, 1995.
[③] Simmie J. Innovative Cities. London, New York：Spon Press, 2001.
[④] 创新城市评价课题组，何平. 中国创新城市评价报告. 统计研究, 2009, 26（8）：3-9.

新体系、聚集创新资源、突出效益效率、着眼引领示范的城市,这为创新城市的内涵界定提供了较为权威的参考。

第二节 北京与国际创新城市研发投入对比分析

一、北京研发投入现状分析

(一)研发投入总量分析

近年来,北京实现了研发经费和研发人员的"双增长"。2010~2017 年北京市 R&D 经费内部支出逐年增加,以 9.8%的年均增长率由 821.8 亿元增加至 1 579.7 亿元。R&D 人员稳步增长,以 5.68%的年均增长率由 269.9 万人增加至 397.3 万人,其中,高素质研发人员占比明显提升,本科及以上 R&D 人员占 R&D 人员的比重由 74.8%提高至 84.7%,提高了 9.9 个百分点。

(二)研发投入结构分析

从研发经费的资金来源来看,政府在北京市研发经费投入上发挥着主导作用,企业作用有所增强。从研发经费的执行部门来看,科研机构和企业是北京市研发经费投入的主要执行部门。从研发经费的主要活动类型来看,北京研发活动偏向于试验发展环节。

(三)研发投入效率分析

一是北京研发投入效率总体呈先下降后上升趋势。1998~2006 年为下降阶段,北京市研发投入效率有所下降。2007~2017 年为上升阶段,北京市研发投入效率呈明显的增长态势;纯技术效率和规模效率共同拉动了综合技术效率的提升。二是北京研发投入的规模收益出现递减,需进一步优化研发投入要素的配置。1998~2013 年北京处于规模收益递增阶段,增加投入可明显拉动产出的增加,这一阶段的核心任务是实现研发投入要素的"稳增长";而 2014~2017 年北京市总体处于规模收益递减的状态,这意味着研发投入要素的增加未能带来等比例的产出增加,因此优化研发投入要素配置结构是这一阶段提升研发投入效率的关键,核心任务是实现研发投入要素上的"调结构"。

二、北京与国际创新城市研发投入情况对比分析

（一）基于《全球城市实力指数报告》的研发投入情况对比分析

根据 2014~2017 年《全球城市实力指数报告》中的国际城市研究开发指数，排名前 10 位的城市分别是纽约、伦敦、东京、洛杉矶、首尔、新加坡、波士顿、芝加哥、旧金山、巴黎（以下简称"国际主要创新城市"）。以 2017 年为例，从研发经费和研究人员的数量来看，北京研究开发经费支出得分为 10.4，而国际主要创新城市平均得分为 42.6；北京研究人员数量得分为 24.9，而国际主要创新城市平均得分为 54.9，两项得分均与国际主要创新城市存在差距。从研究人员的素质及其所处的研发环境来看，北京在研究人员就业机会方面表现突出，得分为 67.0，高于国际主要创新城市平均得分（50.3），而在研究人员素质、研究人员开展学术活动的机会、研究人员收入、研究人员生活环境方面均相对不足，得分均低于国际主要创新城市平均得分。

（二）北京与新加坡研发投入情况对比分析

从资金来源来看，政府、企业资金是北京和新加坡研发经费的主要来源，而北京对国外资金的吸纳能力低于新加坡。从主要活动类型来看，与新加坡相比，北京研发投入偏向于试验发展，而基础研究、应用研究相对不足。从主要执行部门来看，科研机构和企业是北京研发经费的主要执行部门，企业在新加坡研发投入的执行过程中优势明显。从研发投入水平及增速来看，与新加坡相比北京具有明显优势。

第三节 北京研发投入的优势与短板

一、北京研发投入偏向于试验发展，基础研究投入相对不足

近年来，北京市的研发经费及研发人员主要集中于试验发展环节，而对基础研究环节的研发投入相对不足。以 2017 年为例，R&D 经费内部支出结构[①]为 14.7∶62.4∶22.9，R&D 人员折合全时当量结构为 17.6∶56.3∶26.1。从各创新主体所注重的活动类型来看，企业、科研机构、高等学校各有侧重，企业偏向于试验发展且该环节主导地位十分稳固；科研机构更加侧重于试验发展，基础研究、应用研究地位有所增强；高等学

---

① 即基础研究∶试验发展∶应用研究。

校的研发活动由主要集中于应用研究转向主要集中于基础研究。

二、北京研发投入效率明显提升，需实现研发投入上的"调结构"

从研发投入效率的变化趋势来看，可将北京的研发投入效率划分"1998~2006 年"和"2007~2017年"两个阶段，其中1998~2006年为下降阶段，研发投入效率由0.602下降至0.370；2007~2017年为上升阶段，研发投入效率由0.405提高至0.982。从研发投入的规模收益来看，可将北京的研发投入效率划分为"1998~2013年"和"2014~2017年"两个阶段，其中1998~2013 年处于规模收益递增状态，这一阶段北京的核心任务是实现研发投入要素上的"稳增长"；而2014年以来，北京总体处于规模收益递减状态，研发投入要素的增加未能带来等比例的产出增加，因此实现研发投入要素上的"调结构"是现阶段的主要任务。

三、与国外主要创新城市相比，北京研发投入数量及研发人员质量相对不足

从研发投入数量来看，北京的研究者数量和研究开发经费支出与国外主要创新城市相比相对不足。从研发人员质量来看，一方面，北京研发人员的素质与国外主要创新城市相比存在明显差距；另一方面，北京研发人员所处的研发环境有待进一步优化，北京在研究人员的就业机会方面表现突出，而在激发研究人员开展学术活动的机会、研究人员收入、研究人员的日常生活环境等方面与国外主要创新城市相比存在较大差距，需进一步优化研发环境，促进高素质研究人员的集聚。

四、与新加坡相比，北京研发投入结构有待进一步优化

与新加坡相比，北京在研发投入水平及增速方面具有优势，2010~2016 年北京R&D投入强度、每万人口中 R&D 人员、R&D 经费增速、R&D 人员增速等指标均高于新加坡，四项指标的均值分别是新加坡的2.7倍、1.3倍、1.6倍、2.2倍。而北京的研发投入结构有待进一步优化，一方面，北京对国际研发资金的吸纳能力相对不足，2016 年北京国外资金所占比重低于新加坡 4.4 个百分点，应进一步通过优化研发环境吸引国际研发资金的注入；另一方面，北京对基础研究的投入力度相对不足，2016 年北京用于基础研究环节的R&D经费所占比重低于新加坡5.4 个百分点，应大力引导各创新主体特别是高校加大基础研究环节的经费及人员投入力度，提高原始创新能力。

第四节　加强北京研发投入的对策与建议

一、聚焦世界科技创新前沿，优化政府、科研机构和高校的研发投入结构

加大政府研发投入力度，聚焦优势重点领域的原始创新。北京市应统筹布局重点领域原始创新，集中力量实施脑科学、量子计算与量子通信、纳米科学等大科学计划，引领我国前沿领域关键科学问题研究。一是支持已有的量子计算优势方案，并重视量子算法的开发。北京在量子计算方面的研究优势显著，政府应加大对量子计算优势方案的支持力度，同时加强对量子算法和量子软件研究的研发力度。二是加大人工智能领域研发投入。北京在人工智能领域具有突出的优势，应根据基础研究、技术研发、产业发展和行业应用的不同特点，制定有针对性的研发支持策略。三是加强对纳米技术产业化的研发投入力度。现阶段纳米科技及产业化仍处于快速发展期，未来在新兴技术领域具有巨大潜力和发展空间，北京应积极推进纳米科学基础研究，同时加强对纳米技术产业化的研发力度。四是加强对脑科学、人类细胞图谱等领域的基础研发。北京聚集着中国科学院、北京大学、清华大学等脑科学研究机构及国内一流的医院，应借力"全国科技创新中心建设"和"大学双一流建设"中的相关领域和学科优势，加大对这些领域研发中心建设的支持力度。

利用国家重点实验室调整布局的契机，促进北京重大前沿领域优势形成。2018 年 6 月，《科技部　财政部关于加强国家重点实验室建设发展的若干意见》出台，强调要推进现有国家重点实验室优化调整，以学科国家重点实验室为重点，积极推进学科交叉国家研究中心建设。北京应主动把握国家重点实验室调整布局的契机，结合北京市打造全国科技创新中心的建设任务，尤其在全球研发前沿领域形成研究优势。同时，北京应积极对接科技部、教育部、国务院国有资产监督管理委员会等重点研发资金投入部门或业务主管部门，充分利用北京办公室的运行机制，争取这些中央部门能将更多科技资源优先投向北京地区高校、科研院所和企业。同时主动整合北京地区创新资源，积极对接国家重大科技计划，推动国家实验室、国家重点实验室、国家工程研究中心等平台建设。

加大财政对科学技术的支持力度，建立经费投入的稳定增长机制。应大幅提高北京财政预算支出中科学技术所占比重，并确保其增长速度高于北京市财政预算支出的增长速度。围绕全国科技创新中心建设，建立北京财政科技经费投入稳定增长机制，全力保障全国科技创新中心建设。

二、创新研发经费使用方式，加大力度确立企业的创新主体地位

一是改革大学和科研院所科技成果评价机制和职称评聘制度。促进大学和科研院所面向产业和社会需求，将前沿性技术、基础性技术企业转化为依靠技术获取竞争力的创新型企业，将科研成果转变成服务社会、增加财富的科技创新成果。二是利用结构性减税引导企业加大研发经费支出，如扩大研发费用加计扣除范围、加大对新型研发机构和社会组织的税收支持等。三是以政府购买服务方式激励企业加大研发投入力度，政府可进一步拓宽创新券等资金支持方式，降低研发成本。四是吸引海外研发资金和跨国公司研发总部入驻北京，在不危害国家安全的前提下，支持外资在人体干细胞、新能源汽车制造等产业领域的研发投入。五是充分发挥科技金融优势，探索社会资本支持科技研发新模式。科技金融已经成为北京特有的资源优势，加快科技金融建设应该成为建设科技创新中心的核心任务之一，应对其进行全面战略部署；也唯有科技和金融的双轮驱动，让科技金融成为创新的主体，才能真正推进科技创新中心建设。

三、围绕重点产业链布局创新链，提高研发投入的精准度

北京可依托北京高精尖经济体系的构建和京津冀协同发展的重点产业领域，围绕重点产业链布局创新链。具体来看：一是应结合十大高精尖产业发展的共性技术、平台技术和关键性技术开展研发，在区域内形成上中下游相互衔接、政产学研一体的产业链与创新链互动发展模式，降低研发风险，提高研发投入的精准度。二是鼓励经济合作区、产业园区与科技创新中心形成紧密合作关系，在京津冀区域内围绕重点产业领域打造研发平台，促进成果产业化。三是鼓励"中关村"等优势科技园区面向京津冀布局，在区域内移植其成功模式和品牌，鼓励清华大学、北京大学等知名院校和中国科学院等著名科研机构，紧密围绕区域内的重点产业开展技术性研究。

四、打造国际研发机构聚集区，提高研发外向度

借鉴新加坡、东京、波士顿、伦敦等国际创新城市的成功经验，北京可从以下方面入手。一是吸引国际主要研发机构入驻北京，具体包括：为跨国公司开展研发活动提供资金支持，如针对外资研发机构制订 R&D 辅助计划、公司研究鼓励计划等；对入驻的国际研发机构的设备购买、员工培训、专利注册等商业投资行为进行补贴。二是鼓励国际天使投资基金对本土创新型企业的研发投入，具体包括：实施天使投资税收减免计

划，对入选此计划的天使投资者对新创企业的投资提供一定比例的税收减免；通过补贴的形式与风险投资机构、孵化器及天使投资共同承担投资新创公司的风险。三是促进体制机制创新，降低国际研发在京成本，具体包括：促进创新资源开放协同，在不影响国家安全的前提下，鼓励本土大学和研究机构向外资研发机构开放实验设备，实现协同研究；针对北京打造全国科技创新中心的重点领域，同时也是目前薄弱环节的研究领域，制定特殊政策鼓励外资研发机构入驻和吸引外籍研发人员加盟。

2